JTC 교원 임용고시 일본어전공 수험대비서

제1권
일본
문학사
편

임용고시대비를 위한
주·객관식 공략 문제집

김수성 저

제이앤씨

일 러 두 기

文학은 시대와 인간생활의 반영이다. 문학 속에는 그 나라의 풍족한 자연조건하에서 생겨난 자연감정・미의식이 그대로 나타나 있다. 따라서 문학을 통해서 그 나라 사람들의 사상과 생활상을 간접적으로 접할 수 있을 뿐만 아니라, 그 나라의 문화도 쉽게 이해할 수도 있다.

이 문학 영역은 오늘날 임용고사에서도 높은 출제비중을 차지하고 있으며, 또한 이는 교사로 갖추어야할 기본자질로서도 평가되고 있는 바이다.

본서는 이러한 내용들을 시야에 넣어서 일본문학사에 대한 기본학습을 거친 수험자들이 자신의 레벨을 보다 체계적으로 진단할 수 있도록 하고, 또한 일본문학사 관련 시험에 대해 순발력 있게 대응할 수 있도록 하고자 펴낸 것이다.

그 구성내용을 보면 다음과 같다.

① 일본문학사 개괄

먼저 상대(上代)에서 근대(近代)에 이르는 문학사적 흐름을 개괄해서 각 시대별 중요 사항에 대한 핵심적인 내용을 중심으로 설명하였다.

② 객관식문제

수험자들의 심리적 부담감을 최소화하기 위해 중요한 작가와 작품을 중심으로 객관식 300문을 엄선 수록하였다. 특히, 기존의 순차적 레벨평가 방식을 탈피하여 시대와 장르의 관계없이 랜덤(random) 방식으로 구성함으로써 학습자가 다양한 유형의 문제를 효과적으로 해결할 수 있도록 하였다. 혼동을 최소화하기 위해 각 문제별로 우측상단에 네비게이터(navigator)를 달아 학습위치를 정확히 파악할 수 있게 하였고, 각각 해설을 달아서 해당문제의 해결은 물론 주변내용까지 알 수 있도록 하였다.

③ 일본문학사 주요 冒頭 모음집

시험에 자주 인용되거나 앞으로 출제가능성이 높은 작품의 시작 부분을 엄선하여 수록하였다.

④ 일본문학의 주요 작품 설명

작품성이 있고 시험에 자주 출제되고 거나 앞으로 출제가능성이 높은 작품에 대한 특징과 내용만을 엄선하여 수록하였다.

⑤ 주관식 4-step
  객관식 문제 이외의 학습사항을 완벽하게 해결할 수 있도록 하기위해 총 4단계에 걸친 주관식 문제(417문)를 수록하였다.

⑥ 근대문학 용어 정리
  일반상식으로서도 알아 두면 편리할 뿐만 아니라, 문학이해를 위해서도 반드시 알아두어야 할 용어집을 수록하였다.

⑦ 작가명 정리
  근·현대 문학 작가의 이름을 오십음도 순으로 정리하여 수록하였다.

오늘날 일본어 임용고사를 위한 전반적인 정리 수준의 참고서는 나와 있지만, 각 영역별 전문 수험 문제집으로서는 이번이 국내 최초가 될 것이라 생각한다. 나아가 본서를 통해 일본어 교육 전공 및 교육대학원 과정의 학습자에게도 일본문학에 대한 전반적인 이해도를 확인할 수 있을 것이다.

그러나 당초 의도했던 바에 비해서 그 결과가 너무나 미흡한 것 같다. 이는 앞으로 보완해 나갈 것을 기약하면서 수험자를 포함한 모든 학습자에게 좋은 결실을 맺었으면 한다.

끝으로, 본서의 출판을 기꺼이 응낙해 주신 제이앤씨의 윤석산 사장님과 편집부 직원 여러분을 비롯하여 본서 발간의 기획에 많은 노력을 해 준 가까운 벗 장성희와 원고 보정을 도와주신 김형섭선생님과 김경정선생님, 번역을 도와준 김한나, 그리고 JTC일본어연구회 회원 여러분께도 진심으로 감사의 뜻을 전하고 싶다.

저 자

차 례

- 일본문학사 개설(槪說) ·· 7
  1. 上代文学槪説 ·· 7
  2. 中古文学槪説 ·· 8
  3. 中世時代槪説 ·· 9
  4. 近世時代槪説 ·· 11
  5. 近代文学槪説 ·· 12

- 객관식공략 300문 ··· 17

- 일본문학사 중요 冒頭 모음집 ·· 175
  Ⅰ 奈良時代 ·· 175
  Ⅱ 平安時代 ·· 175
  Ⅲ 鎌倉時代 ·· 177
  Ⅳ 江戸時代 ·· 177
  Ⅵ 明治時代 ·· 178
  Ⅶ 大正時代 ·· 180
  Ⅷ 昭和時代 ·· 181

- 일본문학의 주요 작품 설명 BEST ·· 187

- 자가진단테스트문제 ·· 203
  자가진단테스트문제 [step-1] ·· 203
  자가진단테스트문제 [step-2] ·· 209
  자가진단테스트문제 [step-3] ·· 229
  자가진단테스트문제 [step-4] ·· 236

- 일본문학작품일람(연대순) ·· 245

- 근대문학용어해설집 ·· 253

- 일본문학 작가 모음 ·· 285

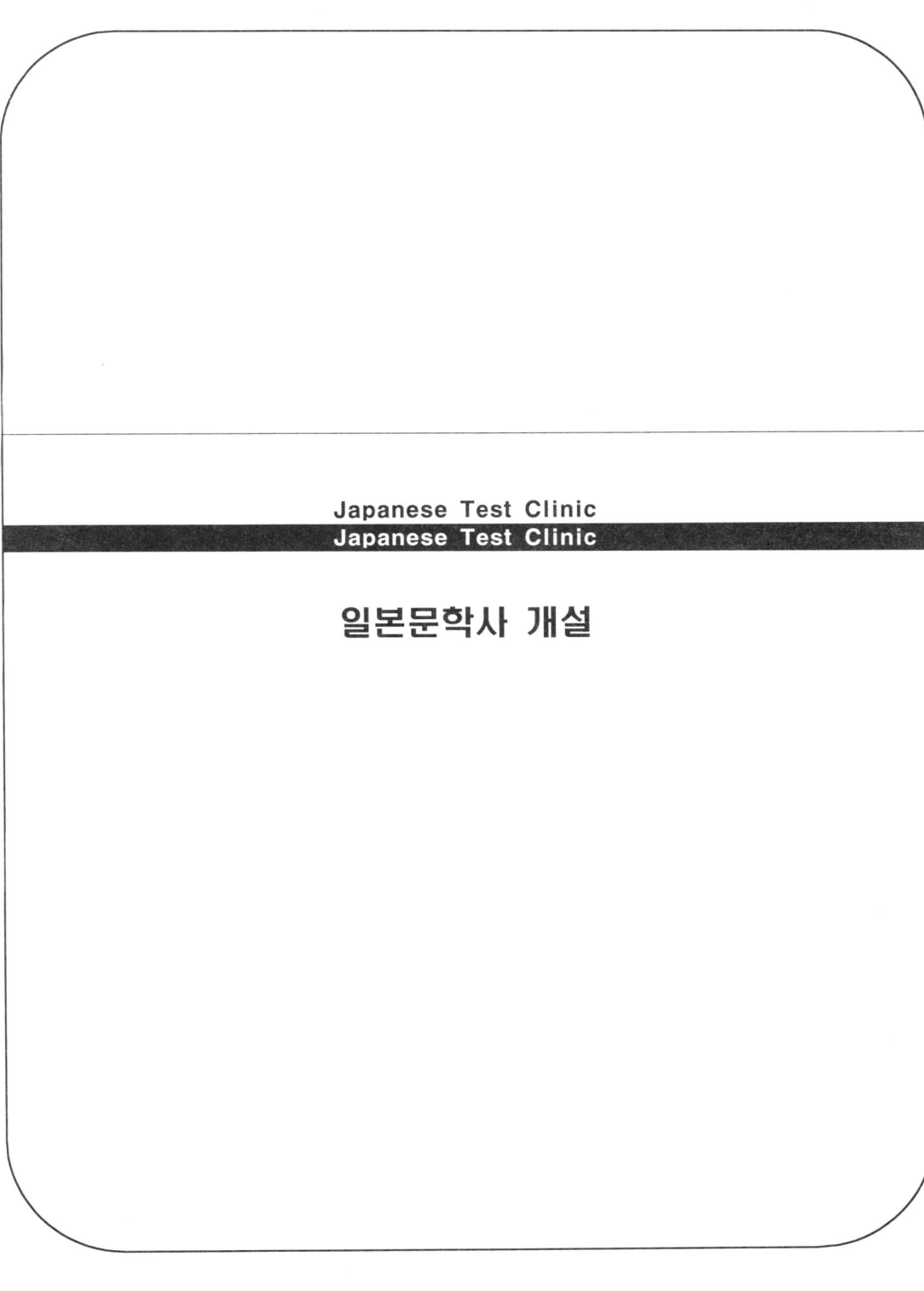

Japanese Test Clinic
Japanese Test Clinic

일본문학사 개설

일본문학사 개설(概説)

1. 上代文学概説

皇室中心의 시대

많은 소국가가 나뉘어져 존재하고 있었던 1세기 무렵부터 794년 平安京 천도(遷都)까지를 上代(大和、奈良時代)라 한다.

사람들은 수렵이나 어로를 중심으로 한 생활을 하고 있었지만, 점점 커다란 집락을 형성하면서 농경생활을 영위하게 되었다. 1세기 무렵에는 많은 소국가가 열도의 여기저기에 존재하고 있었다. 4세기 무렵이 되자, 大和조정에 의한 국가통일이 이루어지고 한반도에 세력을 뻗치게 되었다.

귀화인(帰化人)이 활발하게 도래함에 따라 6세기경에는 한자도 사용되기 시작하였다. 또한 불교도 6세기 중반에는 전래되고, 후세 일본인의 사상과 생활에 커다란 영향을 주게 되었다. 7세기에 들어서자 聖徳太子(しょうとくたいし)는 遣随使(けんずいし)를 파견하는 등 대륙의 문화를 활발하게 받아들여 여기에 聖徳太子의 시대를 중심으로 飛鳥文化(あすかぶんか)가 번영하였다. 7세기 중반 유학생들은 당나라의 율령국가체제를 토대로 신지식을 얻어 귀국하였다. 이들 유학생들에게 자극을 받은 것도 있어 大化改新(たいかかいしん)이 일어나고 天武天皇(てんむてんのう) 시대에 이르러 율령국가가 완성되었다. 초기 당나라 양식의 영향을 받은 白鳳文化(はくほうぶんか)가 생겨나고 이어서 奈良時代에는 天平文化(てんぴょうぶんか)가 번영하게 되었다.

「まこと」의 문학

고대 사람들은 집단생활을 하면서 인간의 힘이 미치지 않는 자연의 힘에 경탄하고 신의 존재를 믿었다. 위대한 신을 찬미하고 선조와 신들을 제사하는 행사에서는 자신들의 생활이 번영하고 행복이 계속 이어지기를 기원하였다. 따라서, 제사는 사람들의 생활과 직접적으로 결부된 중요한 것이었다.

집단행사는 신을 제사하는 것을 중심으로 하면서도 많은 사람들이 모이는 가운데 오락을 동반하게 되었다고 생각된다. 이 집단행사는 이야기(語り), 노래(歌い), 춤(踊り)이 일체가 되어 행해졌던 것으로 생각되며, 여기에서 문학은 생겨났다. 신들에게 올리는 기원의 말, 선조들의 위대한 업적을 이야기하는 말(語り), 끓어오르는 감동을 솔직하게 노래한 말(歌い) 등은 자손들에게로 계속해서 전해져 갔다고 생각된다. 이윽고 이러한 것들은 한자가 전해지고 문자를 사용하게 되자 문자로 기록하게 되었다. 이와 같이 오랜 기간 동안

전해져 온 원시적인 문학을 口承文学(こうしょうぶんがく)이라 하고, 문자로 기록된 문학을 記載文学(きさいぶんがく)이라고 한다.

한자가 실용화되고 황실을 중심으로 한 국가체제가 완성되자, 황실과 민간에 전해져 왔던 신화, 전설, 설화, 가요는 역사편성의 일대 사업으로서 엮어진『古事記(こじき)』『日本書紀(にほんしょき)』『風土記(ふうどうき)』에 실리게 되었다. 또한 신에게 기원을 올릴 때 사용하는 말인 祝詞(のりと)는 평안시대의『延喜式(えんぎしき)』에 기록되어 있다.

율령국가 아래서 활발하게 대륙문화가 이입됨에 따라 개인의식이 자각되고 중국의 한시의 영향을 받아서『懷風藻(かいふうそう)』가 편찬되고 집단적인 가요를 토대로 하면서 개성적 서정문학으로서『万葉集(まんようしゅう)』가 탄생하였다.

이러한 上代文学을 낳은 大和는 香具山(かぐやま), 畝傍山(うねびやま), 耳成山(みみなしやま)의 大和三山을 가지는 산간이 풍부한 盆地이다. 고대 사람들은 이 大和의 풍토에 영향을 받으면서 긴 역사를 통해서 명랑소박하고 늠름한 기질을 키워왔다. 그 기질은 그 대로 上代文学에도 반영되고 감동을 솔직하게 표현한 소박하고 힘 있는「まこと」의 문학을 낳은 것이다. 상대의 문학사조를 단적으로 말하자면, 宣命(せんみょう)에 잘 나타나 있는「밝고 맑고 바르고 정성스런 마음(明き浄き直き誠の心)」이라 할 수 있다.

2. 中古文学概説

貴族의 時代

794년 平安京(へいあんきょう) 천도에서 1192년 鎌倉幕府(かまくらばくふ)의 성립까지인 약 4백년간을 中古(平安時代)라고 한다.

공지공민제(公地公民制)는 상대 중반부터 붕괴되고 있었지만, 9세기 이후 귀족들의 莊園(しょうえん)이 증가하고 천황을 중심으로 한 율령정치는 급속하게 붕괴하여 귀족의 시대를 맞이하였다. 특히 藤原氏(ふじわらし)는 장원경제(莊園経済)를 기반으로 하여 타씨(他氏)배척과 외숙(外叔)정책에 의해 착실히 노력을 펼쳐갔다. 그리고 9세기 중반 무렵에 藤原良房(ふじわらよしふさ)가 摂政(せっしょう)가 되고 여기에 섭관정치로의 길이 열렸다. 11세기 초에는 藤原氏는 번영을 극대화시키고 문학세계에 있어서도 귀족문학의 전성기를 맞이한다. 하지만, 11세기 후반에는 섭관정치는 무력해지고 院政(いんせい)가 시작되었다. 그 院政도 얼마 안 가서 쇠퇴하고 커다란 사회세력이 된 무사계급이 정권을 잡고 이로써 귀족시대는 종말을 고했다.

「もののあはれ」의 文学

당풍문화를 존중하는 풍조는 중고시대가 되어도 계속해서 이어졌다. 9세기 초에는 勅撰漢詩集(ちょくせんかんししゅう)인『凌雲集(りょううんしゅう)』가 撰進(せんしん)되는 등 한시문은 전성기를 맞이하였다. 그 중에서도 한자를 토대로 한 かな문자의 발명과 보급은 문학의 커다란 발전을 초래하였다. 和歌도

재차 개화하여 10세기 초에는 우미(優美)한 「たをやめぶり」를 기조로 하는 『古今和歌集(こきんわかしゅう)』가 撰進되었다. 산문에서도 『竹取物語(たけとりものがたり)』『伊勢物語(いせものがたり)』『土佐日記(とさにっき)』가 생겨나고, 각각 作り物語, 歌物語, 일기문학의 길을 열었다.

10세기말부터 11세기에 걸쳐서 섭관정치가 전성기를 맞이할 무렵 궁중(宮廷), 후궁(後宮)을 중심으로 많은 재녀(才女)가 나타났고 여류문학의 황금시대를 출현시켰다. 紫式部(むらさきしきぶ)의 『源氏物語』와 清少納言의 수필 『枕草子(まくらそうし)』, 右大将道綱의 어머니의 작품인 『蜻蛉日記(かげろうにっき)』, 『和泉式部日記(いずみしきぶにっき)』, 『紫式部日記(むらさきしきぶにっき)』 등의 일기가 그 주요한 것이다. 귀족들은 장원경제를 기반으로 하여 평온하고 풍요로운 생활을 영위하고 우미하고 세련된 생활을 즐겼다. 아름다운 平安京의 자연 속에서 성장 발전하였고, 융통성 있는 귀족들이 쌓아가는 문화는 우미 섬세한 정취를 띠고 있다.

귀족계급이 몰락함에 따라 11세기 후반 이후, 귀족문학은 생기를 잃어갔다. 중고말기에는 왕조의 전성을 회고하는 歴史物語『大鏡(おおかがみ)』와 감상적인 『更級日記(さらしなにっき)』가 쓰여졌다. 한편, 신시대의 태동을 나타내는 설화집『今昔物語集(こんじゃくものがたり)』와 서민 사이에서 불린 歌曲의 집성『梁塵秘抄(りょうじんひしょう)』도 생겨나고, 和歌에서도 점차적으로 새로운 풍조가 일어났다. 그 중심이념은 마음 속 깊이 느끼는 정취라 할 수 있는 「もののあはれ」이다. 그것은 平安時代의 귀족들이 생활에 조화롭고 우미한 것을 추구하여 만들어낸 것이며, 화려함 뒤에는 사회의 모순을 날카롭게 이해하여 고뇌의 날들을 보낸 여성들이 낳은 이념이기도 하다. 「もののあはれ」는 『源氏物語(げんじものがたり)』에서 완성되고, 『枕草子(まくらのそうし)』의 「をかし」와 더불어 중고문학의 사조를 대표하고 또한 일본문학을 대표하는 이념이기도 하다.

또한 당시의 생활과 사조를 깊숙이 지배한 것은 불교이다. 『往生要集((おうじょうしゅう)』에 의해 보급된 정토사상(浄土思想)은 그 더럽혀진 현세를 염세하고(厭離穢土), 일심으로 염불을 함으로써 사후(死後)에는 극락정토에 가기를 추구한다(欣求浄土)고 설하고, 고뇌하는 사람들에게 광명을 초래하고 문학에도 깊숙이 침투하였다. 인과응보(因果応報)를 근본으로 하는 宿世思想(すくせしそう)도 당시의 문학에 많은 영향을 미쳤다.

3. 中世時代概説

動乱의 시대

1192년 鎌倉幕府(かまくらばくふ)의 설립에서 1603년 江戸幕府(えどばくふ)의 성립까지인 약 400년간을 中世라고 한다. 정권의 명칭을 빌어 말하자면, 鎌倉時代부터 南北朝(なんぼくちょう)時代, 室町(むろまち)時代를 거쳐서 安土・桃山(あずち・ももやま)時代에 이른다.

중세는 동란의 시대이다. 保元・平治(ほうげん・へいじ)의 난으로 시작하여 平氏(へいし)의 멸망, 承久(じょうきゅう)의 変, 南北朝의 항쟁, 応仁(おうにん)의 난, 戦国時代는 참으로 한숨 돌린 여유도 없을 정도로 끊임없이 전란이 이어진 시대였다.

동란에 의해 지금까지 권력중심이었던 귀족계급이 몰락하고, 대신에 무사계급이 정권을 쥐었다. 또한 그것은 단순한 정권의 교체에만 그치지 않고 사회·경제·문화 등 모든 면에서의 변혁을 초래하였다. 하지만, 일단 정권을 손에 쥐게 된 무사계급이었지만 아직 불안정하였다. 중세 쟁란의 대부분은 무사계급에 대한 귀족계급의 반격과 무사계급 내부의 下剋上(げこくじょう)에 의한 것이다. 중세는 늘 안정된 정권을 가지지 못하는 근세를 향한 과도기(過渡期)적인 시대라 할 수 있다.

無常観과 幽玄

동란과 재해로부터 사람들은 이 세상에 불안을 느끼고, 그 불안에서 도피하고자 해서 종교에 구원을 구하였다. 이렇게 해서 신불교라 불리는 法然(ほうねん)·親鸞(しんらん)·日蓮(にちれん)·道元(どうげん)등의 불교가 대단한 기세로 무사와 서민 사이로 확대되었다. 중세의 문화 중에서 어떠한 의미로든 불교의 영향을 받지 않은 것이 없다.

사람들이 혼란한 이 세상을 피해서 산속에 살기도 하고, 『方丈記(ほうじょうき)』『徒然草(つれづれくさ)』 등의 草案文学(そうあんぶんがく)라 불리는 중세 특유의 문학이 나타났다. 이것들은 모두다 불교적 무상관(無常観)에서 인생을 발견하고 있고, 동란의 세상을 생동감 있게 그린 『平家物語(へいけものがたり)』 등과 더불어 중세를 대표하는 무상관의 문학이 되고 있다.

귀족계급의 몰락은 문학의 면에서는 和歌의 쇠퇴를 가져오게 된다. 이 시기 초기에 『新古今集(しんこきんしゅう)』가 만들어졌는데, 그것은 귀족문학으로서의 古典和歌의 마지막 작품이었다. 여기에는 동란의 현실에서 눈을 돌린 유미적(唯美的)인 노래가 많고, 「幽玄(ゆうげん)」이 이념화되었다. 하지만, 和歌는 이윽고 시대를 대표하는 문예로는 발전할 수 없게 되었고, 勅撰集(ちょくせんしゅう)의 撰進도 더 이상 할 수 없게 되었다. 그것을 대신하게 된 것이 바로 연가(連歌)이다.

連歌는 和歌의 여흥으로서 중고부터 이미 행해져 오고 있었지만, 성행하게 된 것은 중세에 들어서고 나서부터이다. 그것은 점차적으로 예술화되고, 「幽玄」을 이념으로 하였다. 『新撰菟玖波集(しんせんつくばしゅう)』가 나오기에 이르기까지 전성기를 맞이했지만, 이 連歌도 얼마 후 형식화되고 점점 쇠퇴해 간다. 반대로 자유방임, 골계비속적인 내용의 俳諧連歌(はいかいれんか)가 널리 행해지게 되고, 근세의 俳諧로 발전한다.

동란을 통해 중앙과 지방과의 교류가 활발해지고, 지방도시의 발전, 서민문화의 향상 등이 이루어졌다. 지배권은 무사계급에 있고, 문화의 담당자도 귀족계급에서 무사계급으로 옮겨져 갔는데, 새로운 계층으로서 서민계급이 일어나게 되었다. 중세에는 승려들에 의해서 많은 설화집이 만들어졌는데 거기에도 많은 서민계급의 모습이 그려져 있었다.

能楽(のうがく)는 連歌와 마찬가지로 「幽玄」을 이념으로 하고 귀족적 세계에 대한 동경(憧憬)이 현저하였다. 그것에 대해 狂言(きょうげん)은 서민의 감정을 잘 나타내고 있었다. 중세는 중고의 「もののあはれ」를 계승하여 「幽玄」으로 심화시키면서도 한편으로는 현실적 서민적인 근세문학의 탄생을 착실히 준비해 갔다.

4. 近世時代概説

태평(太平)의 시대

1603년(慶長8년) 江戸幕府의 창설에서 1867년(慶応3년)의 大政奉還(たいせいほうかん)까지의 약 270년간을 近世(江戸時代)라고 한다.

막부는 전국 각지에 배치하고 각각 영내를 통치시킨다는 봉건제도를 취했다. 사농공상(士農工商)이라는 엄격한 신분을 확립하여 치안에 힘을 기울임과 동시에 유교에 의한 문치정책(文治政策)을 지향했으므로 이 시대는 태평을 누렸고, 또한 학문·문화가 서민에게로 확대되었다.

町人(ちょうにん)의 문학

지배계급인 무사(武士)는 전통과 관례(慣例)를 중시하여 봉건제(封建制)를 지키려 하였고, 만사 보수적, 소극적이었던 것에 대해 町人은 상업의 발전에 동반하여 경제력을 가지고 스스로의 문화를 형성하는 등 향락(享楽)을 누리는 적극적인 삶의 방식을 보였다. 무가사회에서는 漢詩文(かんしぶん), 和歌(わか),謠曲(ようきょく) 등 모두 전통적인 문예가 행해졌는데, 신흥 町人사회에서는 仮名草子(かなぞうし), 浮世草子(うきよぞうし), 俳諧(はいかい), 浄瑠璃(じょうるり), 歌舞伎(かぶき) 등 서민적이고 오락적인 문예가 각각 독자적인 발전을 이루었다. 이러한 町人의 문예가 융성할 수 있었던 원인으로는 교육의 보급에 의한 독자층의 증대와 지금까지의 필사본(筆寫本)에서 목판인쇄(版木印刷)로 바뀌었다는 점 등을 들 수 있다.

막부는 朱子学(유교 중의 한 학파)을 관학(官学)으로 하여 장려하였으므로 지방의 小藩에 이르기까지 학문문화를 존중하는 기운이 전해졌다.

문학의 융성을 연대별, 지방별로 보면, 이 시대의 전반은 京(きょう), 大阪(おおさか) 등 上方(かみがた)를 중심으로 하고 있고, 후반은 江戸로 옮겨졌다. 따라서 18세기전반까지를 上方문학의 시대 그 이후를 협의의 江戸문학의 시대라 구분지어 부를 수가 있다. 이들 근세문학에 일관해서 흐르고 있는 것은 골계(滑稽)와 풍자(諷刺) 등이라는 서민성(庶民性)이었다.

上方文学期

元禄시대(1688-1703년)에 융성하였으므로 元禄文学(げんろくぶんがく)이라고도 한다. 『好色一代男(こうしょくいちだいおとこ)』『日本永代蔵(にほんえいたぐら)』를 써서 浮世草子의 대표작가가 된 **井原西鶴(いはらさいかく)**, **『奥の細道』** 등으로 俳諧의 예술성을 드높인 **松尾芭蕉(まつおばしょう)**, 『曾根崎心中(そねざきしんじゅう)』, 『冥途(めいど)の飛脚(ひきゃく)』 등의 浄瑠璃(じょうるり) 명작을 저술한 近松門左衛門(ちかまつもんざえもん) 등 문호(文豪)가 배출되었다. 또한, 이 시대에는 『古事記伝(こじきでん)』을 저술한 本居宣長(もとおりのりなが)에 의해 国学(こくがく)이 완성되고, 고전연구가 활발해졌다.

江戸学問期

享保(きょうほう)年間(1716-1735)을 경계로 해서 문화는 동쪽으로 옮겨졌는데, 개화는 文化・文政(1804-1829) 의 무렵이다.

소설에서는 보면 江戸에는 이미 赤本(あかほん)・黒本(くろほん)・青本(あおほん) 등 표지의 색에서 이름이 붙여진 아이들을 상대로 한 絵本(えほん)이 있었다. 이것이 발전하여 세상을 골계로 묘사한 어른을 상대로 한 黄表紙(きびょうし)가 되고 계속해서 몇 권이 합쳐진 合巻(ごうかん)의 형태로 明治(めいじ)시대로 계속해서 이어졌다. 上方문학의 浮世草子는 西鶴(さいがく)가 죽은 후, 출판처의 이름을 따서 八文字屋本(はちもんじやほん)라 불렸고, 그것이 쇠퇴하자 読本(よみほん)이 유행하였다. 그 중에서도 上田秋成(うえだあきなり)의 『雨月物語(うげつものがたり)』가 유명하다. 얼마 후 読本은 江戸로 지반(地盤)을 옮기고, 三東京伝(さんとうきょうでん)・滝沢馬琴(たきざわばきん)에 의해 본격적인 読本이 확립되었고 江戸小説계의 주류를 이루게 되었다. 대표적으로 馬琴(ばきん)의 『南総里見八犬伝(なんそうさとみはつけんでん)』이 있다. 그 밖의 장르로서는 遊里를 무대로 하여 남녀의 회화를 주로 한 洒落本(しゃれぼん), 人情体(にんじょうたい)와 十返舎一九(じっぺんしゃいっく)의 『東海道中膝栗毛(とうきょうどうちゅうひざくりげ)』 등과 같은 滑稽体(こっけいぼん)이 있다. 서민에게 널리 읽혀지는 만큼 대다수는 문학적 가치가 낮으며, 戯作(げさく)이라 일컬어지고 있다.

산문(散文)에서는 俳諧로 天明期에 낭만성을 중요시 한 与謝蕪村(よさのぶそん), 化政期(かせいき)에 생활을 영탄한 小林一茶(こばやしいっさ)가 두드러지게 눈에 띈다. 川柳(せんりゅう)나 狂歌(きょうか)에는 세간의 기호를 잘 나타내고 있다.

5. 近代文学概説

開化政策과 市民社会

1868년 明治元年에서 현재에 이르기까지의 1세기 남짓한 시기를 근대라고 부른다. 시대명을 빌어 말하자면 明治, 大正, 昭和의 3대를 말한다.

明治 신정부의 발족 등으로 신분제도(身分制度)의 폐지, 廃藩置県(はいはんちけん), 학제의 발포, 태양력의 채용 등 신체제의 확립을 서둘렀다. 하지만 근대화를 서두른 일본은 긴 쇄국(鎖国)으로 말미암아 발전이 더뎌졌는데 이를 만회하기 위해 급속한 서구화정책과 부국강병책을 취하고 그 영향으로 국수주의(国粋主義)와 자유민권(自由民権) 등의 운동이 일어났다. 얼마 후 청일전쟁(1894-1895), 러일전쟁(1904-1905)을 거쳐 자본주의는 점차적으로 발전을 이루어서 국력신장을 보았으나, 그것과 더불어 사회문제가 대두되기 시작한다,

大正期(1912-1926)에 들어와서는 제1차 세계대전으로 인한 경제적 번영을 배경으로 하여 민주주의가 발달하게 되고 정당내각의 수립, 보통선거법의 공포 등이 이루어진다. 한편, 노동자와 농민 등의 생활이 심하게 압박을 받게 되어 결국 사회운동과 노동운동으로 이어지게 된다.

昭和期는 제1차 세계대전 후의 공황(恐慌)과 관동대지진(1923)으로 인해 금융공황이 닥치게 되고 또한 5·15사건, 2·26사건 등이 일어났다. 이러한 국내정세의 불안 속에서 파쇼적인 군국주의(軍国主義)가 지배적인 위치를 차지하게 되고 태평양 전쟁에 돌입하게 된다. 태평양전쟁은 일본의 연합국에 대한 무조건 항복으로 종결되고 천황의 인간선언(人間宣言), 전쟁포기(戦争放棄)를 담은 일본국 헌법의 제정, 교육기본법의 제정 등 전후 일본은 민주적 체제를 정비하고 점차적으로 혼란 속에서 새롭게 일어설 준비를 하여 국제사회로 차츰 복귀(復帰)해 나간다.

근대문학의 창조

봉건체제를 타파하고 신시대의 수립을 목표로 한 明治의 근대화도 문학에 있어서는 곧바로 새로운 문학을 창조할 만큼 성숙하지는 못했다. 江戸말기 이후의 희작문학(戯作文学), 전통시가(伝統詩歌), 가부키(歌舞伎)의 흐름을 계승하는 작품 밖에 볼 수 없었다. 하지만, 문명개화(文明開化)를 추진하는 풍조는 서양에 대한 관심을 불러일으켜 번역문학(翻訳文学)이 성행하게 되고, 계속해서 민권운동과 호응한 정치소설(政治小説)이 유행하게 되었다. 그야말로 새로운 시대의 문학의 움틈을 보이기 시작한 것이다. 서양의 문학이념 등이 소개되고 신체시(新体詩)의 운동과 坪内逍遥(つぼうちしょうよう)·二葉亭四迷(ふたばていしめい)의 写実主義(しゃじつしゅぎ) 제창에 의해 드디어 근대문학의 나아갈 길이 제시되었다. 四迷와 山田美妙(やまだびみょう)의 言文一致運動은 근대문학발전에 크게 공헌하게 되었다. 또한 森鷗外(もりおうがい)의 창작과 번역에 의해 개인과 사회에 관한 문제를 제기하는 신문학 계몽운동이 이루어지고 낭만주의(浪漫主義)의 탄생을 보게 되는데, 극단적인 서구화주의에 대한 반성으로서 국수주의(国粋主義) 경향이 나타나게 된다. 그것을 배경으로 하여 明治20년대에는 尾崎紅葉(おざきこうよう), 幸田露伴(こうだろはん)을 중심으로 하는 의고전주의(擬古典主義)의 시대를 맞이한다. 이 紅葉를 중심으로 하는 硯友社(けんゆうしゃ) 문학을 부정하는 北村透谷(きたむらとうこく)를 중심으로 한『文学界』사람들은 낭만주의가 고조되는 가운데 낭만시(浪漫詩)의 전성을 구가하여 종교적인 관심을 심화시켜 나갔다. 청일전쟁 후는 자본주의의 발전과 더불어 반봉건적인 사회의 모순을 지적하는 관념소설(観念小説)과 심각소설(深刻小説)의 출현을 보게 된다. 러일전쟁에 의해 일본이라는 국가와 사회는 크게 비약을 이루면서 근대적인 자본주의가 급속히 성장하였는데, 반면, 심각한 사회모순이 생겨났다. 이러한 상황 속에서 19세기말 유럽에 일어난 근대과학정신과 결부된 자연주의(自然主義) 운동은 일본에도 영향을 미쳤으며 明治 40년대 현실의 암흑(暗黒)면을 묘사함과 동시에 적나라한 자아의 고백을 통해서 개인의 해방을 목표로 하는 일본의 독자적인 자연주의문학운동이 전개되었고 시(詩) 또한 그 영향을 받아 구어자유시(口語自由詩)가 되고 근대시의 기초가 완성되었다.

大正期의 문학

大正文学은 明治40년대부터 나타난 反自然主義의 입장을 취하는 사람들에 의해 전개되었다고 할 수 있다. 먼저, 永井荷風(ながいかふう), 谷崎潤一郎(たにざきじゅんいちろう) 등의 耽美主義(たんびしゅぎ)는 자연주의가 인생의 암흑면을 비관하고 고뇌한 것에 대해 자극과 향락 속에 자아(自我)의 해방을 추구하려고 했다. 또한 자연주의가 인생에 대한 적극적인 의사(意思)를 잃고 있었던 것에 대해 이상주의(理想主義)적인 경향도 생겨나게 되었다. 제1차 세계대전 후의 데모크라시 사조를 받아 문학에서도 자아의 확대, 개성의 존중을 중시했다. 武者小路実篤(むしゃのこうじさねあつ), 志賀直哉(しがなおや) 등의 白樺派(しらかばは)의 문학은 그러한 움직임의 대표적인 것으로 주목받았다. 또한 이 파에 속하지 않고 서양문화의 교양을 바탕으로 독자적인 입장을 지키는 작품으로서 윤리적이고 이지적인 작품을 써서 자연주의에 대립된 夏目漱石(なつめそうせき)와 森鴎外(もりおうがい)는 이상주의(理想主義), 신현실주의(新現実主義) 문학에도 커다란 영향을 주었다.

하지만, 제1차 세계대전 후 자본가와 노동자간의 대립은 점차적으로 격화되어 노동운동이 일어나게 되자 白樺派의 이상주의는 현실로부터 유리(遊離)되었다는 이유로 배척받게 되었다. 그래서 현실을 주시하고 거기서 인생의 모순과 의미를 발견하려고 하는 芥川龍之介(あくたがわりゅうのすけ)를 중심으로 한 신현실주의의 문학이 생겨난다.

大政期의 소설에 있어서 특히 주시해야 하는 것은 私小説(心境小説)이 志賀直哉(しがなおや) 등에 의해서 자연주의적 私小説과는 다른 형태로 확대되었다. 大正時代의 문학은 데모크라시를 배경으로 하면서 개성의 존중을 그 근본정신으로 하여 다듬어진 大正文学은 그 특성을 잃게 되고 昭和 전기의 어두운 시대로 접어들게 된다.

昭和期의 문학

昭和文学는 大正말기부터 昭和8, 9년경까지의 프롤레탈리아 문학운동과 신감각파를 중심으로 하는 예술파(芸術派) 문학의 대립을 축으로 하여 전개된다. 프롤레탈리아 문학은 사회 혁신을 목표로 사상성을 확실히 주장하고, 노동자 문학을 리얼리즘에 의해 표현하려고 했다. 이것에 대해서 예술파는 문학수법의 혁신을 목표로 하고 전통문학의 부정을 시도하였다. 하지만, 프롤레탈리아 문학도 관헌의 탄압에 의해 조직은 해체, 운동은 붕괴되고 신감각파도 표현형식의 존중에 의한 인간성의 상실로 인해 쇠퇴하게 된다. 昭和10년대에는 프롤레탈리아 문학으로부터 전향문학(転向文学)이 출현함과 동시에 기성작가가 활약하게 되고, 昭和 작가가 등장함으로써 문예부흥의 양상이 보이게 되는데, 한편 얼마 후 파시즘이 대두하게 됨에 따라 언론의 통제는 더욱 엄격해지고 국책에 따르는 문학을 요청받게 되어 문학의 공백시대를 맞이한다. 기성 작가 중에는 전쟁에 비협조적인 형태로 자기 세계를 굳건히 지킨 자도 있다.

태평양 전쟁이 종결되고 언론·출판의 자유가 부활되자 기성작가들은 속속히 작품을 발표하고 또한 昭和10년대에 활약한 작가들은 戦後文学의 담당자로서 활동을 개시한다. 혹은 잡지『近代文学』에 의해 전후파 작가가 또한 잡지『新日本文学』에 의해 민주주의문학 사람들이 각각 활발한 활동을 한다. 또한 新戯作派에 의해 반속정신(反俗情神)이 나타나고 전후 혼란된 세상은 풍속소설(風俗小説)로 그려지게 되었다. 근대문학으로서의 俳句(はいく)를 부정하려는 「第二芸術論」이 논쟁을 불러일으킨 것은 바로 이 시기이다. 그리고 저널리즘의 거대화에 따른 중간소설(中間小説)의 출현은 많은 독자를 확보하게 되었고, 제2, 제3의 신인들이 등장하면서 새로운 시대의 문학이 탄생하게 된다.

이상으로 일본의 근대문학은 한편으로는 발전된 서양문화를 갈망하면서, 다른 한편으로는 긴 전통문화의 그림자를 재우고 그 모순을 초월하면서 독특한 자세로 발전되어 왔던 것이다.

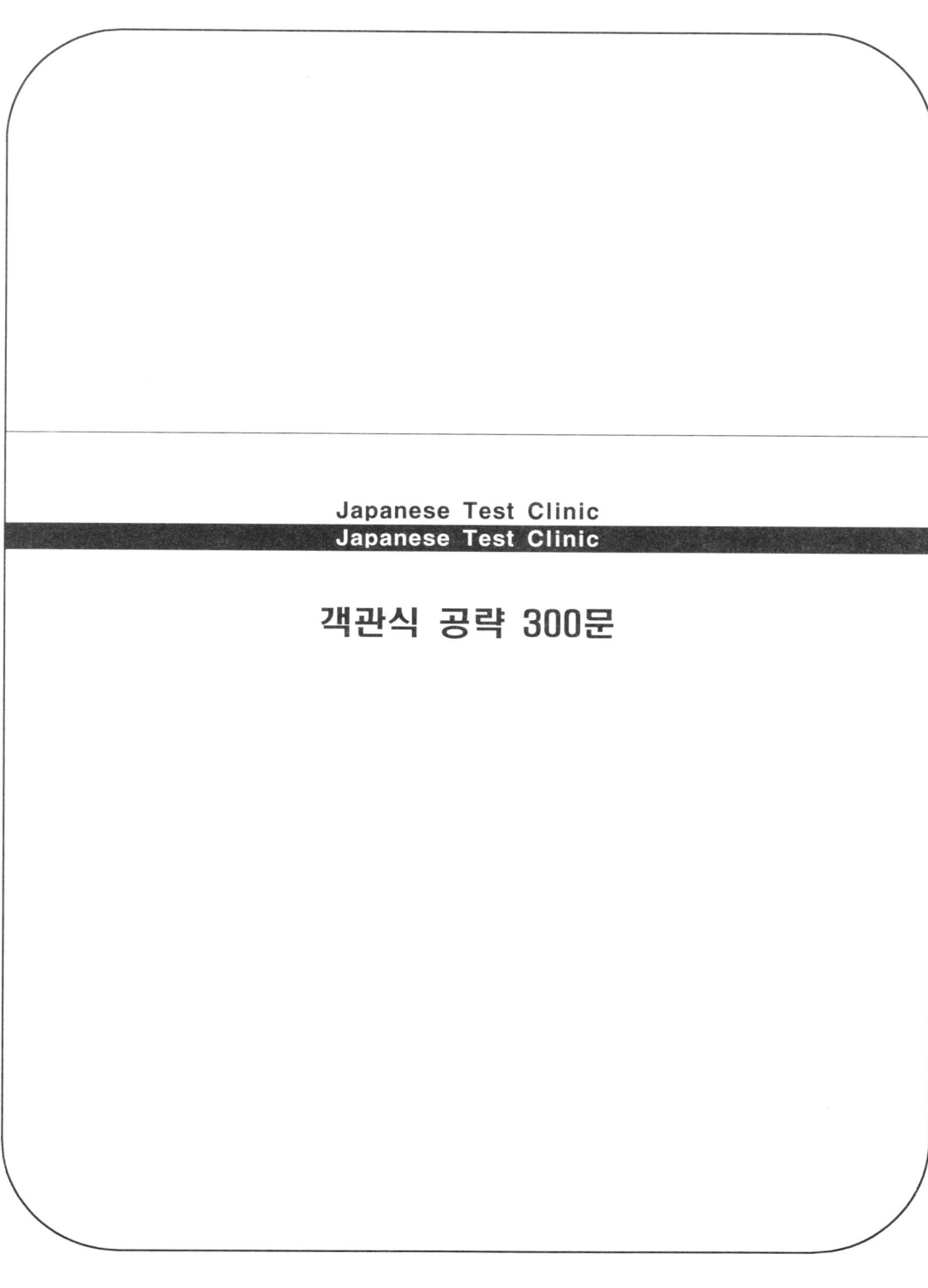

※ 다음 물음을 잘 읽고 알맞은 답을 보기에서 하나씩 고르시오.

[문제1] 生の倦怠と不毛の夢想を歌い、＜日本のランボー＞と称された「山羊の歌」「在りし日の歌」の詩人は誰か。

【近代詩ー「四季」】

① 草野心平
② 伊藤静雄
③ 丸山薫
④ 立原道造
⑤ **中原中也**

해설

프롤레탈리아 詩와 『詩と詩論』이 나온 후, 昭和10년대에 잡지 **『四季』**를 중심으로 한 詩人들, 三好達治(みよしたつし), 丸山薫(まるのやまかおる), 中原中也(なかはらちゅうや), 立原道造(たちはらみちぞう), 伊藤静雄(いとうしずお) 등이 지성과 감정의 조화를 도모하려고 하였고, 새로운 서정의 회복을 목표로 하였다. 상처받은 혼의 고백이라 할 수 있는 立原道造의 『萱草(わすれぐさ)に寄す』, 『優しき歌』의 복잡한 시 등에서 그 특색이 보인다. 中原中也에게는 『山羊(やぎ)の歌』, 『在りし日の歌』 등이 있다.

정답) ⑤

[문제2] 明治20年前後に起こった、戯作や勧善懲悪を排して、現実の世相・人情をありのままに描こうとした文学理論を何と言うか。

【近代ー小説】

① 自然主義
② 新心理主義
③ **写実主義**
④ 現実主義
⑤ 新感覚主義

해설

전통적인 권선징악의 공리적인 문학관을 타파하고 실제의 상태를 있는 그대로 묘사하려는 사조는 사실주의(写実主義)이다. 坪内逍遥(つぼうちしょうよう;1859-1935)는 『小説神髄』에서 이를 제창하고 二葉亭四迷(ふたばていしめい;1864-1909)는 『小説総論』(1886)에서 그 입장을 굳힌 것이다. 이 두 작가의 사실정신을 근거로 해서 창작활동을 한 작가에는 尾崎紅葉를 중심으로 한 硯友社 사람들과 幸田露伴, 樋口一葉 등이 있다.

정답) ③

[문제3] 井原西鶴が、1682年、主人公世之助と遊女との生活を描いた第一作は何か。

【浮世草子】

① 武家義理物語
② 好色一代女
③ 日本永代蔵
④ 世間胸算用
⑤ **好色一代男**

해설

浮世草子의 대표적 작가인 西鶴는 大阪의 부유한 町人이었는데, 처음에는 俳諧의 談林派(だんりんは)의 중심 俳人으로 활약했다. 그러나 談林派의 표현에 불만을 느껴 종장(宗匠)인 西山宗因이 죽은 뒤에는 浮世草子의 작가로 전환하여 41세 때 好色一代男(1682년)을 발간하여 세간으로부터 호평을 받았다. 이 작품을 발간한 후 다른 제재를 추구하여 20수편의 浮世草子를 발표했다. 그의 작품은 내용면에서 다음과 같이 분류된다.

好色物	武家物	町人物	雑話物
남녀의 애욕의 세계에만 한정하여 인간의 심리와 생의 실정을 그림.	의리에 사는 무사의 체험이나 행동을 그림.	금전에 지배되는 町人의 생활을 묘사하여 인간과 사회와의 관계를 사실적으로 포착	여러 지방에서의 견문이나 설화를 모음.
好色一代男 好色五人女 好色一代女 男色大鑑	武道伝来記 武家義理物語	日本永代蔵 世間無算用 西鶴置土産 万の文反吉	西鶴諸国ばなし 本朝二十不孝

정답 ⑤

[문제4] 連歌はやがて自由な気風が失われてゆき、新しく自由な庶民的精神を根本とする滑稽を旨とする連歌が生まれた。何か。

【中世-連歌】

① 無心連歌
② 和歌乱歌
③ 有心連歌
④ **俳諧連歌**
⑤ 滑稽連歌

해설

連歌의 완성자 또는 대성자라 불리는 **飯尾宗祇**(いいおそうぎ;1421-1502)의 사후도 連歌는 더욱 성행하게 되었는데, 堂上社会에서는 규칙에 얽매어 매널리즘에 빠지기 시작한다. 그것에 대해 한쪽 구석에 내몰려 있었던 地下(じげ)들이 즐겨 불렀던「俳諧連歌」는 난세의 유락적(遊楽的) 기분을 배경으로 크게 유행했다. 또한「俳諧連歌」는 골계와 해학을

주로 다룬 無心連歌의 계통에서 파생된 것이다.

* 堂上-궁전에 오르는 것을 허락받은 5위(品)의 귀족을 말함.
* 地下-궁전에 오르는 것을 허락받지 못한 관인 또는 일반서민을 말함.

정답 ④

[문제5] 室町時代、諸国を遊歴し、全国に連歌を広めた、連歌の大成者は誰か。

【中世-連歌】

① 松尾芭蕉
② 救済
③ **飯尾宗祇**
④ 二条良基
⑤ 寂蓮

해 설

飯尾宗祇(いいおそうぎ;1421-1502)는 1495년에 펴낸 連歌集『新筑玖波集(しんつくばしゅう)』는 준칙선집으로서 천황에서부터 서민에 이르기까지 251명이 만든 連歌를 수록한 것인데, 和歌集과 같은 분류형태와 幽玄・有心의 작풍을 가진 것이다. 그는 이외에도 『吾妻問答(あずまもんどう)』(1470년 완성)와 『老のすさみ』와 같은 連歌論을 썼으며, 그리고 『竹林抄』라는 連歌集을 써 내었다.

정답 ③

[문제6] 孝標女が最も愛読した文学作品はどれか。

【中古-日記】

① 土佐日記
② 枕草子
③ 伊勢物語
④ 古今集
⑤ **源氏物語**

해 설

菅原孝標女(すがわらのたかすえのむすめ;1008년-?)는 평소 物語를 동경하면서 자라났으며 그녀의 회상기로서 『蜻蛉日記(かげろにっき)』를 쓴 작자이다. 꿈을 안고 상경하는 여행의 기억을 시작으로 인생의 꿈이 무너져 만년에 환멸을 느껴 드디어 신앙에 의지하게 되며 남편과도 사별하여 외로운 노년을 맞는 일생을 깊은 회한(悔恨)과 함께 서술하고 있다. 평명한 필체로 쓰여진 **자서전적인 일기**인데, 꿈을 쫓고 환상을 그리는 작자의 청순한 낭만과 감상적인 심정이 전편에 그려지고 있다. 이 일기는 중고 후기의 귀족사회를 잘 반영한 작품이다.

정답 ⑤

[문제7] 連歌には二つの種類があるが、その内、滑稽を旨とする連歌を何と言うか。
【近代ー連歌】

① 有心連歌
② 和歌乱歌
③ **無心連歌**
④ 俳諧連歌
⑤ 滑稽連歌

해설

連歌는 중세에 들어와 和歌를 대신하여 문학계를 지배하기에 이른다. 중세 초기인 鎌倉시대에 이미 連歌는 성행했는데, 後鳥羽院(ごとばいん)이나 藤原定家(ふじわらのていか)와 같은 당상귀족들 사이에서는 정취를 중시하는 和歌的인 취향을 읊는 有心連歌가 성행했고, 서민들 사이에서는 서툰 재담과 골계를 주로 한 無心連歌가 성행하였다. 이 중 有心連歌로 대세를 이끌어 후기에는 무사, 승려, 서민에까지 확대되어 직업적인 連歌師가 등장하기에 이른다.

정답) ③

[문제8] 昭和を代表する作家で昭和四十三年(1968年)ノーベル文学賞を受賞した作家は誰か。
【近代ー『雪国』】

① **川端康成**
② 湯川秀樹
③ 三島由紀夫
④ 遠藤周作
⑤ 夏目漱石

해설

川端康成(かわばたやすなり：1899-1972) 1935년부터 1937년까지「文芸春秋」과 다른 잡지에 연재형식으로『雪国』을 발표하였는데, 1968년 동양에서는 타고르를 이어 두 번째로 **노벨문학상**을 수상하였다. 이 작품은 일본적인 미의 세계를 그린 점에서 근대 서정문학의 고전이라 평가를 받았다. 또한 노벨문학상 수상식에서 발표한 연설문의 제목은『**美しい日本の私**』였다.

정답) ①

[문제9] 英会話のできない英語教師のコンプレックスを象徴的に描いた「アメリカン・スクール」の作者は？
【近代ー小説】

① 吉行淳之介

② 石原慎太郎
③ 遠藤周作
④ 安岡章太郎
⑤ 小島信夫

해설

문제259를 참조할 것.

정답) ⑤

[문제10] 北原白秋の歌集はどれか。

【近代-象徴詩】

① 一握の砂
② 赤光
③ 海の声
④ 桐の花
⑤ みだれ髪

해설

北原白秋((きたはらはくしゅう;1885-1942): 본명은 隆吉(りゅうきつ)이고, 「文庫」「明星」에 詩歌를 발표했다. 露風・木下杢太郎(きのしたもくたろう), 高村光太郎(たかむらこうたろう) 등과 더불어 7・5조에 구애를 받지 않고 일상생활에서 얻어진 느낌을 자유롭게 표현하려 하였다. 그는 上田敏과 永井荷風 등의 영향을 받았으며 1909년에 **처녀시집(処女詩集)『邪宗門(じゃしゅうもん)』**을 출간하면서 등단하였다. 또한 그는 탐미파의 잡지『**スバル**』의 동인을 대표하는 시인이며 풍부한 어휘로 이국적(異国的)인 정서나 퇴폐적인 관능을 노래했다.

정답) ④

[문제11] 世界的な刑法学者が、不法行為のかどで家政婦から訴えられるという倫理で割り切れない行動を描いた「非の器」の著者は誰か。

【近代-小説】

① 三島由紀夫
② 安岡章太郎
③ 阿部公房
④ 高橋和巳
⑤ 吉行淳之介

해설

高橋和己(たかはしかずお;1931-1971) 1962년 정의의 법체계를 추구하기 위해 노력해야 할 법학교수가 동물적인 욕정을 충족시키기 위해 파멸하는 모습을 그린 작품이 바로 『非の器』이다. 이 작품은 전쟁말기의 공습과 그 밖의 체험을 통해서 커져가는 자타의 부정성(否定性)을 폭로하고 이러한 부정성 끝에 진지한 윤리를 발견하려고 하는 정신에 의해 창조되었다. 그 밖에는 소설『散華(さんげ)』,『邪宗門(じゃしゅうもん)』 등이 있다.

정답) ④

[문제12] 人形浄瑠璃の竹本義太夫のために、すぐれた脚本(戯曲)を書いたのは誰か。

【近世-浄瑠璃】

① 為永春水
② 山東京伝
③ 式亭三馬
④ 近松門左衛門
⑤ 井原西鶴

해설

중세 초기 室町時代 중엽부터 비파법사 등의『語り物』(가락을 붙여 악기에 맞추어 낭독하는 것, 예) 平曲, 浪曲) 浄瑠璃姬의 전설을 이야기하는 것이 성행했는데, 이 이야기에 붙여진 가락을 이야기하는 것이 浄瑠璃節라 한다. 이것이 나중에 室町말기에 전래되어 三味線(しゃみせん)과 인형(人形)이 결부되어 **人形浄瑠璃**(にんぎょうじょうるり)가 된다.

정답) ④

[문제13] 三行分ち書きによる＜生活派短歌集＞「一握の砂」の作者は誰か。

【近代-短歌】

① 長塚節
② 伊藤左千夫
③ 石川啄木
④ 正岡子規
⑤ 斎藤茂吉

해설

石川啄木(いしかわたくぼく;1886-1912)는 『明星(みょうじょう』에서 낭만가인으로서 활약했으며 뒤에 자연주의 영향으로 전환하여 歌集『一握の砂』(1910),『悲しき玩具』(1912)등에 세 줄로 된 구어적 발상형식(三行書き)으로 도시생활의 애환과 허무적 심정을 노래했다. 특히, 与謝野晶子(よさのあきこ)의『みだれ髪』를 읽고 시인의 길을 걸어가기로 뜻을 세웠다고 한다.

정답) ③

[문제14] 硯友社を主宰した尾崎紅葉は、西鶴に傾倒し、華麗な文章を作った人として有名である。彼の代表作を次から選べ。

【近代―小説】

① 暗夜行路
② 金閣寺
③ 夜明け前
④ **金色夜叉**
⑤ 田舎教師

해설

硯友社란 尾崎紅葉(おざきこうよう;1867-1903)를 중심으로 山田美妙(やまだびみょう)와 石橋思案(いしばししあん) 등을 동인으로 하여 창립된 근대 일본 최초의 문학결사로 기관지로서는 『**我楽多文庫(がらくたぶんこ)**』를 발간했다. 西鶴의 영향을 받은 『伽羅枕(きゃらまくら)』, 당시 세상을 그려낸 『二人女房(ににんにょうぼう)』, 심경묘사가 두드러지게 나타난 「である」조의 구어체로 쓰여진 『心の闇』『多情多恨』, 그리고 아속절충체(雅俗折衷体)의 서구문맥을 섞은 미문조(美文調)로서 애독되었다. 미완성의 대작으로 熱海(あたみ) 해안의 장면으로 유명한 『**金色夜叉(こんじきやしゃ;1897-1903)**』가 있다.

정답 ④

[문제15] 珠玉の歌集「鍼の如く」を残し、冴えわたる歌風で知られた長塚節が、夏目漱石の依頼で書いた農民文学の傑作は何か。

【近代―反自然主義】

① 大地
② 桜島
③ 白い人
④ 青い山脈
⑤ 土

해설

1910(明治43)년에 朝日新聞에 연재되었고, 夏目漱石가 절찬한 소설「土」는 그 후 농민문학의 불후의 명작이 되었다. 작자 長塚節는 1879(明治12)년, 石下町国生의 호농(豪農)의 장남으로서 태어났다. 또한 그의 작품인「鍼の如く(ありのごとく)」는 連作短歌의 걸작으로 유명하다.

정답 ④

[문제16] アンデルセンの原作である詩人アントニオの愛の物語を翻訳した森欧外の作品は何か。

【近代―浪漫主義】

① 青年
② 詩人の恋
③ **即興詩人**
④ 舞姫
⑤ 雁

해 설

森鴎外(もりおうがい ; 1862－1922) : 그는 덴마크 작가 안델센의 장편소설을 번역하였다. 그 번역은 1892-1901년(明治25-34)의 9년간이나 걸렸다. 이 번역문은 원작이상이라는 높은 평가를 받았고, 의역이 된 부분이 많았지만, 鴎外의 번역문학(翻訳文学)의 정점에 서서 그 영향력은 후세에까지 미쳤다.

독일유학시절의 모습

정답 ④

[문제17] 「パニック」「裸の王様」の作者は誰か。

【近代―昭和30年代】

① **開高健**
② 江藤淳
③ 幸田文
④ 小島信夫
⑤ 大江健三郎

해 설

開高健(かいこうたけし ; 1930-1989)는 1930년(昭和5年) 大阪에서 태어났다. 「**裸の王様**」로 1958년(昭和33年)에 芥川賞을 수상했다. 1989년(平成元年)까지 활발한 작가활동을 계속했다. 대표적인 작품으로는 「パニック」「巨人と玩具」, 「裸の王様」「流亡記」을 들 수 있는데, 이 작품들 모두 1957년-1958년에 걸쳐서 쓰여진 초기의 대표작이다.

정답 ①

[문제18] 『増鏡』に近い頃に書かれた作品はどれか。

【中世―軍記物語】

① 栄華物語
② **太平記**
③ 大鏡
④ 新古今和歌集
⑤ 今鏡

해설

1028年以後『栄華物語』赤染衛門/ 歴史物語
1120年頃『大鏡』未詳/ 歴史物語
1170年『今鏡』藤原為経/ 歴史物語
1205年『新古今和歌集』後鳥羽院勅令/ 藤原定家・源通具ら/ 勅撰和歌集
1350年以前『太平記』未詳/ 軍記
1376年以前『増鏡』未詳/ 軍記

정답) ②

[문제19] 封建的な因習や貧困におしひしがれた女性の哀愁を抒情豊かに描いた「たけくらべ」「にごりえ」などの作者は誰か。

【中世―軍記物語】

① 林芙美子
② 宮本百合子
③ 中河与一
④ **樋口一葉**
⑤ 堀辰雄

해설

칼럼[7]을 참조할 것

정답) ④

[문제20] 古今和歌集は優雅・繊細な歌風をもっている。これを称して何というか。

【中古―勅撰集】

① ぶりぶり
② こきんわかぶり
③ ますらをぶり

④ たをやめぶり
⑤ じゅんじょうぶり

해설

賀茂真淵(かものまぶち；1697－1769)이「古今集」의 가풍을 '장부다움(ますらをぶり)'에 대비하여 부른 명칭으로「古今集」의 가풍을 논할 때 반드시 붙어 다니는 말이다.
「古今集」의 복잡성은 유화하고 '여성다운 섬세성(たはやめぶり)'이라는 한마디로 다 말할 수는 없겠으나,「万葉集」말기의 유화하고 섬세한 감정과 표현을 계승하고 그 위에 한시적 발상과 가론적(歌論的) 사고를 가미한「古今集」적인 가풍에는 유화하고 섬세한 성질도 확실히 있었다.「古今集」에서는 'や'・'む' 등의 조사를 많이 써서 의문・추량 등을 표시하고 있다.

정답) ④

[문제21] 枕草子は長短約いくつの章段からなるか。

【中古─随筆】

① 七百
② 五百
③ 三百
④ 千
⑤ 百

해설

枕草子(まくらのそうし) 수필. 清少納言(せいしょうなごん)

1001년(長保3)무렵 성립. 작자는 993년(正暦4)一条天皇(いちじょうてんのう)의 藤原定子(ふじわらていし)에게 맡겨 약 10년간의 궁중생활을 보내는데, 거기서에서 얻은 체험・견문・감상이 중심적으로 기록되어 있다. 長短300여개의 장단(章段)으로 구성된다. 세 개의 형태로 분류할 수 있다. (1)日記的章段-주로 궁중에서 들었던 내용으로, 中宮定子를 중심으로 하는 화려한 후궁(後宮)의 생활을 기록하였다. (2)類聚的章段-「山は」「虫は」또는「すさまじきもの」「あてなるもの」등과 같은 형태의 것 (3)随想的章段-冒頭(ぼうとう)의「春はあけぼの」의 段과 같이 자연과 인간사에 대한 자유로운 감상을 노래하는 내용이다. 이것 모두 작자의 날카로운 審美的 感覺을 엿볼 수 있다.『源氏物語』의「もののあはれ」와는 다르고, 대상을「をかし」로 취하는 감성은 나중의 連歌・俳諧나 江戸期의 **仮名草紙** 등에 영향을 주었다. 간결한 문체로 짧은 문장이 많다.

정답) ③

[문제22] 近代詩の開拓者といわれる明治の浪漫主義の詩人、島崎藤村の処女詩集はどれか。

【近代―自然主義】

① 落梅集
② 暮笛集
③ 夏草
④ 一葉舟
⑤ **若菜集**

해설

島崎藤村(しまざきとうそん；1872－1943)은 1897년에 낭만적 시정(詩情)을 청춘의 서정으로서 개화시킨 첫 번째 시집『若菜集(わかなしゅう)』를 내었고, 이어서『一葉船(ひとはふね)』(1898년),『夏草(なつくさ)』(1898),『落葉樹(らくようじゅ)』(1901년)를 내었으며, 1904년에는 합본『藤村詩集』(1904년)도 편집하였다.

정답) ⑤

[문제23] 詩人として出発した作家、室生犀星の代表作は何か。

【近代―口語自由詩】

① 青年
② 斜陽
③ 旅愁
④ **杏っ子**
⑤ 千羽鶴

해설

室生犀星(むろうさいせい；1889-1962년) 72세에 별세.『杏っ子』는 자신의 생애와 딸에 대한 애정, 그리고 딸과 일체화된 상쾌한 반역을 그린 장편소설로 유명하며, 1958년(昭和33년) **読売(よみうり) 文学賞**을 수상하였다.

정답) ④

[문제24] 方丈記・平家物語に共通して流れる思想は何か？

【近代―随筆・軍記物語】

① 悲哀感
② 無情感
③ **無常観**
④ 人生観
⑤ 感激感

해설

「ゆく河の流れは絶えずして、しかも、もとの水にあらず」로 시작되는 「方丈記」는 속세를 버리고 자유로운 은자생활을 하던 鴨長明(かものちょうめい ; 1155?-1216)가 1212년에 이룩한 작품이다. 그 내용은 전반에서는 큰 화재・바람・기근・지진 등 인재와 천재 그리고 源平의 동란에서 느낀 무상감을 말하고 있다. 후반에서는 은둔처인 日野山(ひのさん)에서 홀로 사는 즐거움을 그려내고 있다.

「祇園精舎の鐘の声、諸行無常の響きあり。娑羅双樹の花の色、盛者(じょうしゃ)必衰の理(ことわり)をあらはす。」로 시작되는 「平家物語」는 軍記物語나 중세문학의 걸작으로, 전체적으로 因果應報의 불교사상과 「諸行無常 盛者必衰」의 무상관이 짙게 흐르고 있으며 화한혼용문(和漢混用文)이다.

	方丈記	徒然草
사 상	무상관 염세적	무상관 유교 사상과 노장사상이 혼재. 현실적
내 용	천재재앙의 비참한 현실과 암자의 한적한 생활을 서술	자연, 인생, 취미 등 각양각색의 면에 관한 수필
문 체	和漢混交体 漢語, 仏語가 많다. 対句, 비유	제재에 따라 和漢混交体와 和文体

정답) ③

[문제25] 『猿蓑』와 관계의 깊은 저작물은 어느 것인가.

【近代―随筆・軍記物語】

① 風俗文選
② **俳諧七部集**
③ 奥の細道
④ 三冊子
⑤ 去来抄

해설

俳諧七部集 :『冬の日』,『春の日』,『あら野』,『ひさご』,『猿蓑』,『炭俵』,『続猿蓑』

정답) ②

[문제26] 日本書紀編集の総裁は誰か。

【上代―神話】

① **舎人親王**
② 額田王
③ 天智天皇

④ 太安万侶
⑤ 紫式部

해설

書名	編者	成立	巻数	表記	特徴
古事記	稗田阿礼(ひえだのあれい)가 암송하고 있던 『帝紀』『旧辞』를 太安万侶(おおのやすまろう)가 한자의 음훈을 사용하여 기록, 정리	和銅 5 年 (712)	3巻 (上中下)	漢文体 (変則)	文学的
日本書紀	舎人親王(とねりしんのう)	養老 4 年 (720)	30巻	漢文体 (純粋)	歴史書的 編年体

* 『帝紀(てき)』: 황실의 계보와 황위 계승의 순서를 설명한 기록을 말한다.
** 『旧辞(きゅうじ)』: 황실과 제 씨족의 사적 혹은 민간에 전해지는 신화·전설을 설명한 기록으로 <선대의 旧辞><본사(本辞)>라고도 한다. 帝紀와 나란히 황실과 제 씨족(氏族)과의 관계를 명백히 하는 데 중요한 기록 문서였던 것으로 보인다.

정답) ①

[문제27] 当時の社交場とも言うべき湯屋を舞台に、庶民のさまざまな生活を描いた式亭三馬の作品は何か。

【近世―滑稽本】

① 春色梅暦
② サウナ風呂
③ 浮世床
④ **浮世風呂**
⑤ 大風呂敷

해설

江戸時代 말기에는 회화 속에 재담이나 농담, 그리고 주인공의 계속되는 실패담을 넣어 독자들을 줄곧 웃음으로 이끌어 가는 **滑稽本(こっけいぼん)**이 유행하게 되었다. 대표적인 작가로는 **十返舎一九(じっぺんしゃいっく)**와 **式亭三馬(しきていさんば)**를 들 수 있는데, 후자는 『**浮世風呂(うきよぶろ)**』, 『**浮世床(うきよどこ)**』 등을 남겼는데, 이는 당시 서민들의 사교장(社交場)이었던 공중목욕탕이나 이발소 등에서 제재를 얻어 서민생활을 해학적·골계적으로 그려내고 있다.

정답) ④

[문제28] 平安時代初期、便利に実用化された表音文字に対し、漢字のことを当時何と言ったか。

【中古—漢字使用】

① ローマ字
② 表意文字
③ かな文字
④ **真名**
⑤ 万葉仮名

해설

한자 본래의 사용법에서 벗어나서 일본어를 위한 표기로 「임시적」이라는 의미에서 **「仮名(かな)」**라 하였고, 이것에 대해 한자는 본래의 한자 사용법이 있다하여, 이를 **「真名(まな)」**라 불렀다.

정답) ④

[문제29] 本居宣長の、復古思想・文学などについての随想集は何か。

【近世—国学】

① 万葉考
② **玉勝間**
③ 玉くしげ
④ 古事記伝
⑤ 国意考

해설

国学의 확립자인 **賀茂真淵(かものまぶち)**의 문하로 江戸 중기의 국학자로서 유명한 **本居宣長(1730-1801)**는 스승의 권유로 『古事記』를 연구하게 되고, 연30년에 걸쳐서 **『古事記伝』**44巻을 이룩한다. 고전연구를 통해서 일본의 고대정신이 훌륭하다는 점을 강조하고 복고사상을 설하여 국학의 기초를 다졌다. 또한, 『源氏物語』의 저면에 흐르고 있는 것이 「もののあはれ」라는 것을 설명하였다. 1794-1812년 『玉勝間(たまかつま)』와 『玉の小櫛(たまのおぐし)』, 1796년 『源氏物語玉の小櫛(たまのおぐし)』, 1798년 『古事記伝』 등의 작품을 남겼다.

※ 국학(国学)이란?
「古事記」,「日本書紀」,「万葉集」 등의 서적을 연구하여 불교나 유학이 도래하기 이전의 일본인의 정신을 밝히려는 학문으로, 복고주의적인 문학운동인데, 관념론에 대해서 인간의 자연 그대로의 모습을 긍정하려고 하는 생각에서 고문헌을 있는 그대로 보려고 하는 태도로 나타나게 되었다. 그 기초를 다진 것은 契沖, 春満인데, 특히 契沖는 중세 이래의 구설에 맹종하지 않고, 고전의 본문 그 자체에서 정확한 문헌학적 실증주의 검토에 의해서 독창적인 주석을 달아서 「万葉代匠記」를 위시한 고전연구에 뛰어난 실적을 올렸다.

정답) ②

[문제30] 人情本と呼ばれた、江戸町人の恋愛や愛欲を主題とした絵入り小説の代表的作家で、天保の改革で処罰されたのは誰か。

【近世—人情本】

① 式亭三馬
② **為永春水**
③ 察山東京伝
④ 恋川春町
⑤ 十返舎一九

해설

天保の改革(てんぽうのかいかく) : 老中水野忠邦(みずのただくに)가 1841-1843(天保12-14년)에 실시한 江戸 막부의 정치개혁. 막부 재정의 궁핍 및 서민들의 생활고 그리고 일본 근해에 출현하는 외국선박 등 사회불안이 계속해서 고조되자, 老中가 된 水野忠邦는 享保・寛政의 개혁에서 얻은 경험을 토대로 天保의 개혁을 단행하였다. 검약(倹約)을 권장하고, 풍속을 바로잡으며, 도시로 나온 농민을 村로 돌려보내고(人返지), 江戸시대 막부와 번(藩)이 인정한 상공업자들의 동업조합인 株仲間(かぶなかま)가 상업독점하는 것을 막기 위해 해산시키고, 江戸・大阪의 주변 10里(大阪5里)를 막부의 직할령으로 하여 大名(だいみょう)・旗本(はたもと)를 다른 곳에 토지를 주어 옮기려 하였으나(上知令), 결국 大名(だいみょう)・旗본(はたもと), 그리고 令民 등의 반대로 중지되었다.

정답) ②

『**今昔物語集(こんじゃくものがたり)**』

『今昔物語集』는 1천여 편의 설화를 全31卷으로 집대성한 것이다. 구성은 인도(天竺), 중국(震旦), 일본(本朝)의 3부로 대별시켜 일본(本朝)은 불교설화, 세속설화로 나눠진다. 불교설화는 전체의 3분의 2로 그 재료의 대부분은 중국의 서적을 출전(出典)으로 하고 있으며, 인과응보(因果応報)나 신앙의 공덕을 설파하고 있다. 문학적으로 뛰어난 것은 세속설화로 귀족, 승려, 무사, 농민, 상인 등 여러 계층의 인간들을 등장시켜, 혼돈스러운 시대를 씩씩하게 살아가는 모습을 생생하게 묘사하고 있다. 설화(説話)의 내용에는 주로 신기함, 추악함, 웃음 등이 많다. 문체는 **和漢混用文**의 선구적인 역할을 보여주는 것으로서, 소박하고 힘이 넘치기 때문에 설화 내용에 어울린다. 문학적으로 뛰어난 것은 세속설화이고, 귀족뿐만 아니라 무사와 서민 등의 생활을 들어 혼탁한 시대를 용감하게 살아남은 인간의 모습을 리얼하게 묘사하고 있다.

[문제31] 中国に題材を取った童話で、『蜘蛛の糸』と並ぶ名作『杜子春』の作者は誰か。

【近代— 新思潮派】

① 松谷みよ子
② 遠藤周作

③ 芥川龍之介
④ 小川未明
⑤ 新美南吉

해설

문제215를 참조할 것.

정답) ③

[문제32] 「万延元年のフットボール」「死者の奢り」の作者は誰か。

【現代―昭和30年代文学】

① 阿部公房
② 高橋和巳
③ 吉行淳之介
④ 三島由紀夫
⑤ **大江健三郎**

해설

大江健三郎(おおえ けんざぶろう；1935〜) : 愛媛県 출신의 작가, 소설가. 동경대학 불문학과 졸업. 재학 중인 1957년에 소설『奇妙な仕事』로 「東大新聞」에 입선. 毎日新聞의 문예시평란에서 격찬받은 일을 계기로 학생작가로서 데뷔하였으며 같은 해『死者の奢(おご)り』도 썼다. 다음해인 1958년에 흑인 포로병과 마을 소년과의 관계를 그린『飼育(しいく)』으로 芥川賞를 수상. 장애를 가지고 있는 장남의 탄생을 주제로 쓰여진 **『個人的な体験』** 이외에, **『万延元年のフットボール』**, 『洪水はわが魂に及び』, 『同時代ゲーム』, 『新しい人よめざめよ』 등이 대표작. 評論에는 『ヒロシマ・ノート』, 『沖縄ノート』 등이 있다. 1994년 10월 13일 川端康成에 이어서 일본인으로 두 번째로 노벨문학상을 수상. 수상을 할 당시의 기념강연 제목은 **「あいまいな日本の私」** 이었다. 일본인 작가로서는 드물게 해외에서의 활동도 활발하고 저작물이 영어, 독일어, 러시아어 등으로 번역되고 있다. 노벨상 수상도 번역에 의한 부분이 크다. 또한 샤르트르의 영향을 강하게 받았으며 사상이나 관념을 싱그러운 감수성으로 묘사하여 독자적인 문체를 확립했다.

정답) ⑤

[문제33] 坪内逍遥の写実主義をより徹底し、更に言文一致体で書いた二葉亭四迷の未完の小説は何か。

【近代―写実主義】

① 蒲団
② 多情多恨
③ 高野聖
④ **浮雲**
⑤ 明暗

해설

明治10년대(1877-1886) 후반에 坪内逍遥와 二葉亭四迷 등에 의해 사실주의가 선보이기 시작했다. 坪内逍遥는 江戸의 대중문학의 비판과 개량을 주장하는 일본의 최초 소설론「小説神髄」를 발표하였고, 그 안에는 종래의 권선징악의 사상과 효율적 문학을 강하게 부정하고 문학의 독자성을 주장하여 인간의 있는 그대로의 심리 분석을 주장한 사실주의를 제창했다. 또한「小説神髄」의 이론을 구체화하려한「当世書生気質」를 서술했지만, 풍속묘사에 그쳐버리고 인간의 내면을 그려내는데까지는 미치지 못하였다.

러시아 문학에 대한 지식과 교양이 풍부했던 二葉亭四迷는 坪内逍遥의 생각에 동감을 표시하고, 사실주의를 주장하는 근거와 목적을 명확히 표시한「小説総論」을 발표하였고 사상의 절대성을 명확히 하진 않았지만, 거기에는 '真'을 추구하면서도 절대적인 관념을 지키려는 明治문학의 기본적인 특성이 잘 나타나 있다. 하지만, 이 이론을 구체화한 소설이 바로「浮雲」로 근대초기의 걸작으로 손꼽히고 있다.

작품 및 작가 :『蒲団』- 田山花袋 /『多情多恨』- 尾崎紅葉 /『高野聖』- 泉鏡花 /『明暗』- 夏目漱石

정답) ⑤

[문제34] 猿楽は、宗教的なものから幽玄を旨とする舞台芸能に発展した。これを何と言うか。

【中世―劇文学】

① **能楽**
② 盆踊り
③ 吹奏楽
④ 狂言
⑤ 謡曲

해설

중세에는 제례나 법회에 연극과 같은 것이 상연되었는데, 申楽(猿楽)의 能와 田楽, 그리고 평안 말기에 시작된 가무인 白拍子(しらびょうし)의 춤 등이 합쳐져 연극으로 발전하였다. 전통적인 雅楽(ががく)에 대해 저속한 無楽을 散楽(さんがく)라 하여 구별하였다. 평안시대에는 申楽(猿楽)라는 이름으로 田楽(でんがく)와 함께 귀족사회에서 유행했었다. 중세에 와서 観阿弥清次(かんあみきよくつ; 1333-84), 世阿弥清之(1364-1444)의 부자에 의해 能楽(のうがく)는 예술로써 크게 성장하였다. '能'는 여러 가지의 연극적인 요소를 가지는 종합적인 무대예술이라면, 그 대본인 '謡曲(よろきょく)'는 극문학 작품이라 할 수 있다.

※ 謡曲 -「謡(うたい)」라고도 하는 能楽의 대본인데,「シテ」・「ワキ」등의 대사와 地謡(じよう)의 대본으로 이루어져 있다.

정답) ①

[문제35] 『宇治拾遺物語』以前に成立した作品はどれか。

【中世―説話】

① **日本霊異記**
② 徒然草
③ 太平記
④ 義経記
⑤ 神皇正統記

해설

세속설화로서는 『宇治拾遺物語(うじしゅういものがたり)』, 『十訓抄(じっきんしょう)』, 『古今著聞集(ここんちょもんじょ)』와 室町時代에 들어와서 쓰여진 『吉野拾遺(よしのしゅうい)』 등이 있다. 『宇治拾遺物語』는 1212-21년경에 성립되었으며, 작자는 알 수 없다. 이 설화집은 중고의 『今昔物語集(こんじゃくものがたり)』과 더불어 설화문학의 대표적인 작품이라 하겠다. 길고 짧은 197집의 설화 중에는 『今昔物語集』와 같은 것이 83집이나 있다고 지적되면서도, 이야기의 실마리가 잘 다듬어져 있어 이미 이야기로서 구전되어 온 듯한 느낌을 주기도 한다. 설화의 내용은 높은 스님의 덕을 전하는 불교계의 화제를 모은 불교설화도 있기는 하나, 오히려 법사나 성인들의 익살담이나 『혹 뗀 이야기』, 『참새의 은혜에 보답하는 일』 등 서민생활을 반영한 민화가 많다. 그 중에는 중국이나 인도의 이야기도 들어 있다.

정답) ①

[문제36] 山本有三의 代表作으로、吾一少年의 成長의 跡을 たどった ヒューマニティ あふれる 教養小説은 何か。

【近代―教養小説】

① **路傍の石**
② 重き流れの中に
③ 青年
④ 田吾作物語
⑤ 思ひ出

해설

山本有三(やまもとゆうぞう；1887-1974) 극작가・소설가. 『路傍の石(ろぼうのいし)』(1941) 등으로 진실을 하여 늠름하게 살아가는 사람들의 모습을 그렸다. 菊池寛(きくちかん), 芥川竜之介(あくたがわりゅうのすけ)의 몇몇 사람과 함께 문예가협회를 결성하여 내무성(内務省)의 검열을 비판하였다. 전후는 국어 국자문제(国字問題)에 몰두하였고, 947년(昭和22)부터 53년까지 참의원 의원을 역임했다.

정답) ①

[문제37] 『古今著聞集』の成立時代はどれか。

【中世―説話集】

① **鎌倉時代**
② 室町時代
③ 平安前期
④ 奈良時代
⑤ 平安後期

해 설

古今著聞集은 橘成季이라는 사람이 편집한 것으로 전해지는 鎌倉時代 중기의 설화집(說話集)이다.
全20巻・30편에 수록되어 있는 설화집은 대부분이 국내한정, 또한 연대순(年代順)으로 배열되어 있다. 또한, 모든 설화는 백과사전이나 古今和歌集처럼 내용에 따라 분류되어 있다. 수록된 설화에는 명확한 출전이 있는 것도 많으며, 면밀한 편집의도 아래 성립된 것을 특징으로 한다.
설화에는 성립 당시인 鎌倉時代의 작품 보다도, 오히려 平安時代의 것이 많고, 내용도 「和歌」, 「管絃」과 같은 왕조적(王朝的)인 것이 눈에 띈다. 분류가 古今和歌集를 본뜨고 있는 점을 생각해서 平安王朝에 대한 동경이 강한 것은 아닌가 하는 생각도 든다.

[주요작품]
758-822年頃 『日本現報善悪霊異記(日本霊異記)』 景戒 - 日本最古의 説話集。
984年 『三宝絵』 源為憲
1120年頃 『今昔物語集』
1179年頃 『宝物集』 平康頼
1215年以前 『古事談』 源顕兼
1216年以前 『発心集』 鴨長明
1242年以後 『宇治拾遺物語』
1254年 『古今著聞集』 橘成季

정답) ①

[문제38] 四鏡の最後、編年体の歴史物語で、鎌倉時代の公武関係を公家側の立場から記したものは何か。

【中世―歴史物語】

① 吾妻鏡
② 今鏡
③ 大鏡
④ **増鏡**
⑤ 水鏡

해설

	名前	成立年代	叙述形式	記載年代	天皇
1	大鏡	平安中期	紀伝体	平安初期-平安中期	文徳-後一条
2	今鏡	平安末期	紀伝体	平安中期-平安末期	後一条-高倉
3	水鏡	平安末-鎌倉初期	編年体	神代-平安初期	神武-仁明
4	増鏡	南北朝期	編年体	鎌倉初期-鎌倉末期	後鳥羽-後醍醐
補	栄華物語	平安中期	編年体	平安初期-平安中期	宇多-堀川

정답) ④

[문제39] 幻想的な文調で有名な平安後期の異色ある短編物語集は何か。

【中古—短編物語】

① **堤中納言物語**
② 大和物語
③ 宇津保物語
④ 今昔物語集
⑤ 宇治拾遺物語

해설

堤中納言物語(つつみちゅうなごんものがたり)는 일본 平安時代에 성립된 短編物語로 저자(著者)는 미상. 物語 속에 「堤中納言」라는 인물은 등장하지 않고 이 제목이 무엇에서 유래하는 지는 불확실하다.

정답) ①

[문제40] 源氏物語の作者は、次の誰か？

【中古—大河小説】

① 紫色部
② 清少納言
③ 真平御免
④ **紫式部**
⑤ 清大納言

해설

11세기 초, 紫式部에 의해 54帖에 달하는 『源氏物語』가 성립되었다. 『源氏物語』는 전체를 3부로 나누는데, 제1부는 제1부 「桐壷」에서 제33부 「藤の裏葉」까지, 제2부는 제34부 「若菜上」에서 제41부 「幻」까지, 제3부는 제42부 「匂い宮」에서 제54부 「夢の浮橋」까지이다.
『源氏物語』는 전후 4대 74년에 걸친 대하소설로서, 등장인물이 약 490명에 달하는 큰 규모의 세계인데, 그것이 웅대하

고도 주도면밀한 구상 아래 훌륭하게 통일되어 있다. 문학의 실질적인 면에 있어서도 物語라는 허구를 통해서, 귀족 사회의 사랑과 고뇌, 이상과 현실을 그려 인간의 진실을 추구하려 하고 있다. 또 자연과 인간사가 미묘하게 융합되어 전편에 「もののあはれ」의 정취를 띠고 있어, 왕조 귀족사회의 향취를 오늘에 전하고 있다. 문장은 和歌를 섞어 우아 섬세한 글을 이어 놓은 대표적인 和文体라고 하겠다.

종합해 볼 때, 『源氏物語』는 그때까지 이룩된 여러 가지 문학의 성과를 집대성한 작품이라고 할 수 있으며, 문학의 질이라는 면에서도 일본 고전문학의 최고봉이라 하겠다. 즉, 作り物語의 허구성, 歌物語의 서정성, 여류 일기문학의 현실 응시의 안목을 이어 받아, 종합하고 발전시킨 미와 진실의 物語인 것이다.

정답 ④

[문제41] 夏目漱石の、前期三部作の二番目の作品に当たる小説は何か。

【近代—反自然主義】

① 門
② 彼岸過迄
③ あれから
④ こころ
⑤ それから

해설

夏目漱石(なつめそうせき；1867-1916) 漱石의 처녀작(処女作)이 『吾輩は猫である』이다. 明治 근대문명을 고양이의 눈을 통해서 비평을 가하였다. 『坊ちゃん(ぼっちゃん)』, 『草枕(くさまくら)』이 유명하다. 전기 삼부작(前期三部作)으로는 『三四郎(さんしろう)』, 『それから』, 『門(もん)』이며, 후기삼부작(後期三部作)으로는 **『彼岸過迄ひがんすぎまで』**, 『行人(こうじん)』, 『こころ』을 들 수 있다. 漱石는 근대인의 에고이즘 문제를 추구한 사람이다. 그리고 『道草(みちくさ)』는 漱石가 자연주의 색채를 다소 띤 자기를 고백하여 쓴 자전적 작품이다. 그가 남긴 마지막 작품은 『明暗(めいあん)』인데, 이 작품을 쓰고 있던 도중에 세상을 떠나게 되어 미완성작으로 남아있다. 에고이즘을 가지지 않는 다는 「則天去私(そくてんきょし)」라는 말은 유명하다.

정답 ⑤

[문제42] 日本の象徴詩に大きな影響を与えた翻訳詩集「海潮音」の作者は誰か。

【近代—象徴詩】

① 堀口大学
② 北村透谷
③ **上田敏**
④ 薄田泣菫
⑤ 土井晩翠

해설

象徵詩는 上田瓶(うえだびん;1874-1916)에 의해 소개되어 1905년 경에 특히 성행했는데, 그의 역시집 『海潮音(かいちょうおん)』(1905)이 커다란 영향을 끼쳤다. 상징시 운동의 선구적인 역할을 한 그는 일찍부터 베를레르 등을 소개하면서 프랑스 상징파의 시를 번역 소개하여 왔다. 『海潮音』에 실린 것은 창작시로 보일만큼 우수한 역시(訳詩)로서 사상 최고봉을 자랑할 만하다.

정답) ③

[문제43] 新感覚派の流れを受け継ぎ、プルーストの小説に学んだ、伊藤整や堀辰雄らは何と呼ばれたか。

【近代―新心理主義】

① **新心理主義**
② 新感覚派
③ 高踏派
④ 新興芸術派
⑤ 戦旗派

해설

1920년대 후기의 특징은 혁명문학을 기치로 삼은 左翼文学, 私小説・心境小説을 중심으로 하여 문단의 혁신을 지향하는 신감각파(新感覚派)를 비롯한 신흥예술파(新興芸術派), 그리고 신심리주의(新心理主義) 등의 예술파 문학이 대립하면서 활동을 전개하였다.

1931(昭和6년)경부터 新感覚派의 뒤를 이어받아 죠이스(영), 라디게(불), 플루스트(불) 등의 서구 심리주의의 영향을 받은 신심리주의(新心理主義)가 대두하여 정신분석이나 심층심리를 예술적으로 표현하려는 움직임이 『詩と試論』『文学』등의 잡지를 통해 많은 관심을 얻었다. 사회와 개인과의 분열을 가져오는 자아의식을 직접 표현하여 잃어버린 자아의 회복을 주로 다룬 신심리파이다. 伊藤整(いとうひとし)가 이론면을 담당하고, 堀辰雄, 横光利一, 川端康成 등이 참가했다. 전후에는 椎名麟三, 野間宏 등이 이 수법으로 창작활동을 시작했다.

예술적 근대파	新感覚派	横光利一 (よこみつとしかず)	신감각파의 중심작가, 문단에 새 바람을 불어넣었으나 차츰 심리적 현실주의로 옮아가서 사회불안에 고민하는 지식인의 심리를 추구, 나아가서 동양적인 主情主義에 도달한다.
		川端康成 (かわばたやすなり)	일본고전의 흐름을 딴 청순한 서정성의 바탕에 근대적 지성과 애수를 띠게 하는 작품이 많다. 1968년 『雪国』로 노벨문학상을 수상하였다.
	(新興芸術派) 新心理主義	梶井基次郎 (かじいもとじろう)	섬세하고 감각적인 묘사는 소설의 형태를 취한 시라고도 일컬어진다.
		井伏鱒二 (いぶせますじ)	표일(飄逸)경묘한 필치로 서민의 생활을 그려 유머와 파토스(pathos)가 풍부한 작품을 썼다.
		堀辰雄 (ふりたつお)	근대적 지성과 감성에 의해 청신 독특한 스타일을 완성. 근대서구정신을 소화하고 서정미가 넘치는 작품이 많다.

정답) ①

[문제44] 陸軍軍医でドイツ留学の経験を持つ、近代文学史上屈指の作家は誰か。

【近代―反自然主義】

① **森鴎外**
② 永井何風
③ 谷崎潤一郎
④ 志賀直哉
⑤ 夏目漱石

해설

1888년 독일유학에서 돌아온 森鴎外는 문학・예술・철학 등에 걸친 넓은 신지식을 가지고 평론과 번역물 등을 통해 다채로운 계몽활동을 전개했으며, 번역시집인 『於母影』에 이어 문예평론잡지인 『しがらみ草紙』(1889)를 창간하였다. 또한 그는 夏目漱石와 더불어 근대문학의 수많은 고전적 작품을 남겨 근대문학사상의 거봉으로서 지위를 차지하고 있다. 1970년에는 군의관으로 육군군의 총감, 의무국장에 취임했다. 잡지『スバル』를 중심으로 『ヰタ―セクスアリス』 (1907), 『青年』(1910), 『雁』(1911) 등을 발표하여 문단에 복귀했다.

정답) ①

[문제45] 平安時代初期、漢字に対し便利に実用化された表音文字のうち、漢字の一部を取った文字を何と言うか。

【中古―文字使用】

① 真名
② 平かな
③ 万葉仮名
④ **片かな**
⑤ ローマ字

해설

외래어나 외국어, 의성어 및 의태어, 전보문, 고유명사, 강조어 등을 표기할 때 주로 쓰인다. 성립 시기는 히라가나와 마찬가지로 정확하지는 않으나 9-10세기 경으로 추정하고 있다. 가타카나는「万葉がな」의 자획의 일부를 생략하거나 모방하여 만든 것으로 가타카나의「片」는 '불완전하다'라는 의미가 담겨져 있다.
가타카나는 원래 한문 또는 불전(仏典)의 읽는 법을 명확히 하기 위해 한문의 자간(字間)에 쓰기 시작하면서 승려들 사이에서 발달하였다. 처음에는 불전의 기록 및 고사전의 주석기입에 이용되었고, 중세에 와서는 문학작품 등에도 사용되었다. 근대에 들어와서는 법전이나 공문서 등에 주로 쓰였다.

정답) ④

[문제46] 同人雑誌『奇蹟』の創刊者の一人で、小説『神経病時代』の作者は誰か。

【近代―『奇跡』同人】

① 中津和郎
② 島津和郎
③ 財津和郎
④ 高津和郎
⑤ 広津和郎

해설

자연주의의 현실폭로가 다분히 외부현실에 눈을 돌린데 대해, 자연주의의 흐름을 바탕으로 하면서도 내부적인 인간심리의 현실을 굴착하려는 움직임이 『奇跡』의 동인들 사이에서 일어났다. 이 『奇跡』의 동인에는 広津和郎(ひろつかずお), 相馬泰三(そうまたいぞう), 谷崎精二(たにざきせいじ) 등과 외부에서 가담한 葛西善蔵(かさいぜんぞう) 등이 있었는데, 19세기말의 러시아문학의 영향을 받은 그들의 작품은 어딘지 모르게 어둑어둑한 회색적 분위기를 가지고 있었다. 사소설·심경소설은 일본특유의 소설형태로 1920년대를 전후하여 볼 수 있는 작품경향이다. 사소설은 田山花袋(たやまかたい;1871-1930)의 『布団』에서 시작되는데, 이는 주제를 작가자신의 신변에서 취재하여 자기 생활체험을 날카로운 감수성으로 작품에 나타낸 것이다. 여기에는 広津和郎의 『神経病時代』(1917)와 『波の上』, 葛西善蔵의 『子をつれて』, 『哀しき父』 등이 있다.

정답) ⑤

[문제47] 近代文学を代表するリアリストで、『小説の神様』とまで言われた作家は誰か。

【近代―白樺派】

① 志賀直哉
② 森鴎外
③ 三島由紀夫
④ 夏目漱石
⑤ 谷崎潤一郎

해설

白樺派의 중핵을 이룬 작가인 志賀直哉(しがなおや;1883-1971)는 근대인에게서는 보기 드문 강인한 자아를 가지고 투철하고 간절한 **리얼리즘**으로써, 특히 단편소설에 뛰어난 작품을 많이 남겼다. 『清兵衛と瓢箪(せいべえとひょうたん』, 『網走りまで(あばしりまで)』, 『城の崎にて』(1917), 『小僧の神様(こぞうのかみさま)』(1918), 『和解(わかい)』(1917) 등은 어느 것이나 다 감성과 지성의 조화로 이루어져 있으며, 리얼리즘에 일관된 간결하고 정확한 구어문체로 묘사되고 있다. 그의 작품의 근저를 지탱하는 것은 자기의 감정에 충실하며 또 강렬하고 순수하게 살려고 하는 자기긍정인데, 위의 작품들은 **개인적 고뇌**를 **심경소설**로써 묘사한 것이다.

정답) ①

[문제48] 硯友社を主宰した尾崎紅葉は、西鶴に傾倒し、華麗な文章を作った人として有名である。彼の代表作を次から選べ。

【近代— 擬古典主義】

① 田舎教師
② 金閣寺
③ **金色夜叉**
④ 暗夜行路
⑤ 夜明け前

해설

1885년 尾崎紅葉(おざきこうよう;1867-1903)는 山田微笑 등의 문학청년들과 함께 硯友社를 경성하고 기관지로서 『我楽多文庫(がらくたぶんこ)』를 발간했다. 그는 硯友社의 중심작가로서 사실주의를 이상으로 하여 구어체 문장에 대해 많은 의욕을 보였으며, 의고전문체에도 뛰어난 재능을 보였다. 또한 아속절충체의 『二人比丘尼色懺悔』(ににんびくににいろざんげ;1889)로 문단에 이름을 올리고, 이어서 西鶴를 본받아 『伽羅枕(きゃらまくら)』, 『二人女房(ににんにょうぼう)』, 『三人妻(さんにんづま)』 등을 내면서 크게 활약하였다. 「である」조의 표현에 의한 『多情多恨(たじょうたこん)』이나 아속절충체에 서구문맥을 섞은 미문조(美文調)로서 애독된 『金色夜叉(こんじきやしゃ)』(1897-1903) 등이 있다.

정답) ③

[문제49] 療養先で小動物の生と死を見つめる作者の心象を描いた短編小説『城の崎にて』の作者は誰か。

① 大江健三郎
② 井上靖
③ 開高健
④ **志賀直哉**
⑤ 中野重治

문제47을 참조할 것.

정답) ④

[문제50] 作者の理想とする師の姿を弟子の立場からまとめた『幸福者』は、誰の作品か。

【近代—白樺派】

① 坂口安吾
② 堀辰雄
③ 三島由紀夫

④ 小島信夫
⑤ **武者小路実篤**

해설

자연주의가 성행하기 시작하던 1910년에 武者小路実篤(むしゃのこうじさねつ ; 1885-1976)를 중심으로 한 동인잡지 『白樺(しらかば)』가 창간되어, 자연주의를 비판하고 무조건 자기해방을 크게 외치고 나섰다. 이 잡지에 속하는 작가들의 문학을 白樺派 문학이라고 부르며, 또 그들이 이상주의적 인도주의에 입각하여 자아의 존엄을 주장하였기 때문에 신이상주의(新理想主義) 문학이라고도 불린다. 주로 **『学習院』**계의 귀족계급 출신의 작가들로 구성되어 있어 개인주의나 자유주의를 주장하는 게 있어 비교적 고뇌가 적고 밝으며 청신한 것이었다. 대표작가에는 武者小路実篤 이외에, 志賀直哉(しがなおや), 有島武郎(ありしまたけお), 長与善郎(ながよよしお), 里見弴(さとみとん) 등이 있다.

정답) ⑤

[문제51] 土佐日記の成立時代は、次のどれか。

【中古―日記文学】

① 8世紀
② 9世紀
③ **10世紀**
④ 11世紀
⑤ 12世紀

해설

문제132를 참조할 것.

[일기문학]의 시대별 정리

935年頃 『土佐日記』紀貫之
974年以後 『蜻蛉日記』右大将道綱母
1004年以後『和泉式部日記』和泉式部
1010年以後『紫式部日記』紫式部
1059年以後『更級日記』菅原孝標女

※ 중고이후에는 일기문학이 점점 쇠퇴하여 중세의 『十六夜日記(いざよいにっき)』나 근세의 『奥の細道』 등의 기행문으로 이어진다.

1108年以後『讃岐典侍日記』讃岐典侍藤原長子
1278年以前『弁内侍日記』弁内侍
1279年以前『うたたね』阿仏尼(あぶつに)

1279年頃『十六夜日記』阿仏尼
1292年以後『中務内侍日記』伏見院中務内侍
1306年以後『とはずがたり』後深草院二条

정답) ⑤

[문제52] 理想主義的な作品を数多く描き、東洋的な観念を主題とする作風を示した幸田露伴の代表作は何か。

【近代―擬古典主義】

① **五重塔**
② あらくれ
③ 三四郎
④ 金色夜叉
⑤ 高瀬舟

해설

※ 幸田露伴(こうだろはん；1867-1947)『五重塔(ごじゅうのとう)』의 작품해설

幸田露伴의 걸작『五重塔』는 明治24년(1891년)부터 다음 해인 25년(1892년)에 걸쳐서 신문『国会』에 연재되었고, 그 해 가을에『小説尾花集』(明治25년 10月初版)에 수록되어 출판되었던 중편이다. 작자는 언제나 寛永寺의 오층탑을 볼 때마다 그 장엄함에 감동을 받고 이 소설을 썼다고 한다. 특히 클라이맥스의 폭풍우가 몰아치는 장면을 그린 부분은 일찍부터 모든 작가들의 절찬을 받고 이 이야기의 중심장면이 되고 있다.
「長夜の夢を覚まされて江戸四里四方の老若男女、悪風来りと驚き騒ぎ、雨戸の横柄子(よこざる)緊乎と挿(さ)せ辛張棒を強く張れと家々ごとに狼狽(うろた)ゆるを、可憐(あわれ)とも見ぬ飛天夜叉王、怒号の声音たけだけしく。汝等人を憚(はばか)るな、汝等人間に憚られよ、人間は我等を軽(かろ)んじたり久しく我らを賎みたり我等に捧(ささ)ぐべき筈の定めの牲(にえ)を忘れたり」로 시작되는 그 일절은 작자의 인생관과 종교관이 스며있는 명문이다.

정답) ①

[문제53] 夫藤原兼家との結婚生活を記す自叙伝的日記は何か。

【中古―日記文学】

① 讚岐典侍日記
② 十六夜日記
③ 更級日記
④ **蜻蛉日記**
⑤ 土佐日記

해 설

문제132를 참조할 것.

右大将軍道網(うだいしょうみちつな)의 어머니(藤原倫寧의 딸, ?-995)가 남편 藤原兼家(ふじわらかねいえ ; 929-990)와의 20여년간에 걸친 결혼 생활을 통해 아내나 어머니로서의 고뇌와 사랑을 솔직하게 기록한 최초의 여류일기이다. 이 일기는 物語적인 허구적인 작품을 멀리하고 자기의 내면을 직시하여 그 진실을 고백한 점이 특색이며, 사실적인 **자서전적인 사소설(私小説)적인 성격**을 띠고 있다.

※ [중고시대의 일기문학]

사람의 염원이나 흥미 거리를 상상해서 하나의 현실세계를 구성해 가는 것이 物語이며, 현실 속에서만 취재하여 그것을 기록해 가는 것이 기록문학이다. 이 기록문학에는 순수한 역사나 개인의 체험기록, 문서, 각서 등이 포함되는데, 그 중에서 일기는 자신의 체험을 기반으로 하여 견문을 기록하는 것으로서, 새로운 문학 형태로 등장한다. 이것은 和歌의 세계에 古今集 시대를 개척한 가인 紀貫之가 여성의 입장에 서서 仮名文으로『土佐日記』를 쓰게 된 데서 비롯한다. 일기란, 원래 남성이 한문으로 공사간의 행사나 의식 또는 여행 중의 일들을 비망을 목적으로 기록해 오던 것인데, 紀貫之가 한문체를 仮名문체로, 그리고 여성의 입장에서 쓴다는 상식을 벗어난 이중의 파격적인 방법을 써서 문학성을 띠게 만들었다. 또한 일기를 실용적인 면에서 해방시켜 인간의 내면을 나타내기 위한 방법으로 사용하는 길을 터 놓았다.
그 뒤, 많은 여성들에 의해 仮名의 일기문학이 성행하게 되었다. 최초의 작품인『蜻蛉日記』는 중류여성의 손에서 쓰여진 것으로서, 자기를 응시하고 그 심정을 고백한 **자서전적인 일기**이다. 이로써 일기는 그날그날의 기록이 아니고, 후일의 회상에 의해 자기 인생의 의미를 묻는 것으로 승화한다. 이 영향을 받아 서정적인『和泉式部日記(1007년 경)』, 내성적인『紫式部日記(1010년 경)』 낭만적이라고 하는『更級日記(1060년 경)』등이 나타났다.
이들 일기문학은 物語보다도 현실적이고, 또한 자조성이 강한 개인의 거짓 없는 고백으로서, 그 고백을 통하여 작자의 자기반성으로 기록하는 것이라고도 하겠다. 중고이후에는 점점 쇠퇴하여, 후대의 기행문학으로 이어져 간다.

정답) ④

[문제54] 井原西鶴が、金銭を追求する町人の喜怒哀楽をリアルに描いた町人物は何か。

【近世―仮名草子】

① 好色一代男
② 好色一代女
③ 世間胸算用
④ 武家義理物語
⑤ **日本永代蔵**

해 설

문제3을 참조할 것.

정답) ⑤

[문제55] 「ゆく川の流れは絶えずして…」は、どの作品にみえる言葉か。

【中世―隠者文学】

① 奥の細道
② 平家物語
③ 歎異抄
④ 徒然草
⑤ 方丈記

해설

[각 작품의 冒頭부분]

- 『奥の細道』-「月日は百代の過客にして、行かふ年も又旅人也。舟の上に生涯をうかべ、馬の口とらえて老をむかふる物は、日々旅にして旅を栖(すみか)とす。」
- 『平家物語』-「祇園精舎の鐘の声、諸行無常の響きあり。娑羅双樹の花の 色、盛者必衰の理をあらは<ワ>す。おごれる人も久しからず。」
- 『歎異抄』-「弥陀の誓願不思議にたすけられまいらせて、往生をばとぐるなりと信じて念仏もうさんとおもいたつこころのおこるとき、」
- 『徒然草』-「いでや、この世に生れては、願はしかるべき事こそ多かンめれ。」
- 『方丈記』-行く川の流れは絶えずして、しかももとの水にあらず。よどみに浮ぶうたかたは、かつ消えかつ結びて、久しく止とゞまる事なし。

※ 중세는 수행, 자적한 생활을 보내는 은자(隠者)들이 많았는데, 이들은 중세문학의 주요한 역할을 담당하며, 자신과 인생을 냉정히 바라보는 수많은 수필을 남겼다.

1) 方丈記(ほうじょうき)
  ① 鴨長明가 출가해서 은거한 후 쓴 작품이다.
  ② 자신을 냉철히 관조한 자조문학이다.
  ③ 전반부는 자신이 체험한 천재지변과 사회변동 등을 세밀히 기록한 것으로, 무상관을 나타내고 있다.
  ④ 후반부는 한적한 암자생활의 즐거움과 이 암자생활에 의문을 던져 자신을 추궁하는 모습을 묘사하고 있다.
  ⑤ 和漢混用体.
  ⑥ 대구(対句), 비유 등을 사용해 격조가 높다.

2) 徒然草(つれづれくさ)
  ① 작가인 吉田兼好(よしだけんこう)는 和歌에 뛰어나며, 二条派의 사천왕 중 하나이다. 고전 有職故実에 밝고, 불교, 유교, 노장사상에도 통달하였다.
  ② 전체는 序断 234段의 본문으로 이루어져 있고, 각 장단은 각각 독립된 주제로 쓰여져 있다.
  ③ 내용은 자연, 인사, 설화, 처세술 등 여러 가지 뜻을 가지며, 兼好의 넓은 시야와 깊은 교양이 보임.
  ④ 지식인으로서 사고방식이 잘 나타난 작품이다.
  ⑤ 어느 장단에나 兼好의 예리하고 냉정한 관찰이 보임.
  ⑥ 경험과 교양을 지지하는 무상관, 합리주의적인 면과 확고한 양식을 서술하고 있다.

⑦ 왕조미(王朝味)(세련된 미), 상고취미(尚古趣味)(中古의 みやび<우아>사상)가 나타난다.
⑧ 和文과 和漢混交体

> 정답） ⑤

[문제56] 少年時代からどもりだった青年僧が、金閣寺の美にあこがれるゆえに放火する心理をつづった「金閣寺」は誰の作品か。

【現代―戦後派文学】

① **三島由紀夫**
② 吉行淳之介
③ 阿部公房
④ 安岡章太郎
⑤ 高橋和巳

해설

三島由紀夫(みしまゆきお；1925-1970) : 일본낭만파의 영향을 강하게 받은 신진작가로 『仮面の告白』(1949), 『愛の渇き』, 『禁色』(1951)를 발표하여 인정을 받았다. 그의 작품으로서 전후문학의 걸작이라고 불리는 **『金閣寺(きんかくじ』(1956)**는 그의 독특하고 화려한 문체와 치밀한 구성에 의해 불구인 한 청년의 심리적 과정을 묘사한 것이다.

> 정답） ①

[문제57] 「学習院」出身の若者を中心に、明治43年創刊のある雑誌に集まったグループを何派というか。

【近代―人道主義・理想主義】

① **白樺派**
② 戯作派
③ 戦旗派
④ 新興芸術派
⑤ 新感覚派

해설

문제50을 참조할 것.

「学習院(がくしゅういん)」: 사립학교의 하나로 1847년 공가 자제교육을 위해 京都에 설치되었던 학교가 기원이다. 황족(皇族)・화족(華族)을 위해 1877년 東京에서 재건되었다.

> 정답） ①

[문제58] 奈良時代の散楽が民間に入り、各地の寺社に隷属し、祭礼に興行されてきた芸能を何というか。

【中世―劇文学】

① 器楽
② 盆踊り
③ 能楽
④ 田楽
⑤ **猿楽**

해설

문제34를 참조할 것.

중세에는 大神社의 제례(祭礼)나 大寺院에서 열리는 법회(法会) 등에서 가끔 연극적인 것이 상연되었는데, 이들 社寺에 종속되었던 예능인들이 봉사한 申楽(猿楽)의 能와 田楽(でんがく), 그리고 白拍子(しらびょうし)의 춤 등이 합쳐져 연극으로서 빠른 속도로 발전해 갔다.

* 田楽-모내기 때 神社에서 행해졌던 춤으로 나중에 猿楽에 흡수되었다.
* 白拍子-헤이안 말기에 시작된 가무 또는 그 가무를 추는 유녀

정답 ⑤

[문제59] 萩原朔太郎の詩集はどれか。

【近代―口語自由詩】

① 月下の一群
② 道程
③ **月に吠える**
④ 邪宗門
⑤ 萱草に寄す

해설

大正期에 들어와 高村光太郎(たかむらこうたろう;1883-1956) 등의 이상주의 시와 민중시파가 일어났으며, 萩原朔太郎(はぎわらさくたろう) 등에 의해 구어자유시가 완성되면서 근대시가 확립된다. 萩原는 잡지『感情』를 창간하여 변화를 거듭하는 근대사회를 살아가는 인간의 고독, 허무와 권태 등을 상징적으로 노래했다. 대표시집에는『月に吠える(つきにほえる)』(1917)와 뒤이어 나온『青猫』(1923) 등이 있는데, 날카롭기가 병적이라고 할 만큼 이상한 감수성과 환상적이고 상징적인 이미지를 전개하여 인생의 내면속으로 깊이 파고들었다. 그의 시가 갖는 사상성은 근대시 정신에서는 획기적인 것이었으며, 현대시의 전개에 커다란 영향을 주었다.

정답 ③

[문제60] 万葉時代の宮廷歌人で、叙景歌人・自然歌人といわれているのは誰か。

【上代―貴族文化・万葉集第3期】

① 大伴家持
② 山上憶良
③ **山部赤人**
④ 柿本人麻呂
⑤ 藤原定家

해설

山部赤人(やまべのあかひと)는 万葉集 제3기에 해당되는 가인으로서 柿本人麻呂(かきのもとのひとまろ)의 전통을 지키면서 청량한 서정가를 완성시킨 뛰어났다. 그 밖의 가인으로는 가족을 사랑하고 인생의 고뇌나 사회의 모순에 대한 과격한 감정을 長歌에 담은 **山上憶良(やまのうえのおくら)**, 풍류인으로서 풍류를 즐기면서도 괴로움과 슬픔을 솔직한 심정을 노래한 **大伴旅人(おおとものたびびと)**, 전설이나 설화를 제재로 하여 서사적인 장가를 남긴 **高橋虫麻呂(たかはしのむしまろ)** 등이 있다.

정답) ③

二葉亭四迷『浮雲』(1889년)의 작품해설 및 줄거리

이 장편소설은 갑작스럽게 주인공이 실직하게 되는 장면에서 시작된다. 冒頭의 부분은 희작조로 쓰여졌지만, 계속해서 읽어 내려가면 <언문일치>를 목표로 한 신문체라는 것을 알 수 있고, 섬세한 묘사기법도 탁월하여 지금도 그 신선함을 잃지 않고 있다. 하지만, 이 소설은 특히 사건이라고 할 만한 사건도 없고 화려한 이야기가 펼쳐지는 것도 아니다.

성실하지만 내성적이고 결단력이 없는 文三(ぶんぞう), 잔머리를 잘 쓰고 경박하며 간사한 本田昇, 공리적인 お政, 자꾸 새로운 것만을 추구하고자 하지만 뿌리 없는 잡초와 같은 お勢(せい) 등의 4인을 등장시켜서 작자는 그 4인이 서로에게 이끌리거나 반발하거나 하는 관계를 그려나간다. 그리고 제1편에서는 <문명개화>가 戱画풍으로, 제2편에서는 浮雲과 같이 불운한 여학생인 お勢와, 그녀에 대한 느낌을 어찌할 바 몰라하는 文三의 고뇌가 중심을 이루며, 제3편에서는 오로지 文三의 심리만이 추구된다.

文三는 사람들에게 애교를 부리거나 아첨을 떨거나 할 수 없는 인격의 소유자이다. 그 때문에 明治 관료기구에서 면직되어버린 자이다. お勢를 本田昇에게 빼앗기고 반격하는 대신 방안에 틀어박혀 고민한다. 답답하지만 작자는 그 고독한 아픔을 끈기를 갖고 생생하게 그려나간다. 물론 희작과 같은 노골적인 행위는 없다. 정치소설과 같은 메가폰도 아니다.

작자는 평범한 일상생활에서 살아가는 인간의 진실한 모습을 이른바 내측에서 비추려고 했던 것이며, 그 점이 높이 평가되고 있는 것이다. 이것은 이제까지 일본문학에서 전혀 찾아볼 수 없었던 시도였다.

坪内逍遥(つぼうちしょうよう)의 『当世書生気質(とうせいしょせいきしつ)』(1943년)이 외면적 묘사, 풍속적 사실에 머물렀는 데에 대해, 二葉亭四迷(ふたばていしめい)는 이 소설에서 文三가 고민하는 의미를 찾아냄으로써 그것과 대립하는 明治의 전근대적인 관료기구, 明治시대에 들어서 오로지 출세지향을 위한 격심하게 경쟁하는 사회를 생생하게 묘사해 내는 것에 성공하였다.

[문제61] 賀茂真淵が最も力をそそいで研究した作品はどれか。

【近世―国学者】

① 源氏物語
② **万葉集**
③ 古今和歌集
④ 古事記
⑤ 枕草子

해 설

賀茂真淵(かものまぶち;1697-1769) 江戸 중기의 국학자(国学者)이며 가인(歌人)이다. 真淵는 荷田春満(かだのあずままろ)의 문하였던 杉浦国頭・森暉昌等에게 국학(国学)과 和歌를 배웠고, 또한 古文辞(こぶんじ)학파인 渡辺蒙庵에게 한학(漢学)을 배우면서 漢詩를 많이 썼다. 또한 荷田派의 국학과 契沖의 문헌학을 융합한 독자적인 학문을 수립하였다. 1752년(宝暦2)『万葉新採百首解』를 계기로 春満의 万葉古語의 연구를 계승하고 익년『伊勢物語古意』의 초고(草稿)를 탈고하였으며 1757년(宝暦7)에는『冠辞考』를 출판하였다.

* 古文辞(こぶんじ)-명대 16세기에 성행했던 의고주의(擬古主義) 문학운동

정답) ②

[문제62] 志賀直哉の作品で、主人公の名は時任謙作、自伝的要素の濃い長編小説は何か。

【近代―白樺派】

① カインの末裔
② 死の影の下に
③ つゆのあとさき
④ 播州平野
⑤ **暗夜行路**

해 설

자세한 내용은 문제47을 참조할 것

　志賀直哉(1883-1971)는 武者小路가 詩歌따위가 기교를 부린 흔적이 없이 자연스럽고 완전무결한데 비해 냉엄한 이지적 태도를 가지고 있다. 자타가 공인하는 강렬한 자아와 결벽성을 바탕으로 해서, 예민한 감수성과 함축성이 풍부한 묘사력을 갖추고 있다. 武者小路가 관염적인데 비해, 志賀直哉는 사실적이라 할 수 있다. 또한 그는 白樺派의 중핵을 이룬 작가이다. 전후 17년이나 걸려 완성한 단 하나의 장편『暗夜行路(あんやこうろ ; 1921-1937)』는 어두운 운명을 지고 살아가는 주인공의 혼이 고뇌 끝에 동양적인 조화의 세계에 도달한다는 줄거리로서 근대문학 가운데서도 대표적인 작품이라 할 수 있다.

　　………… (중략) …………

　謙作はなお、直子の顔をしきりに眺めていたが、しばらくすると、「私は今、実にいい気持なのだよ。」と言った。

「いや！そんなことをおっしゃっちゃあ。」直子は発作的に思わず激しく言ったが、「先生は、なんにも心配のない病気だと言っていらしゃるのよ。」と言い直した。

[해석]

謙作은 아직도 直子의 얼굴을 줄곧 바라보고 있었으나 잠시 후에 '나는 지금 무척 기분이 좋단다.'라고 말했다.
'싫어요！ 그런 말씀하시면.' 直子는 발작적으로 자기도 모르게 강한 어조로 말했다가, '선생님은 아무것도 걱정할 것이 없는 병이라고 말씀하시고 계시는데요.'라고 고쳐 말했다.

정답) ⑤

[문제63] 1180年以降の鎌倉時代の出来事を、編年体・日記体裁で記した歴史書で、鎌倉時代研究の最重要資料は何か。

【中世―日記体史書】

① 大鏡
② 今鏡
③ 増鏡
④ 水鏡
⑤ 吾妻鏡

해설

吾妻鏡(あずまかがみ)

鎌倉時代에 쓰여진 역사서로 1180年 源頼朝의 거병(挙兵)에서 1266年 6대 쇼오군 宗尊親王이 수도로 돌아올 때까지의 카마쿠라 막부(鎌倉幕府)에 관한 역사를 일기 형식에 따라서 편년체(編年体)로 기록하였다. 이 책은 카마쿠라 말기 무렵의 사본(写本)이라 생각되는 것으로 元暦 원년(寿永3년)의 여름(夏)・가을(秋)・겨울(冬)(4月-12月)까지의 기사를 수록하고 있다. 고활자본(古活字本)등에 비해 줄바꿈의 방식 등이 원본의 모양에 가까운 것으로 보여 귀중하게 여겨지는 것이다. 『吾妻鏡』의 성립에 관한 연구 및 본문교정(本文校訂)에 필수적인 자료로 쓰이고 있다.

정답) ⑤

[문제64] プロレタリア文学の代表作『蟹工船』『党生活者』の作者は誰か。

【近代―左翼文学】

① 小林多喜二
② 伊藤左千夫
③ 葉山嘉樹
④ 岩野泡鳴

⑤ 徳永直

해설

프롤레타리아 문학운동은 大正 10년(1921) 창간된 「種蒔く人」로 시작된다. 이것은 大正 12년(1923)의 관동대지진과 그 후 탄압에 의해 폐간되었지만, 다음해에는 旧同人이 「文芸戦線」을 발간해서 운동은 다시 활기를 띄었다. 그 후, 여러 가지 분열, 합동을 거듭해서 「文芸戦線」은 1927년(昭和2년) 사회민주주의계의 労農芸術家聯盟(労芸)의 기관지가 되었다. 또 공산주의를 지지하는 사람들은 다음해 全日本無産者芸術聯盟(나프)을 결성해서, 기관지 「戦旗(せんき)」에 의해 운동을 추진했다.

프롤레타리아 문학은 근대문학의 개인주의가 私小説에 편중되어 있을 때에 출현해서, 문학에 있어 사회성을 주장했다. 戦旗派의 평론가 蔵原惟人는 이제까지의 리얼리즘이 개인적 생활을 많이 그리고 있다는 점을 비판하고, 계급적 시점에 선 프롤레타리아 리얼리즘의 창작방법을 주장해서 小林多喜二 등의 이론적 지주가 되었다.

戦旗派 작가의 활약은 한때 문단전체에서 큰 위치를 차지하게 되었다. 그러나 昭和 6년(1931)의 만주사변 이후, 당국의 사상탄압이 심해져, 昭和 8년(1933)이후는 전향자가 속출하고, 다음해 9년(1934) 프롤레타리아 운동은 붕괴되었다. 이와 같은 프로레타리아(좌익)문학파의 작품으로서는 黒島伝治(くろしまでんじ;1898-1943)의 『渦巻ける烏(からす)の群』(1928), 平林たい子(1905-1972)의 『施療室(しりょうしつ)にて』(1972) 등이 있으나, 대표작은 小林多喜二(こばやしたきじ;1903-33)의 『蟹工船(かにこうせん)』(1929), 『党生活者』(1933), 徳永直(とくながなお;1899-1958)의 『太陽のない街』(1929), 葉山嘉樹(はやまよしき)의 『海に生くる人々』(1926) 등이 있다. 그 외에도 窪川稲子(くぼかわいねこ;1904-)와 宮本顕治의 아내인 百合子(ゆりこ;1899-1951) 등이 활약했다.

정답 ①

[문제65] 西行の私歌集はどれか。

【中古―私家集】

① 金葉集
② **山家集**
③ 金槐集
④ 新古今集
⑤ 千載集

해설

문제89와 문제124를 참조할 것.

『古今集』에 이어서 10세기 중엽에는 『後選和歌集』가 편찬되었으며, 여기에는 『古今集』에 빠진 和歌와 『古今集』이후의 노래가 실렸으며, 11세기 초 여류문학의 전성기에는 『拾遺和歌集』가 성립되었다. 이 세 가지 勅選和歌集을 「三代集」이라 부르고, 후세의 가인들로부터 존중되었다.

平安시대의 후기에 이르러, 자연에 대한 청신한 관조나 객관적인 묘사를 추구하는 和歌의 혁신적인 기운이 있었는데, 이는 중세에 이르러 幽艶한 가풍을 지닌 『新古今和歌集』를 이루어내는 토대가 되었다.

11세기 후반부터 12세기에 걸쳐 『後拾遺和歌集』, 『金葉和歌集』, 『詞花和歌集』, 『千載和歌集』가 차례로 勅撰集으로 편찬되고, 중세에 들어, 1205년 勅撰된 『新古今和歌集』까지 8개의 勅選集을 일컬어 「八代集」이라고 한다. 『千載和

歌集』와 『新古今和歌集』가 완성된 平安시대 마지막 가인들의 작품에는 정치적인 위기 속에서 만들어진 긴장과 독특한 분위기가 있으며, 『千載和歌集』이전의 勅撰集 『後選和歌集』『拾遺和歌集』『後拾遺和歌集』『金葉和歌集』『詞花和歌集』에는 거의 아무런 개성이 없다.
이중에서 『千載和歌集』시대를 빛낸 가인으로는 藤原俊成(ふじわらとしなり；1114-1204)와 西行(さいぎょう；1118-1190)를 들 수 있는데. 전자는 『長秋詠沿藻(ちょうしゅうえいそう)』, 후자는 『山家集(さんかしゅう)』라는 사가집(私歌集)이 유명하다.

정답) ②

[문제66] 漱石晩年の門下生で、小説『破船』の作者は誰か。

【近代―通俗小説】

① 安岡章太郎
② 坂口安吾
③ 中村慎一郎
④ 久米正雄
⑤ 吉行淳之介

해설

久米正雄(くめまさお；1891-1952)：희곡에서 출발했으며 신경향의 구작(句作)으로 주목을 받았으며, 통속소설로써 인기를 얻은 『蛍草(ほたるぐさ)』『破船(はせん)』(1922) 등을 썼다.

정답) ④

[문제67] 井原西鶴とほぼ同じころに活躍した人物を一人選べ。

【近世―浮世草子】

① 上田秋成
② 小林一茶
③ 松尾芭蕉
④ 与謝蕪村
⑤ 本居宣長

해설

井原西鶴(1642-1693) 浮世草子의 창시자. 제3문을 참조할 것.
松尾芭蕉(1644-1694) 제72문을 참조할 것.

정답) ③

[문제68] 『鶉衣』の作者はだれか。

【近世—俳諧】

① 一茶
② 宗祇
③ 貞徳
④ 芭蕉
⑤ **也有**

해설

에도(江戸)시대에도 많은 수필이 쓰여졌다. 그 중 新井白石(あらいはくせき)의 『折たく柴の記(おりたくしばのき)』와 橫井也有(よこいやゆう)의 『鶉衣〈うずらごろも〉』가 유명하다. 이 『鶉衣』는 에도(江戸)시대 후기의 俳諧를 모은 것이다. 또 松平定信(まつだいらさだのぶ)의 『花月草紙〈かげつぞうし〉』도 마찬가지이다.

정답) ⑤

[문제69] 芭蕉と同じ元禄時代の人物を一人選べ。

【近世— 元禄文化】

① 与謝蕪村
② 小林一茶
③ **近松門左衛門**
④ 良寛
⑤ 上田秋成

해설

元禄文化(げんろくぶんか)

江戸時代 전반, 오사카(大阪)를 중심으로 성행했던 청신(清新)한 町人文化를 말한다. 第5代将軍 徳川綱吉(とくがわつなよし;1646-1704)가 집권하고 있었던 元禄年間(1688-1704년)이 가장 전성기에 있었으므로 元禄文化라 부르는 것이다. [上方에 花開인 町人文化]

이 시대의 농업뿐만이 아니라 상업도 발달했었는데, 특히 도시의 발달과 더불어서 상업이 보다 활발해졌으며 오사카가 그 중심을 이루었다. 그리고 오사카 町人들을 중심으로 上方(京都・大阪)에 꽃을 피운 것이 元禄文化이다. 元禄文化는 그 담당자가 된 대상인(大商人)의 비교적 자유로운 기풍을 반영하여 밝고 활기를 띤 문화였다.

(1) 학문(学問)…契沖와 荷田春満(かだのあずままろ) 등의 国学이 성행하게 되고, 儒学에서는 朱子学派의 貝原益軒(かいばらえきけん;1630-1714), 陽明学派에서는 熊沢蕃山(くまざわばんざん;1619-1691), 古学派에서는 山鹿素行(やまがそこう;1622-1685)・荻生徂徠(おぎゅうそらい) 등이 활약했다.
(2) 문학(文学)…井原西鶴는 浮世草子(小説)에 町人의 생생한 생활모습을 그리고, 近松門左衛門은 竹本義太夫(たけもとぎだゆう)가 町人들 사이에 널리 알려진 浄瑠璃의 대본을 써서 町人과 武士社会의 義理와 人情을 그렸다.

또한, 松尾芭蕉는 각지를 여행하면서 俳諧를 문학에까지 끌어 올렸다.
(3) 풍속(風俗)…友禅染(ゆうぜんぞめ)이라는 염색법이 발명되었으며 화려한 小袖가 유행하는 한편, 節分・花見・月見・節句 등의 年中行事가 일반화되었다. 또한, 歌舞伎가 浄瑠璃와 더불어서 町人의 오락(娯楽)으로서 발달하였고 京都에 初代坂田藤十郎, 江戸에 初代市川団十郎 등의 명배우가 나와서 인기를 얻었다.

정답 ③

[문제70] 三行分ち書きによる＜生活短歌＞を歌った石川啄木の処女歌集は何か。

【近代―短歌】

① みだれ髪
② 海の声
③ 赤光
④ 一握の砂
⑤ 桐の花

해설

문제13을 참조할 것.

정답 ④

[문제71] 風俗・芝居・見せ物など江戸市中の話題を取り上げた黄表紙の作家で、寛政の改革を風刺し幕府にとがめられたのは誰か。

【近世―黄表紙】

① 式亭三馬
② 為永春水
③ 山東京伝
④ 十返舎一九
⑤ 恋川春町

해설

黄表紙(きびょうし)도 처음에는 어린이를 대상으로 한 영웅전설 등을 내용으로 하고 있는데, 1775년에 恋川春町(こいかわはるまち；1744-89)작인『金々先生栄華夢』(1775)가 출간되면서 草双紙(くさぞうし)의 면목을 일신하여 성인을 대상으로 하는 내용이 된다.

恋川春町『金々先生栄花夢』

정답) ⑤

[문제72] 芭蕉は、東北・北陸地方を旅行したが、その時の俳諧紀行文を何というか。

【近世―上方文学(前期)】

① **奥の細道**
② 野ざらし紀行
③ 笈の小文
④ 鹿島紀行
⑤ 更科紀行

해설

松尾芭蕉(まつおばしょう;1644-1694): 그는 자연과 일체가 된 물아일체(物我一体)의 경지를 추구하여 자주 여행을 했는데,『笈(おい)の小文(こぶみ)』,『更級紀行(さらしなきこう)』를 비롯해서『奥の細道』등의 여행물은 자신의 구경(句境)을 심화시킴과 동시에 민중의 풍요한 세계를 잡은 작품이다.

정답) ①

[문제73] 古事記はある人物(A)が暗唱していたものをある人物(B)が筆記したものである。ここで(B)にあたる人物は誰か。

【上代―古事記】

① 太安万侶
② 乞食太郎
③ **稗田阿礼**
④ 高橋虫麻呂
⑤ 大伴家持

> **해 설**
문제26을 참조할 것.

정답 ③

[문제74] 『保元物語』はおよそ何世紀の出来事を扱っているか

【中世―軍記物語】

① 十世紀
② 十一世紀
③ 十二世紀
④ 十五世紀
⑤ 十六世紀

> **해 설**
『保元物語(ほうげんものがたり)』는 1156년에 일어난「保元の乱」의 전말을 그린 것인데, 전3권이며 작자와 성립연대는 미상이지만, 「平治物語」의 작가와 동일인물로 추정하고 있으며, 또한「平家物語」이전에 쓰여진 것으로 보인다. 여기에는 이 사건에서 활약한 源為朝(みなもとのためとも)의 영웅적인 중세적 인간상이 힘찬 필치로 생생하게 그려져 있다.

정답 ①

[문제75] 軍記物語のうち、1156年に起こった戦乱を、源為朝を中心として描いた作品を何というか。

【中世―軍記物語】

① 平治物語
② 源氏物語
③ 太平記
④ 平家物語
⑤ 保元物語

> **해 설**
문제74를 참조할 것.

정답 ⑤

[문제76] 山崎宗鑑の編集した連歌集は何か。

【中世―俳諧連歌】

① 閑吟集
② 筑波集
③ **新撰犬筑波集**
④ 新撰菟玖波集
⑤ 菟玖波集

해 설

중세에는 익살과 해학(諧謔)을 주로 다룬 無心連歌의 계통에서 俳諧의 連歌가 파생하여 다가올 시대인 근세에 이르러 俳諧連歌의 독립된 분야를 형성하게 된다. 『菟玖波集(つくばしょう)』에서도 連歌의 일부로 인정되어 있던 이 俳諧連歌는 山崎宗鑑(やまざきそうかん;1465-1553)의 『新撰犬筑波集(しんせんいぬつくばしゅう;1539경)』와 荒木田守武(あらきだもりたけ;1473-1549)의 업적 등으로 문학으로서 독립된 자리를 굳혀간다.

정답) ③

[문제77] 平安時代初期、漢字に対し便利に実用化された表音文字を何と言うか。

【中古―表音文字】

① かな文字
② **万葉仮名**
③ ローマ字
④ 真名
⑤ 表意文字

해 설

万葉仮名(まんようがな)

한자의 음 또는 훈을 빌어서 和語를 써서 나타내는 표기법을 말한다. 한자의 의미와는 관계가 없다. 平安時代에 가나(仮名)가 발달하기 이전에 이용되었으며, 『万葉集』를 중심으로 하는 奈良時代의 문헌에서 볼 수 있다. 真仮名라고도 한다.

예)「山」를「也麻」,「なつかし」를「奈都可思」등으로 나타낸다.

정답) ②

[문제78] 連歌の大成者、飯尾宗祇が編集した連歌集で、勅撰に準じられたものは何か。

【中世―連歌】

① 新撰犬筑波集

② 新撰菟玖波集
③ 犬菟玖波集
④ 筑波集
⑤ 菟玖波集

해설

飯尾宗祇(いいおそうぎ)-그는 西行를 경애하였으며 전국을 여행하면서 連歌를 보급시켰다. 먼저 1448년에 그의 제자 肖柏(1443-1527), 宗長(1448-1532)들과 읊은 『水無瀬三吟百韻(みなせさんぎんひゃくいん)』은 그의 대표작일 뿐더러 連歌에 있어서는 최고의 지침서가 되고 있다. 그리고 1495년에 펴낸 連歌集『新撰菟玖波集』는 준칙선집(準勅選集)으로서 천황으로부터 서민에 이르기까지 251명이 만든 連歌를 수록한 것인데, 和歌集와 같은 분류형태와 幽玄과 有心의 작풍을 가진 것이다.

정답) ②

[문제79] 菊池寛の代表作で、ある若者が敵とねらう相手の悲願を知り、協力して洞門を掘る話は何か。
【近代—歴史小説】

① 裸の王様
② 美しい村
③ **恩讐の彼方に**
④ 死者の奢り
⑤ 狭き門

해설

菊地寛(きくちひろし；1421-1502)：잡지『文芸春秋』을 창간하고 芥川賞・直木賞 등을 성정하여 후진의 육성과 문학계의 발전에 공헌한 그는 폭군의 심리에 새로운 해석을 붙인 역사소설『忠直卿行状記(ただなおきようぎょうじょうき)』(1981)를 발표하여 문단에 이름을 올렸다. 이어 무사도를 초월한 인간성을 그린『恩讐の彼方に(おんしゅうのかなたに)』(1919)외에『藤十郎の恋(とうじゅうろうのあい)』,『蘭学事始(らんがくことはじめ)』(1921) 등을 썼으며, 『父帰る』등의 희곡도 발표했다. 그의 작품의 특색은 상식적이지만 명쾌한 주제를 갖는 것과 매우 솔직한 문장이었다.

정답) ③

[문제80]「足摺岬」「絵本」の作者は誰か。
【現代—戦後派】

① **田宮虎彦**
② 太宰治
③ 丹羽文雄
④ 野間宏
⑤ 舟橋聖一

해설

田宮虎彦(たみやとらひこ；1911-1988)：『霧の中』,『足摺岬(あしずりみさき)』의 작품으로 유명하다.

정답) ①

[문제81] 珠玉の歌集「鍼の如く」を残し、冴えわたる歌風で知られた歌人は誰か。

【近代―アララギ派】

① 伊藤左千夫
② 正岡子規
③ 石川啄木
④ 斎藤茂吉
⑤ **長塚節**

해설

長塚節(ながづかたかし；1879-1915)：그는 古今調에 의존하는 구파와 明星派까지도 비판하여 万葉調를 제창하고 写生을 중시여기는 입장을 취한 正岡子規(まさおかしき；1867-1902)의 문하생으로「アララギ」에도 참가하였고 短歌와 歌論을 발표하였는데, 지방에 살면서 병환으로 고생하였기 때문에 일상적인 면에서는 연결성이 다소 적었다. 청초한 자연관조를 가풍으로 삼았고, 連作短歌『鍼の如く』라는 생애의 걸작을 남겼다. 그 외에도 많은 短歌作品, 長篇小説『土』가 있다.

정답) ⑤

[문제82]『万葉集』最高の歌人と称される白鳳期の歌人は誰か。

【上代―万葉集】

① 大津皇子
② **柿本人麻呂**
③ 山部赤人
④ 大伴家持
⑤ 山上憶良

해설

柿本人麻呂(かきのもとのひとまろ；생몰년 미상)：『万葉集』최대의 가인으로서 황실찬가를 위시하여 고대적인 심정과 새로운 인간적인 심정을 혼연히 융합시킨 훌륭한 노래들을 많이 남겼다. 그의 노래는 대상과 자신의 합쳐져 하나를 이루고 있으며 그 가락은 장중감과 침통감에 넘쳐있다.

정답) ②

[문제83] 源氏物語のうち、特に最後の十帖は「宇治十帖」と呼ばれるものであるが、この宇治十帖の主人公は誰か。

【中古―源氏物語】

① 柏木
② 紫式部
③ 源頼朝
④ **薫大将**
⑤ 光源氏

해설

54첩(五十四帖)으로 구성된 장편소설『源氏物語』는 전체를 3부로 나누는데, 이 중 제3부는 宇治(うじ)지방을 배경으로 하여 光源氏(ひかるげんじ)가 죽은 뒤 그의 불의의 아들인 주인공 薫(かおる)가 자기의 출생에 관련된 어두운 숙명에 고민하여 현세를 등지고 종교에 구원을 청한다는 이야기이다. 평안(平安) 무렵, 宇治川 주변이 무대가 된 薫君(かおるぎみ)와 匂宮(におうのみや)와 물에 떠 있는 배(浮舟)를 중심으로 하여 사랑을 노래한 작품(恋物語)이다. 후일담인 마지막 10권은 薫와 宇治지방의 불우한 규수들과의 이루어지지 않는 사랑을 어두운 宇治의 세계를 무대로 해서 그린 것인데, 이것을 **宇治十帖(うじじゅうじょう)**라고 한다. 제2부 이후는 어둠과 깊이가 더해지고 비수(悲愁)까지도 느끼게 되는데, 거기에는 정토사상(浄土思想)이 서서히 다가오는 시대상이 엿보인다. 특히 「十帖」는 정편(正編)의 밝음에 비해 차분하고 어두운 느낌을 주는데, 현저하게 사색적인 색채가 짙어 작자의 심각한 인생비판과 진실한 구도정신(求道精神)이 나타나 있다.

| ① 第45帖 橋姫(はしひめ) | ② 第46帖 椎本(しいがもと) | ③ 第47帖 総角(あげまき) | ④ 第48帖 早蕨(さわらび) | ⑤ 第49帖 宿木(やどりぎ) |
| ⑥ 第50帖 東屋(あづまや) | ⑦ 第51帖 浮舟(うきふね) | ⑧ 第52帖 蜻蛉(かげろう) | ⑨ 第53帖 手習(てならい) | ⑩ 第54帖 夢浮橋(ゆめのうきはし) |

정답) ④

[문제84] 明治20年前後に起こった、戯作や勧善懲悪を排して、現実の世相・人情をありのままに描こうとした文学理論を何と言うか。

【近代―小説神髄】

① 自然主義
② **写実主義**
③ 現実主義
④ 新心理主義
⑤ 新感覚主義

해설

사실주의(写実主義)-이 사조는 문학에 있어서 전통적인 공리적 문학관을 타파하고 실제의 상태를 그대로 묘사하려는 것인데, 坪内逍遥(1859-1935)가 『小説神髄(しょうせつしんずい)』에서 이를 제창하고 二葉亭四迷(1864-1909)가 『小説総論』(1886)에서 그 입장을 굳힌 것이다. 두 사람의 사실정신을 근거로 해서 창작활동을 한 작가에는 尾崎紅葉(おざきこうよう)를 중심으로 한 硯友社 사람들과 幸田露半(こうだろはん)・樋口一葉(ひぐちいちよう) 등이 있다.

정답) ②

[문제85] 神代から後村上天皇までの歴史を通じて、南朝の正統性を主張した史書『神皇正統記』の作者は誰か。

【中世―史論書】

① 一条兼良
② 二条良基
③ **北畠親房**
④ 高山右近
⑤ 賀茂真淵

해설

남북조시대(南北朝時代) 1334년, 고다이고천황은 천황 중심의 정치를 부활시켰다(建武의 中興). 그러나 그것은 고대적인 천황과 귀족정치의 이상을 쫓는 것이었고, 무사계급의 요구나 의향을 무시하는 것이었기 때문에 많은 무사들의 불만을 샀다. 그 중 가장 유력한 무사였던 足利尊氏(あしかがたかうじ)가 반란을 일으켜 京都로 쳐들어 가자, 천황은 吉野(지금의 奈良県)로 도망쳐 버렸다.
1336년, 尊氏는 京都에서 새로운 천황을 옹립하고(北朝), 1338년 征夷大将軍(せいいたいしょうぐん)이 되어 京都에서 막부를 개설했다. 이 足利막부는 尊氏의 손자인 3대 장군 吉満(よしみつ)가 京都의 室町에 화려한 저택을 지어 그곳을 幕府로 이용했기 때문에 室町幕府라고 하고, 이 시대를 室町時代라고 한다.
한편, 吉野(よしの)로 도망간 後醍醐(ごだいご) 천황은, 거기에서 조정(南朝)을 세웠기 때문에 두 개의 조정이 대립하는 상태가 되었다. 이 시대를 특히 남북조시대(1336-1392)라고 부른다.

정답) ③

[문제86] 次の作品の内、近松門左衛門の作品ではないものはどれか。

【近世―浄瑠璃】

① 冥土の飛脚
② **世間胸算用**
③ 心中天網島
④ 国姓爺合戦
⑤ 曾根崎心中

해설
문제179를 참조할 것.

정답 ②

[문제87] ロシアの作家ツルゲーネフの「猟人日記」の中の一編を言文一致体で翻訳した「あひびき」の作者は誰か。

【近代―写実主義】

① 田山花袋
② **二葉亭四迷**
③ 山田美妙
④ 泉鏡花
⑤ 樋口一葉

해설
二葉亭四迷(ふたばていしめい；1864-1909)는 러시아 문학에 정통해 있었다. 그는 『**小説総論**』을 통해 '실상을 빌어 허상을 묘사'하는 것이 사실(写実)이라고 하는 방법의식을 제시하였는데, 이 이론을 구체화한 작품이 바로 소설『**浮雲**』(1887-1889)이다. 이 작품의 주인공인 内海文三(うつみぶんぞう)는 근대적 자아를 자각하고 봉건적 체제 속에서 고민하는 청년이다. 이 소설은 줄거리의 전개보다도 작품속의 인물묘사, 특히 불안이나 회의라고 하는 근대인의 내면심리의 묘사에 주력한 언문일치체(言文一致体)의 소설이다. 이 소설은 언문일치의 문체로 새로운 인물상을 조형하고 자유롭게 표현했다는 점에서 근대문학의 선구적인 작품이라고 하겠으나, 그 당시의 사람들에게는 친숙해지지 못해 그 가치는 충분히 이해되지 못했다. 이러한 언문일치의 구어체는 山田美妙(やまだびみょう：1868-1910)의 『**夏木立(なつごだち)**』에서도 시도되고 있으며, 뚜르게에네프의 『**猟人日記**』를 번역한 『**あひびき**』(1880)와 『**めぐりあひ**』 등의 훌륭한 자연묘사로써 사람들의 마음을 사로잡았다. 아름다운 자연묘사 속에 농노(農奴)의 비참한 운명을 묘사한 『猟人日記』는 농노해방실현의 직접적인 동기가 되었다는 작품이다. 이 작품은 일본문학사에 있어서 번역이상의 의미를 가지고 있다.

정답 ②

[문제88] 森鴎外の中期の作品で、自然主義文学に挑戦し、性とは何かを追求しようとした作品は何か。

【近代―反自然主義】

① 好色一代男
② 暗夜行路
③ 第二の性
④ 友情
⑤ **ヰタ・セクスアリス**

해설

문제217을 참조할 것.

정답) ⑤

[문제89] 「古今和歌集」「拾遺和歌集」ともう一つの歌集をあわせて「三代集」と呼ぶ。その歌集は何ですか。

【中古―三代集】

① 万葉集
② 金葉和歌集
③ 新古今和歌集
④ 後拾遺和歌集
⑤ **後撰和歌集**

해설

『古今集』가 성립된 뒤 약 반세기가 지났을 때 궁중에 和歌所(わかどころ)가 설치되어 **『後撰和歌集(ごせんわかしゅう)』**(미상)가 편찬되었다. 여기에는 『古今集』에서 누락된 和歌와 『古今集』 이후의 노래가 들어 있고, 詞書(ことばがき)가 길고, 표현의 독립보다는 和歌가 만들어진 사정을 物語化하고 있다. 또한 11시게 초의 여류문학의 전성기에는 평이하면서 담백하고 몽롱한 여정을 존중하는 **『拾遺和歌集(しゅういわかしゅう)』**가 편집되었다. 위의 두 和歌集은 『古今集』에서 강한 영향을 받고 있으며 『古今集』와 더불어 **『三代集』**라고 하여 후세 가인들에게 존중되었다.

정답) ⑤

[문제90] 夏目漱石を含めた「ホトトギス」系の作家を一般に何派と呼んでいるか。

【近代―反自然主義】

① ホトトギス派
② **余裕派**
③ 自然派
④ 白樺派
⑤ 耽美派

해설

夏目漱石(なつめそうせき ; 1867-1916)는 森鴎外와 나란히 일본근대문학사상의 거봉으로 **여유파(余裕派)**, 고답파**(高踏派)** 등의 유파로 불린다. 이들은 자연주의(自然主義)에 대립된 주장을 펼쳤다. 특히 漱石는 참신한 풍자와 멋있는 문체로써 해학적인 태도를 묘사한 『吾輩は猫である』(1905)를 잡지 **『ホトトギス』**에 게재하여 등단하였다. 그의 대표적인 3부작으로는 **『三四郎』**(1908), **『それから』**(1909), **『門』**(1910)을 들 수 있다. 그는 만년에 '아집을 버리고 자연의 절대적인 예지에 순종하며 살아가려고 하는 「則天去私(そくてんきょし)」라는 이념은 자전적 작품 『道

草』(1915)와 죽음으로 인해 중단된 『**明暗(めいあん)**』(1916)을 통해 잘 나타나 있다.

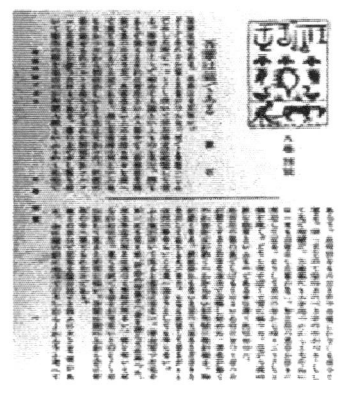

『吾輩は猫である』
明治38年「ホトトギス」

정답) ⑤

『枕草子(まくらのそうし)』

　『枕草子』는 전3巻 에 약 300편이 넘는 길고 짧은 여러 가지 문장을 모아 놓은 것인데, 작자는 清少納言(세이쇼우나곤 ; 생몰년 미상)이며 10세기말에 성립됐다. 『枕草子』는 전체를 유취적(類聚的) 부분, 일기적(日記的) 부분, 수상적(随想的) 부분의 셋으로 나눌 수 있다. 먼저 유취적 부분을 보면 「山は」, 「鳥は」라든가 「めでたきもの」, 「すさまじきもの」 등의 표제 아래, 거기에 알맞은 것을 모두 열거하고, 때로는 감상을 덧붙이는 미적 세계의 부분이라고 하겠다. 다음으로 일기적 부분은 궁중인 定子를 중심으로 한 궁중생활의 회상기로서, 거기에는 작자의 재치 있는 언동이 엿보인다. 마지막인 수상적 부분은 자연이나 인생에 대한 감상을 수록한 것으로서, 가장 수필적이라고 하겠다. 각 부분은 어떤 때는 연상의 가느다란 실로 이어져 있기도 하나, 질서 정연한 배열이 되어 있지 않아서 내용이나 형태로 보아 수필이라고 하는 것이 마땅하다.

　같은 시기의 작품인 『源氏物語』가 「もののあはれ」의 문학인데 대해 『枕草子』는 「をかし」의 문학이라고 불린다. 『枕草子』에서는 『源氏物語』와 같은 내면적 깊이는 느낄 수 없지만, 거기에는 작자만이 가지는 예민한 감각과 관찰력, 객관성을 띤 신선하고도 인상적인 묘사가 있고, 자연이나 인간의 단면을 확실하게 표현하는 간결하고도 기품이 있는 문체가 있다.

　『枕草子』는 명랑하고 청신한 젊음과 지적이고 직관적 정신을 생명으로 하는 「をかし」가 기조를 이루고 있으며, 중고문학 중에서 독자적인 높이를 차지하고 있다. 수필로서는 최초의 작품으로서 그 사적(史的) 의의는 큰 것이며, 中世의 『方丈記』나 『徒然草』에서 그 명맥을 이어간다.

[문제91] 姥捨ての物語で、人間の根源を見つめる深沢七郎の名作は何か。

【現代―反近代的 歌風】

① **楢山節考**
② 死者の奢り
③ 非の器
④ 抱擁家族
⑤ 姥捨て山

해설

深沢七郎(ふかざわしちろう; 1914-1987)는 토속성이 풍부한 반근대주의적 작품을 띤다. 그의 대표작으로는 楢山節考(ならやまぶしこ; 1956)를 들 수 있다.

정답) ①

[문제92] 『古今著聞集』と同じような作品を一つ選べ。

【中世―説話物語集】

① 平家物
② **宇治拾遺物語**
③ 枕草子
④ 徒然草
⑤ 蜻蛉日記

해설

문제96을 참조할 것.

정답) ②

[문제93] 森鴎外が、漱石の「三四郎」を意識して、作家志望の主人公の成長過程を描いた教養小説は何か。

【近代―教養小説】

① 草枕
② 地獄変
③ 雁
④ **青年**
⑤ 学生時代

해설

森鴎外(もりおうがい；1862-1922) : 그의 『**青年**』이라는 작품에서는 작가를 지망하여 상경한 청년의 심경의 변화를 그려내고 있다. 이러한 주인공이 여러 가지 사실을 통해서 자신의 몫을 다하는 인간으로서의 성장해 가는 과정을 그리는 소설이라는 측면에서 **교양소설(教養小説)**이라 한다. 우선 이 소설을 읽어보면 바로 다른 작자의 작품이라는 것을 알 수 있다. 그것은 바로 夏目漱石의 『**三四郎**』이다. 이야기의 도입부터 전개방식이 매우 유사하다는 점을 공감할 수 있다.

정답 ④

[문제94] 源氏物語は全部で何帖からなるか。

【中古—紫式部】

① 27帖
② 36帖
③ 48帖
④ **54帖**
⑤ 64帖

해설

문제83을 참조할 것.

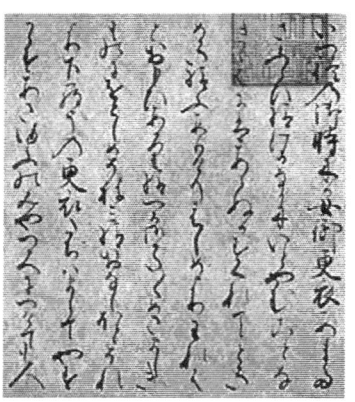

源氏物語「桐壷」冒頭

[내용]
「いつれの御時にか女御更衣あまたさふらひ給けるなかにいとやむことなきゝはにはあらぬかすくれてときめき給ふありけり・・・」

정답 ④

[문제95] ある小学校教員の半生を波に例え、人生や社会問題を心理描写で描いた山本有三の作品は何か。

【近代―教養小説】

① はるかなる波
② 大波小波
③ **波**
④ 波の花
⑤ 波の行方

해설

山本有三(やまもとゆうぞう; 1887-1974) : 栃木県에서 태어남. 동경제국대학(東京帝大) 독문과를 졸업. 1920(大正9)年, 희곡「生命の冠」로 데뷔하였다. 『嬰児殺し』로 주목을 모았으며, 일본의 신극(新劇)의 기초를 확고히 했다. 大正말기부터 소설에도 관심을 가져서『波』등의 신문소설로 성공을 거두었다. 그 후, 오로지 일에만 열중하는 여의(女医)를 그린『女の一生』, 셀러리맨 일가(一家)의 사랑과 희생의 나날들을 그린『真実一路』, 역경을 딛고 늠름하게 살아가는 소년을 그린『路傍(ろぼう)の石』로 국민적 작가가 되었다. 아이들을 위해 쓰여진『心に太陽を持て』는 지금도 초·중학생에게 읽혀지고 있는 명작이다.

정답) ③

[문제96] 橘成季의 著로、古今の伝説을 多方面にわたって収録한 説話集을 何というか。

【中世―説話集】

① **古今著聞集**
② 十訓抄
③ 沙沙石集
④ 沙宇治拾遺物語
⑤ 沙遇管抄

해설

古今著聞集(こきんちょもんじゅう)는 橘成季(たちばなのなりすえ)이라는 사람이 편집하였다고 전해지는 鎌倉時代 중기의 설화집(説話集)이다.

전20권·30편으로 수록되어 있는 설화집은 대부분이 국내한정, 또는 연대순(年代順)으로 배열되어 있다. 또한 모든 설화는 백과사전과 古今和歌集와 같이 내용에 따라 분류되고 있다. 수록된 설화에는 명확한 출전이 있는 것도 많고, 면밀한 편집의도를 가지고 만들어진 것으로 보인다.

설화에는 성립당시인 鎌倉時代의 작품보다도, 오히려 平安時代의 것이 많다. 그리고 내용도「和歌」「管絃」와 같은 왕조적(王朝的)인 것이 눈에 띈다. 분류가 古今和歌集를 모방하고 있다는 점 등에서도 생각해 보면 平安王朝에 대한 동경이 강하지 않을까하는 생각도 해 볼 수 있다.

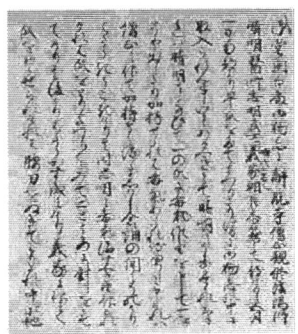

古今著聞集(近衛文庫本)
第7에서

정답) ①

[문제97] 谷崎潤一郎の処女作で、ほりものをされた娘が美しく輝く姿を描いた作品は何か。

【近代—耽美派】

① 白痴
② **刺青**
③ 卍
④ 仮面の告白
⑤ 死霊

해설

谷崎潤一郎(たにざきじゅんいちろう; 1886-1965)

谷崎潤一郎와 永井荷風는 탐미파의 대표적인 작가이다. 이 탐미파는 반자연주의 문학의 일파로 자연주의가 추악한 현실을 폭로하는 데만 그치는 것에 대해 향락적 탐미적 경향의 문학을 지향하였다.
　전자는 『すみだ川』(1909), 『腕くらべ』(1916), 『おかめ笹』(1918) 등 근세적인 정취가 넘치는 관능적 향락적 작품을 썼다. 또는 그는 『三田文学』을 창간하였고, 문예잡지『スバル』를 펴냄으로 탐미파의 중심작가가 되었다.
　후자는 출세작인 『**刺青(しせい)**』(1910)을 시작으로 특이한 여성미를 동경하고 병적일 정도로 관능미를 쫓아 여성을 매력을 그렸다. 또한 악마주의작가라는 평도 가지고 있었다. 동경대학 문과계 사람들에 의해 만들어진 『新思潮』가 전후 4차에 걸쳐 발간되었는데, 이미 2차에 참가하였다.

정답) ②

[문제98] 『竹取物語』와 同時代의 作り物語를 하나 고르시오.

【中古—継子物語】

① 唐物語
② **落窪物語**

③ 保元物語
④ 雨月物語
⑤ 平中物語

해설

落窪物語(おちくぼものがたり)는 平安時代에 만들어진 중편(中編) 物語로 작자・성립연도가 불명이다. 당시에는 '継子(ままこ)いじめ(의붓자식의 학대)'라 볼 수 있는데, 이 物語도 계모에게 학대당하던 공주가 귀공자에 의해 구출되어 행복해지고 계모는 벌을 받는다는 전형적인 「継子物語」이다. 주인공을 돕는 시녀의 활약을 위시하여 줄거리의 전개가 교묘하여, 귀족사회의 풍속이나 당시의 사회적 결함과 가정비극의 묘사 등 사실성이 뚜렷한 것이다.

이 '継子いじめ'라는 테마는 物語의 하나의 패턴으로서 室町時代의 物語와 御伽草子 등에서 잘 다루어졌다. 平安時代 당시부터 인기가 있는 物語였으며, 『枕草子』에도 「落窪物語에 나오는 道頼少将는 멋있어」라고 평가받고 있다. 또한 中世에는 『源氏物語』와 나란히 하는 대표적인 平安古典文学이라고 볼 수 있다.

정답 ②

[문제99] 源氏物語を「あはれ」の文学と言うのに対し、枕草子は何と呼ばれているか。

【中古―文学理念】

① 「ぶす」の文学
② 「随筆」の文学
③ 「おばば」の文学
④ 「をかし」の文学
⑤ 「春はあけぼの」の文学

해설

이념	시대	내용
「もののあはれ」	中古	이 시대에는 무엇이 이념으로 추구되어 있었는지가 조금은 명확해 진다. 안정된 정취적 생활은 『古今集』이하의 가집을 낳았으나, 거기서 추구된 것은「あはれ」(「아아」하는 감동, 영탄을 나타내는 말)라고 하는 깊이 마음에 스며드는 듯한 애감이었다. 그것이 완성된 모습으로 제시된 것이 『源氏物語』이다. 「もののあはれ」가 『源氏物語』의 본질이라고 말한 것은「本居宣長(もとおりのりなが)」이지만, 이「ものの」란 단지 가볍게 첨부한 말이라고 한다. 내면에서부터 감동을 일으키는 것을 말한다.
「をかし」	中古	「おかし」는 「あはれ」처럼 시대 전체를 덮은 이념은 아니다. 그러나 「あはれ」가 깊이 마음 속에 스미는 듯이 情에 호소하는 것인데 비해, 또렷이 이지에 울려오는 예리함과 재미스러움은 역시 당시의 중요한 이념의 하나였다. 대상의 표면을 감각적으로 바라보는 태도를 가지며, 객관적, 비평적, 주지적(主知的)으로 본 감동을 나타낸다. 기지의 문학『枕草子』로 대표된다.

정답 ④

[문제100] 志賀直哉の作品で、作者自身の父親との相克と和解を通じて、人間の善意による調和を主張した作品は何か。

【近代―白樺派】

① 暗夜行路
② 夫婦善哉
③ 善の研究
④ 城の崎にて
⑤ **和解**

해설

문제47과 문제62를 참조할 것.

大正6年에 쓰여진 중편소설(中編小説)로, 작자자신의 아버지와의 대립(対立)과 화해(和解)에 기초하여 쓰여진 작품이다. 개인의 선의(善意)가 인생에 조화를 가져와 준다는 신념(信念)으로 인물 심리를 자아낸다. 본질적 문제를 배제한 해결에 白樺派의 한계가 엿보인다고도 볼 수 있다.

정답) ⑤

[문제101] 古今和歌集は全二十巻からなるが、収録歌数は約何首か？

【中古―和歌, 紀貫之】

① 千三百
② 千八百
③ 三千二百
④ 二千五百
⑤ **千百**

해설

문제124를 참조할 것.

정답) ⑤

[문제102] 男女が集まって互いに歌をよみかわし、踊りあった古代の習俗は何か。

【上代―歌謡の発生】

① **歌垣(うたがき)**
② 空桶(からおけ)
③ 新嘗(にいなめ)
④ 禊(みそぎ)
⑤ 太占(ふとまに)

해설

歌垣는「カガヒ」라고도 한다. 봄이나 가을에 산이나 물가 또는 장이 서는 곳에서 젊은 남녀가 모여 곡식의 풍작을 기도하고 감사하는 종교의례라고 일컬어진다. 일본만이 아니라 중국대륙의 남부에서 동남아시아에 걸쳐서 지금도 남아있는 듯 하다. 하지만, 나중에는 정기적으로 남녀가 모여 가무를 즐기고 사랑을 이야기하게 되었다.

정답) ①

[문제103] 珠玉の歌集「鍼の如く」を残し、冴えわたる歌風で知られた長塚節が、夏目漱石の依頼で書いた農民文学の傑作は何か。

【近代―反自然主義】

① 白い人
② 桜島
③ 土
④ 青い山脈
⑤ 大地

해설

長塚節(ながつかたかし；1879-1915): 明治・大正時代의 가인(歌人)・소설가로서 이바라기현(茨城県)에서 태어났다. 正岡子規에게 사사(師事)하여 和歌・写生文을 배웠다. 子規의 사후는 伊藤左千夫를 중심으로 하는 단가잡지(短歌雑誌)『馬酔木(あしび)』,『アララギ』에 작품을 발표하였다. 또한 고향마을의 가난한 농민의 생활을 그려낸 장편『土』는 農民文学의 대표작으로서 영원히 기록되는 작품이 되었다.

정답) ③

[문제104] 近代詩の開拓者といわれる明治の浪漫主義の詩人は誰か。
【近代―浪漫詩】

① 蒲原有明
② 土井晩翠
③ 薄田泣菫
④ 島崎藤村
⑤ 北原白秋

해 설

島崎藤村(しまざきとうそん；1872-1943)：그는 청신한 낭만적 서정시인으로서 문학에 등장하였다.「文学界」에 그의 작품이 대부분 발표되었고, 1897년에 간행된『若菜集(わかなしゅう)』는 근대시의 여명을 고하는 시집이다. 계속해서『一葉舟』『夏草』가 편찬되는데, 점차적으로 서사시(叙事詩)적 경향이 강해진다.『落梅集(らくばいしゅう)』(1901)를 마지막으로 해서 시작(詩作) 활동을 마치는데, 이 시집은 종래의 감상적(感傷的)·낭만적 경향을 벗어나서 현실적이고 중후한 시풍(詩風)에로의 전환을 나타내었다. 그에 의해 근대시가 확립되었던 것이다.

정답) ④

[문제105] 継子(ままこ)を主人公とし、そのあだ名を題名としている平安時代の物語は次の内のどれか。
【中古―物語】

① 宇津保物語
② 大和物語
③ 落窪物語
④ 伊勢物語
⑤ 平中物語

해 설

문제98을 참조할 것.

정답) ③

[문제106] 平安時代から始まった、二組に分かれて歌を詠み、判者がその優劣を決める遊戯を何と言うか。
【中古―貴族文化】

① 本歌取り
② 百人一首
③ 歌合
④ 歌会

⑤ 和歌争い

해설
歌合(うたあわせ) : 가인을 좌우로 나누어 그들이 읊은 노래를 좌우 한 수씩 짝을 지어서 그 우열에 의해 승부를 가리던 유희로, 헤이안 귀족사회 속에서 발달하였다.

정답 ③

[문제107] 室町時代の庶民的な短編の読物を何というか。

【中古―御伽草子】

① 浮世草子
② 黄表紙
③ 枕草子
④ 滑稽本
⑤ **御伽草紙**

해설
御伽草子(おとぎぞうし) : 중세가 흘러감에 따라 擬古物語의 흐름은 점차 약해져가는 동시에 통속적으로 室町時代에서 江戸時代초기에 걸쳐 읽기 쉽고 현실적인 행복을 주제로 한 작품이 많이 생겨났는데, 이를 御伽草子라 한다. 이처럼 중세 후기의 物語草子는 점차로 평이한 표현이 되고 귀족적인 색채가 없어지며 서민적인 세계에 가까워진다. 이것은 시대의 흐름을 타고 대두한 서민계급의 교양이 아직 그다지 높지 않았던 점, 왕족귀족적인 세계와 떨어지면서 가급적 평이하고 세속적인 것을 바라게 된 점, 그리고 작가들의 창작 솜씨와 기교에도 그 원인이 있었다고 볼 수 있다.

정답 ⑤

[문제108] 夏目漱石の初期の代表作で、中学教師の家に出入りする知識人達を猫の目を通じて書いた作品は何か。

【近代―『ホトトギス』に発表】

① **吾輩は猫である**
② 黒猫
③ 我輩は猫である
④ 青年
⑤ 猫娘

해설
문제41, 문제90, 문제108을 참조할 것.

정답 ①

[문제109] 『住吉物語』は鎌倉時代の擬古物語である。同時期の作品を選べ。

【中世―擬古物語】

① 太平記
② 日本書紀
③ **新古今和歌集**
④ 梁塵秘抄
⑤ 源氏物語

해설

중세초기인 鎌倉時代에 들어와서도 王朝의 꿈을 버리지 못한 公家(옛날 조정에 출사하던 사람인데, 大臣・大納言・中納言・3位(品) 이상의 사람들을 말함)들이 王朝物語를 개작하든지 모방하려고 한 것인데, 이것이 '擬古物語'이다. 의붓자식을 학대하는 내용을 가진『住吉物語(すみよしものがたり)』는『海女の苅藻(あまのかるも)』『松浦宮物語(まつうらのみやものがたり)』『石清水物語(いわしみずものがたり)』『有明の別れ』등은 擬古物語의 대표작이다.

정답) ③

[문제110] 松永貞徳の貞門に対し、漢語や俗語を用い、日常見聞するものを句に作ろうした談林派の祖は誰か。

【近世―俳諧】

① 南山談風
② 東山魁偉
③ **西山宗因**
④ 鶴屋南北
⑤ 北山千春

해설

근세초기에 松永貞徳가 나와서 俳諧의 式目(連歌와 俳諧의 규정)을 정하고 俳諧連歌의 조잡하고 열악함을 정리하여 連歌에서 독립시켰다. 이 파를 **貞門**이라고 하며 내용보다는 골계를 겨냥한 것이었으므로 타성에 빠지기 쉬운 사람들은 곧 싫증을 느끼게 되었다. 여기에 대해 町人의 생활을 자신들의 소리로 읊은 俳諧가 大阪에서 일어났는데 이것이 西山宗因(にしやまそういん : 1605-1682)을 중심으로 한 **談林派(だんりんは)**이다. 아어(雅語 ; がご), 한어(漢語 ; かんご), 속어(俗語 ; ぞくご) 등을 자유롭게 사용하고 파격적인 박자에 따라 기발한 句를 만들었으며 서민적이고 자유분방한 정신이 나타나 있다.

정답) ③

[문제111] 元禄のころ、さび・しおりなどを理念とする幽玄閑寂の俳諧を確立したのは誰か。

【近世―「物我一体」の精神】

① 正岡子規
② 小林一茶
③ 西山宗因
④ **松尾芭蕉**
⑤ 与謝蕪村

해설

문제72를 참조할 것.

松尾芭蕉는 俳諧의 예술영역까지 접근하여 그의 작품세계를 펼쳤다. 그의 俳諧는 중세 예술과 동일한 정신을 간직한 것으로서 『猿蓑(さるみの)』에서는 「さび」「しをり」라는 이념을 완성시켰는데 그가 주창한 「さび」는 「わび」와 공통되는 한적・고담(枯淡)한 경지를 말한다. 또한 중세의 幽玄을 俳諧의 통속성에 살려보자는 것이기도 하고, 자연과 일체화된 작가의 정신을 포착한 내면적인 정조이다. 「しをり」는 「さび」를 살린 구의 모습을 말한다.

정답 ④

[문제112] 「翁」がある実在の人物について自己の見聞を語り、論評を加えている作品はどれか。

【中世―四鏡】

① 大和物語
② 無名草子
③ **大鏡**
④ 土佐日
⑤ 今昔物語集

해설

문제38을 참조할 것.

『大鏡』는 序, 本紀, 列伝, 藤原物語, 昔物語의 5부로 짜여져 있으며, 道長의 권세와 그 유래를 紀伝体로 쓴 歴史物語이다. 190세의 노인 大宅世継(おおやけのよつぎ)와 180세의 노인 夏山繁樹(なつやまのしげき)라는 두 늙은이를 설정하여 그들의 대화에 의하여 자기의 견문을 物語로써 전개해 나가는 희곡풍의 구성을 취하고 있다. 道長의 영화를 주제로 하고 있는 점에서 『栄花物語』와 공통되지만, 『栄花物語』가 여성적인 필치이며, 비판정신이 모자라고 정치에는 그다지 언급하지 않는 점에서 비해 『大鏡』는 문체에 긴장미가 있고 힘차며 날카로운 현실인식에 바탕을 둔 비판정신을 가지고 역사의 뒷면에까지도 깊이 파고 들어간다.

정답 ③

[문제113] 米仏に遊学の経験を持ち、反自然主義的な耽美派の先行者となった作家は誰か。

【近代―耽美派】

① 志賀直哉
② 久米正雄
③ **永井荷風**
④ 有島武郎
⑤ 谷崎潤一郎

해설

반자연주의 문학의 일파에 속하는 탐미파는 자연주의가 추악한 현실을 폭로하는 데만 그치는 것에 대해 향락적 탐미적 경향의 문학을 지향하고 나선 이른바 탐미주의 문학파이다. 원래 졸라의 영향을 받았던 永井荷風(ながいかふう; 1879-1959)는 미국과 프랑스의 유학경험을 적은 『**あめりか物語**』(1908), 『**ふらんす物語**』를 연이어 발표하여 유행 작가가 되었다.

정답) ⑤

[문제114] プロレタリア作家、小林多喜二の代表作は何か。

【近代―左翼文学】

① 太陽のない街
② **蟹工船**
③ 伸子
④ 海に生くる人々
⑤ セメント樽の中の手紙

해설

프로레타리아 문학(좌익문학)

제1차 세계대전 이후 노동자와 자본가들의 대립이 격화되는 것을 배경으로 하여 전개된 좌익문학은 1920년을 고비로 예술파의 문학과 대립하면서 사상적인 입장에서 기성문단을 부정하며 혁명문학을 지향하고 나섰다. 이와 같은 좌익문학은 1921년에 반전평화와 피압박 계급의 해방을 외치면서 나온 잡지『種蒔(たねま)く人』의 창간에서 시작하여 관동대지진(1923년) 후의 탄압으로 한때 주춤했다가 1924년의 『文芸戦線』의 창간으로 활기를 되찾았다.

1925년에는 좌익문예연맹의 결실을 보았으며, 그 뒤 정치이론과 예술이론에 의해 분열과 항쟁을 되풀이하면서도 1928년의 전(全)일본무산자 예술연맹의 조직, 기관지『戦旗』의 발간 등으로 급진적 경향을 보였다. 이처럼 1920년부터 1930년을 피크로 커다란 세력을 지녔던 프로레타리아 문학은 1931년 만주사변이 일어나자 좌익진영에 대한 탄압에 직면하게 되었다. 1932년에는 상하이 사변이 일어났고, 만주국의 건설, 5·15사건 등 일본은 제국주의의 길을 걷게 되고 프롤레타리아 문학운동은 분열되었다. 1933년에서 1934년에 걸쳐서 일본 프롤레타리아 문학은 급격히 쇠퇴하였다.

小林多喜二(こばやしたきじ；1903-1933)

처음 그는 도스토에프스키, 志賀直哉(しがなおや) 등의 문학적 경향을 띠었다. 그 뒤 小樽高商을 졸업하고 그곳 은행에서 근무하였는데 이 사이에 小樽社会科学研究所에 출입하였고, 인간적 고뇌의 사회적 근원을 추구하게 되었다. 1918년의 『蟹工船(かにこうせん)』에서 작가적 지위를 확립하였고, 또한 같은 해 발표한 『不在地主(ふざいじぬし)』로 프롤레타리아 작가의 제1인자가 되었다.

정답) ②

[문제115] 徒然草は次のどのジャンルに属するか？

【中世―隠者文学】

① 小説
② 随想
③ 紀行文
④ 日記
⑤ **随筆**

해설

중세의 대표적인 수필(随筆)에는 『方丈記』와 『徒然草』가 있다. 이러한 수필은 中古때부터 성행했으나, 중세에 들어와서 시대적으로 난세(乱世)였던 탓으로 세상을 등지고 산촌에 숨어 산 遁世者, 隠遁者들이 많았는데, 그들의 문학을 은자문학(隠者文学)이라 부른다. 은자문학의 내용은 일률적이지는 않지만, 불교적인 무상관의 입장에서 그들의 생활이나 인생, 자연, 그리고 신앙에 대한 생각을 적은 수필이 그 중심을 차지한 것은 당연한 일이다. 이 중 『徒然草』는 兼好法師(けんこうほうし)의 전형적인 수필을 모은 것으로서 2권, 243단으로 구성되어 있다. 전편은 불교적인 무상관(無常観)으로 일관해 있으며, 인생훈(人生訓), 처세훈(処世訓)을 섞어가면서 인생의 모든 사상에 끝없는 흥미를 표시하는 복합적인 성격을 가진 수필이다. 문학의 영향도 받았으며 내용면에서도 『枕草子』적인 왕조 세계에 대한 동경을 나타내기도 한다.

정답) ⑤

[문제116] 滝沢馬琴のある日の生活に作者自身の芸術観を重ねた作品『戯作三昧』の作者は誰か。

【近代―「新思潮」】

① 島尾敏雄
② 小島信夫
③ **芥川龍之介**
④ 北杜夫
⑤ 遠藤周作

> **해 설**
>
> 夏目漱石의 제자이면서 신사조파를 대표하는 芥川龍之介(1892-1927)는 주로 『今昔物語』, 『宇治拾遺物語(うじしゅういものがたり)』 등 고전에서 취재하여 그것을 현대적 주제로 재구성한 역사소설에 특색을 보인 『羅生門(らしょうもん)』(1915), **『戯作三昧(げさくざんまい)』(1917)**, 『地獄変(じごくへん)』, **『枯野抄(かれのしょう)』(1918)**, 『藪の中 (やぶのなか)』(1922) 등 왕조물(王朝物), 역사물(歷史物)을 남겼다.
>
> 정답) ③

[문제117] 新詩社同人であった女性で、大胆に人間の官能解放を歌いあげた「みだれ髪」の作者は誰か。

【近代―明星派または浪漫派】

① 山口誓子
② **与謝野晶子**
③ 水原秋桜子
④ 山川登美子
⑤ 宮本百合子

> **해 설**
>
> 落合直文(おちあいなおぶみ；1861-1903)의 문하생인 与謝野寛(よさのひろし；1873-1935, 鉄幹은 号)은 1899년에 東京新詩社를 결성하여 시가집 「東西南北」, 「天地玄黄」, 가집 「相聞(あいぎこえ)」 등에서 虎剣調라고 불리는 작품을 제시했다. 그는 원래 「亡国の音」라는 표현으로 구파의 和歌의 유약함을 공격하고, 「ますらをぶら」의 장대한 구조의 새로운 노래를 지을 것을 주창해 오던 가인이다. 1900년에는 잡지「明星」을 창간하여 낭만적인 가풍으로 시가단을 독차지했으며, 그의 문하이자 아내인 与謝野晶子(よさのきこ : 1878-1942)가 관능의 해방을 외치는 정열적인 사랑의 노래를 불러 「明星」의 전성기를 이룬다. 그녀의 작품으로 가집 「みだれ髪」, 「佐保姫」, 「春泥集」 이외에도 「新訳源氏物語」 등이 있다.
> 与謝野鉄幹(よさのあきこ；1878-1942), 晶子의 「みだれ髪」에 보이는 唯美的인 연애찬가는 새로운 모럴에 의한 인간해방의 노래이며, 이 파의 특색이자 단가근대화의 단서를 열었던 것이라고 하겠다.
>
> 道をいはず後を思はず名を問はずここに恋ひ恋ふ君と我と見ゆ (与謝野晶子)
> (韓訳) 길(道理)을 따지지 않으며, 뒷일을 걱정하지도 않고, 명예마저 상관하지 않는 오직 사랑에 불타 있는 당신과 내가 있다.
>
> 정답) ③

[문제118] 芥川龍之介の作品で、松尾芭蕉の死を囲む門人達の有り様を描いた作品は何か。

【近代―王朝物】

① 猿蓑
② **枯野抄**
③ 門

④ 弟子
⑤ 秘話奥の細道

해설

枯野抄(かれのしょう)는 단편소설로 1918년「新小説」에 발표되었다. 芭蕉의 임종 후 얼마 안 있어 정리된 것으로 생각되는 俳諧書『花屋日記』및『枯尾花(かれおばな)』를 제재로 하였다. 芭蕉의 임종을 지켜보고 있었던 제자들의 심리를 근대적으로 해석하고 분석한 작품이다.

정답) ②

[문제119] 西欧の前衛芸術を背景に、『日輪』『機械』など大胆な実験作を書いた作家は誰か。

【現代―新感覚派】

① 中河与一
② 堀辰雄
③ 井伏鱒二
④ **横光利一**
⑤ 川端康成

해설

신감각파 이론의 실천자이며 이 파의 중심적 존재이던 横光利一(よこみつとしかず; 1898-1947)는『日輪(にちりん)』(1923),『蝿(はえ)』(1923) 등 출세작을 내어 새로운 문체의 확립에 의욕을 불태웠다. 그리고『文芸時代』창간호에 발표된『頭ならびに腹』는 표현기법에 의해 신감각파 논쟁의 중심이 되었다. 그는 표현기법의 혁신에 전력을 다하는 한편, 인간에 대한 독자적인 관찰과 애정을 배경으로 한『ナポレオンと田虫』(1926),『春は馬車に乗って』(1926) 등 수작을 남겼다.

정답) ④

[문제120] 浪漫的詩歌で登場した島崎藤村が描いた、瀬川丑松を主人公に差別という社会問題を取りあげた最初の長編小説は何か。

【近代―自然主義】

① カインの末裔
② **破戒**
③ すみだ川
④ 学生時代
⑤ 高瀬川

해설

원래 낭만 시인이었던 島崎藤村(1872-1943)은 잡지『文学界』를 발판으로 하여『千曲川スケッチ』등에 의해 산문으로 자리를 옮긴 뒤, 1906년 자비로『破戒』를 출판하기에 이르러 소설로 전환했다. 이 작품은 주인공 瀬川丑松(せがわうしまつ)가 자기 출생의 비밀을 숨기라는 아버지의 훈계를 오랜 고민 끝에 깨뜨리고 고백하는 모습을 묘사한 것인데, 사회적 소재를 다루면서도 결국은 그것을 인간의 내면적 문제로써 처리해 가는 흐름을 보여준다.

정답 ②

尾崎紅葉『金色夜叉(こんじきやしゃ)』의 작품해설 및 줄거리

이 작품은 貫一(かんいち)와 宮(みや)의 비애를 그린 이야기로 독자에게 눈물을 자아내고 천하에 알려진 明治의 대표적인 명작이다. 연극이나 영화, 방송으로 종종 채택될 정도로 널리 친숙하였다. 작자는 청일전쟁 후 젊은 제자들이 눈부신 활약을 보임에 따라 그의 작가생활에서 거의 빛을 다 발한 것은 아닌가 할 정도로 부진을 면치 못한 적도 있었다.

이 장편소설을 미국의 여류작가가 쓴『화이트 릴리』라는 소설에서 생각해 내어「사랑은 황금보다 낫다」라는 테마를 시사할 수 있었다.

또한 친우인 巌谷小波의 실연사건을 듣고 그를 貫一, 그의 애인 川田純子(順の子)와 紅葉館에서 일하는 여하인인 須磨子를 宮의 모델로 하여 구상하였다고도 한다.

이야기는 貫一가 학업을 버리고 행방불명이 된 후 욕심 많은 고리대업자의 수하인이 되어 맺힌 한을 풀기 위해 부를 손에 쥐게 된다. 宮도 결혼 후 貫一를 사랑했었다는 사실을 알게 되어 자신을 죄를 뉘우치며 고민한다. 그는 그녀로부터 온 사죄의 편지를 손에 쥐려고도 하지 않았지만 그녀의 심정을 친우인 荒尾(あらお)를 통해 전해 듣고 마음이 흔들리기 시작한다. 塩原로 나갔을 때 숙소의 옆방에서 동반자살을 하려한 남녀를 貫一가 구하는 사건이 일어나는데, 그 사건을 통해 貫一는 宮이 불행에 처해 있다는 사실을 깨닫는다.

『金色夜叉』의 최후는 紅葉의 죽음으로 인해 미완성작품으로 끝나버리지만, 紅葉은 또한 宮가 발광하고 富山家와 이별하게 되는 것을 貫一가 받아들인다는 줄거리로 계속 써 내려갈 작정이었다고 한다. 원래부터 紅葉의 마지막 腹案으로는 금력에 애인을 빼앗겨 실연한 청년이 하루아침에 심기일전하여 수전노가 된다는 사회소설의 구상이었던 것이지만 커다란 반향을 위해 도중에 구상까지 바꿔어 멜로드라마가 된 작품인 것이다.

明治 최대의 베스트셀러 중의 하나인 이 작품은 새로운 사회적인 제재를 대담하게 들어서 심혈을 기울인 화한혼용체(和漢混用体)의 문장도 많은 애독자를 매료시켜 紅葉문학의 집대성을 이루었지만, 인간과 사회에 대한 파악이 너무나도 상식적이라는 점에서 약점이 있고, 인정소설처럼 읽혀지는 이유도 여기에 있다.

[문제121]「潮騒」や「豊饒の海」の作者で、割腹自殺したのは誰か。

【近代―戦後派文学】

① 司馬遼太郎
② 柴田翔
③ 五木寛之
④ **三島由紀夫**

⑤ 阿部公房

해설
三島由紀夫(みしまゆきお; 1925-1970) 동경대학교 법대 졸업. 한때 大蔵省에 근무하였다가 퇴직하여 작가생활을 시작하였고 소설・희곡에 다채로운 활동을 하였다. 현실 범죄와 죽음을 소재로 하여 그 속에서 관념적 세계를 그려나가는 수법이 특징이다. 1970년 市ヶ谷 자위대에서 할복자살을 하였다. 그의 소설 중 대표적인 작품으로는 『仮面の告白(かめんのこくはく)』(1949), 『金閣寺(きんかくじ)』(1956), 『潮騒(しおさい)』, 『憂国ゆうこく』, 『豊饒の海(4부작)』 등을 들 수 있다.

정답) ④

[문제122] 芥川竜之介の**江戸物**の代表作で、滝沢馬琴のある日の生活に作者自身の芸術観を重ねた作品は何か。

【近代ー新思潮派】

① 仮面の告白
② **戯作三昧**
③ 沈黙
④ 南総里見八犬伝
⑤ 悪い仲間

해설
문제116을 참조할 것.

정답) ②

[문제123] 川端康成は何派の作家か。

【近代ー新感覚派】

① **新感覚派**
② 新心理主義
③ 文戦派
④ 新興芸術派
⑤ 新戯作派

해설
大正 13년(1924) 10월에 「文芸時代」가 창간되자 "종교시대에서 文芸시대로"라는 주장 아래, 千葉亀雄(ちばかめお; 1878-1935)가 『新感覚派의 誕生』이라는 시평을 쓰고 「文芸時代」의 作風에 <新感覚派>라는 명칭을 붙였다. 그 명칭에 同人들은 모두 다 당황했지만 그 명칭을 받아드렸고, 새로운 문학의 창조를 추구했다. 신감각파는 서구의 미래파,

구성파, 표현주의 등 전위예술의 영향을 강하게 받고 사실주의를 부정하고, 지적이고 감각적인 표현 속에 새로운 생활감정이나 강렬한 생명감을 담을 수 있다고 주장했다. 대표적인 작가로서는 **川端康成(かわばたやすなり；1899-1972), 横光利一(よこみつりいち；1898-1947)**을 들 수 있다.

정답) ①

[문제124] 後白河法皇の命により第七番目の勅撰和歌集「千載和歌集」を編集したのは誰か。

【中古—八代集】

① 藤原鎌足
② **藤原俊成**
③ 藤原定家
④ 藤原家隆
⑤ 藤原有家

해설

보기의 인명 읽기는 아래와 같다.
① 鎌足-かまたり ② 俊成-としなり 또는 しゅんぜい ③ 定家-ていか 또는 さだいえ
④ 家隆-いえたか 또는 かりゆう ⑤ 有家-ありいえ

呼称	歌集名	巻数	歌集	勅宣	成立年	撰者	特色
三代集	古今和歌集	20	1111数	醍醐天皇	延喜5(905)년	紀友則, 紀貫之, 凡河内躬恒, 壬生忠岑	• 이지적이고 기지(機智)와 섬세한 정감이 基調.
	後撰和歌集	20	1426数	村上天皇	天暦5(951)년	源 順, 大中臣能宣, 清原元輔, 紀時文, 坂上望城	• 밝고 해학과 유희 정신이 강하고 마음에 생각하는 대로 노래하는 가풍(歌境).
	拾遺和歌集	20	1351数	花山院	寛弘2(1005)년	花山院	• 유희적인 경향이 높고 세련된 내용.
八代集	後拾遺和歌集	20	1220数	白河天皇	応徳3(1086)년	藤原通俊	• 실생활에 입각한 산문적, 서정적 가풍
	金葉和歌集	10	677数	白河院	大治2(1127)년	源俊頼	• 서경가가 탁월하고 혁신적인 경향.
	詞花和歌集	10	411数	崇徳院	仁平元(1115)년	藤原顕輔	• 보수와 혁신관의 조화를 목표로 한 가풍
	千載和歌集	20	1286数	後白河院	文治(1189)년	藤原俊成	• 幽玄体를 기조로 한 정숙한 歌境
	新古今和歌集	20	1981数	後鳥羽院	元久(1205)년	源通具, 藤原有家, 藤原定家, 藤原家隆, 飛鳥井雅経, 寂蓮	• 회화적이고 상징적 물어적인 미의 세계를 형성하는 有心体의 서정

정답) ②

[문제125] 藤原道長の栄華に焦点を置き、編年体で描いた日本最初の歴史物語は？

【中古—編年体】

① 大鏡
② 沙石集
③ 今鏡

④ **栄花物語**
⑤ 道長物語

해설

중고시대 **최초의 歴史物語**로서 藤原道長(ふじわらみちなが ; 966-1027)의 화려한 일생을 중심으로 하여 귀족사회의 역사를 편년체(연대순)로 쓴 物語이다. 내용은 대체로 史実과 합치되지만 道長를 찬미할 따름이며, 사건이나 인간을 파악하는 태도는 오히려 허구의 물어인『源氏物語』의 영향을 강하게 받은 것으로 보인다. 여성작가에 의해 쓰여진 듯하며, 귀족사회의 영화(栄華)의 그늘에서 울어야 하는 사람들에 대한 동경을 금치 못한다는 점 등에 특징이 있다. 이 物語는 歴史物語라는 새로운 문학형태를 낳게 한 작품으로서의 의의가 크다.

정답) ④

[문제126] 神代から後村上天皇までの歴史を通じて南朝の正通性を主張した北畠親房の史書は何か。

【中世―史論書】

① **神皇正統記**
② 日本書紀
③ 南北顛末記
④ 海道記
⑤ 太平記

해설

『神皇正統記(じんのうしょうとうき)』의 작자는 北畠親房(きたばたけちかふさ ; 1293-1364))로 延元4(1339)년에 성립되었다. 神代에서 後村上天皇까지의 역사적 사적이나 흥망을 약술하였으며 국체(国体)의 유래와 더불어 남조(南朝)의 정통성을 주장하기 위해 쓰여진 것이다. 또한 불교나 유교에 기반을 두지 않고 신도(神道)가 일본역사에서 근본정신으로 일관된 것임을 주장하였다는 점을 특징으로 들 수 있다.

정답) ①

[문제127] 既成道徳の否定という面で、その価値をめぐって論争がおこり、太陽族という言葉がはやったりした石原慎太郎の作品は？

【現代―芥川賞】

① 太陽の子
② 青い山脈
③ **太陽の季節**
④ 青春時代
⑤ 金閣寺

해설

1950년대 후반에서 60년대에 걸쳐서 주목을 받은 작가로 『太陽の季節』(1955)이라는 작품으로 芥川賞을 수상한 石原慎太郎(いしはらしんたろう; 1932-)를 들 수 있다. 그는 기성도덕을 거절하는 자세를 취하여 젊은 세대층으로부터 공감을 얻게 되었고, 「태양족(太陽族)」이라는 사회적 센세이션을 불러일으키게 되었다. 그리하여 문학에만 국한시키지 않고 풍속문제에까지도 관심분야를 넓혀 나갔다. 그 밖의 작품에는 『処刑の部屋』(1956), 『安全なる遊戯』(1957), 『亀裂(きれつ)』(1956) 등이 있다.

정답) ③

[문제128] 北原白秋の詩集はどれか。

【現代―短歌, 雑誌『多磨』】

① 海潮音
② 体操詩集
③ 在りし日の歌
④ 測量船
⑤ 邪宗門

해설

北原白秋(きたはらはくしゅう; 1885-1942) : 본명은 隆吉(りゅうきつ)이고, 「文庫」「明星」에 詩歌를 발표했다. 露風・木下杢太郎, 高村光太郎 등과 더불어 7・5조에 구애를 받지 않고 일상생활에서 얻어진 느낌을 자유롭게 표현하려 하였다. 그는 上田敏과 永井荷風등의 영향을 받았으며 1909년에 처녀시집(処女詩集) 『邪宗門(じゃしゅうもん)』을 출간하면서 등단하였다. 또한 그는 탐미파의 잡지 『スバル』의 동인을 대표하는 시인이며 풍부한 어휘로 이국적(異国的)인 정서나 퇴폐적인 관능을 노래했다.

北原白秋

정답) ⑤

[문제129] 恋川春町が、寛政の改革を風刺した小説を著し、幕府にとがめられたが、その作品は何か。

【近世―黄表紙】

① 浮世風呂
② 浮世床

③ 春色梅暦
④ 金々先生栄花夢
⑤ 偐紫田舎源氏

> **해설**

黄表紙(きびゅう)로 恋川春町(こいかわはるまち)의 대표작으로, 전 2권으로 구성되어 있다. 1775년에 간행된 이 작품은 ●曲「邯鄲(かんたん)」을 번안한 것이다.

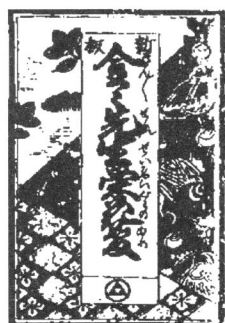

金々先生栄花夢

> 정답) ④

[문제130] 奈良時代、日本の仏教に戒律をもたらすため渡唐した四人の僧の生き方を描く大ロマン「天平の甍」の作者は誰か。

【現代—新戯作派】

① 井上靖
② 森鴎外
③ 太宰治
④ 大岡昇平
⑤ 尾崎紅葉

> **해설**

전후에는 언론과 표현이 자유화되어 출판저널리즘도 비약적으로 거대화 되었는데, 1947년경부터 순문학과 대중문학의 중간을 취하는 이른바 중간소설(中間小説)이 유행하였다. 많은 독자를 가진 작품 중 특히 井上靖(いのうえやすし; 1907-1991)의 대표적 장편소설로 『天平の甍(てんぴょうのいらか)』(1957)를 들 수 있는데 이는 「中央公論」에 연재되었다. 그 밖에 『闘牛(とうぎゅう)』(1949), 『氷壁(ひょうへき; 1955-56)』, 『敦煌(とんこう)』(1959) 등의 작품이 있다.

井上靖

정답) ①

[문제131] 滑稽本の代表的作家で、江戸の弥次郎兵衛と喜多八の旅行記を書いたのは誰か。

【近世—滑稽本】

① 恋川春町
② 式亭三馬
③ 十返舎一九
④ 山東京伝
⑤ 為永春水

해설

滑稽本의 흐름은 전후기로 나누어 고찰되는데 일반적으로는 후기 작품을 가리켜 滑稽本이라고 한다. 전기의 것은 1752-1801년경까지의 것으로서 풍자나 골계 속에 교훈을 담아서 논하는 談義本(だんぎほん)이라고 불리는 것을 말하고, 후기의 소설은 談義本의 흐름을 받아 十辺舎一九(1765-1831)가 쓴 『東海道中膝栗毛(とうかいどうちゅうひざくりげ)』(1802-1822) 이후의 것을 가리킨다. 滑稽本의 내용을 살펴보면 당시의 町人들은 도피적 향락주의와 일치하는 것이었으므로 文化・文政期에서 江戸幕府말기까지 유행했었다.

* 『東海道中膝栗毛』는 江戸後期 享和2年(1802)에 출판된 滑稽本으로 익살스러운 弥次郎兵衛와 喜多八가 江戸의 品川를 시작으로 東海道를 내려가 伊勢에 들른 후에 京・大阪를 구경한다는 내용을 담고 있었는데 당시 베스트셀러였다고 한다.

정답) ③

[문제132] 『和泉式部日記』よりも前に成立したものを一つ選べ。

【中古—日記文学】

① 無名草子
② 堤中納言物語
③ 更級日記
④ 大鏡
⑤ 蜻蛉日記

해 설

中古시대의 日記文学 - 그날 그날에 일어난 일을 기록하는 정확한 일기가 아니라, 일종의 회상적인 자전(自伝)이라고 할 수 있는 것을 かな로 쓴 작품을 말한다. 작품이 쓰여진 시기순(時期順)으로 나열하면 다음과 같다.

① 『土佐日記』(935년) - 紀貫之(きのつらゆき)

[冒頭]男もすなる日記といふものを、女もしてみむとてするなり。それの年(承平四年)のしはすの二十日あまり一日の、戌の時に門出す。
[해석]남자가 쓴다고 듣고 있는 일기라는 것을 여자인 나도 써볼까 하고 생각해서 쓰는 것이다. 모년(某年)12월 21일 밤 8시경 출발하다.

② 『蜻蛉日記』(975년) - 藤原道綱母(ふじわらみちつなのはは)

右大将道綱의 어머니가 남편 兼家(929-990)와의 20여 년 간에 걸친 결혼생활을 통해 아내와 어머니로서의 고뇌와 사랑을 솔직하게 기록한 최초의 여류일기이다. 당시의 物語풍의 허구적인 작품이 많았는데 이 일기는 그와 같은 수법을 멀리하고 자기의 내면을 직시하여 그 진실을 고백한 점이 특색이며, 사실적인 자서전적 物語(私小説)의 성격을 띠고 있다. 서로 사랑하면서도 각기 마음이 어긋나는 남녀간의 심각하고도 어두운 그림자가 뒤따르는 심리를 예리하게 묘사한 문체와 사실적인 수법은 『源氏物語』에도 중대한 영향을 끼쳤다.

③ 『和泉式部日記』(1007년) - 和泉式部(いずみしきぶ)

정열적인 여류가인인 작자 和泉式部와 敦道親王(あつみちしんのう)와의 한결같은 사랑의 경위를 적은 일기이다. 이 일기는 歌物語적 성격을 띠고 있으며, 신분이 다른 두 사람의 괴로운 사랑이야기가 150수나 되는 증답가(贈答歌)를 중심으로 넘치는 정감에 의해 그래진다. 화려한 궁정생활을 그리면서 고독한 자신을 바라보는 내성적인 성격을 엿 볼 수 있다.

[冒頭]秋のけはひ入りたつままに、土御門殿(つちみかどどの)のありさま言はむかたなくをかし。
[해석]가을을 느끼게 하는 풍경이 부근 일대에 맴 도는 데 따라 여기 土御門殿(궁전의 이름)의 모습은, 형용할 수 없는 풍정에 감싸여 있다.

④ 『紫式部日記』(1010년) - 紫式部(むらさきしきぶ)

全2巻으로 寛弘7年(1010年)에 완성되었다. 中宮彰子의 출산이 임박해진 寛弘5年(1008年)가을부터 같은 해 7年 正月에 걸친 모든 일이 기록되어 있다. 自作『源氏物語』에 대한 세인들의 평판과 궁중의 동료였던 和泉式部・赤染衛門, 라이벌격인 清少納言의 인물평(人物評)과 자신의 인생관에 대해서 기술한 소식문(消息文) 등이 보인다. 13세기(鎌倉時代)에는 『紫式部日記絵巻』라는 絵巻物가 만들어졌는데 작자는 미상이다.

⑤ 『更級日記』(1060년) - 菅原孝標女(すがわらのたかすえのむすめ)

[冒頭]あづまぢの道のはてよりも、なほおくつかたに生ひいでたる人、いかばかりかはあやしかりけむを、いかに思ひはじめける事にか、世の中に物語といふ物のあんなるを、いかで見ばやと思ひつつ、

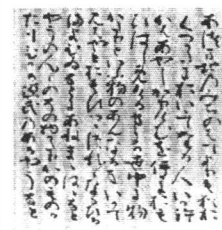

[해석]쿄토에서 동국으로 가는 길의 막다른 곳보다 더 오지에서 성장한 내가, (무척이나) 시골뜨기였을 터인데, 어째서 (그러한) 생각을 했는지, 「이 세상에는 物語라는 것이 있다는데, (그것을) 어떻게 해서라도 읽고 싶다」고 생각하면서,

정답) ⑤

[문제133] 本居宣長の著述のうち、物語に関する各研究書を一つ選べ。

【近世―国学者】

① 歌意考
② ぬば玉の巻
③ **玉の小櫛**
④ 万葉集古義
⑤ 詞の玉緒

해설

本居宣長(もとおりのりなが ; 1730-1801) - 일본어 국학자・문헌학자로 伊勢国松阪(현재 三重県 松阪市)의 松阪의 상인집안인 小津家에서 태어났다.(이 小津家는 영화감독 小津安二郎의 가계(家系)이다. 賀茂真淵(かものまぶち)에게 사사(師事)를 받았다. 『古事記伝』와 源氏物語의 주해(注解), 한자에 대해 일본고유의 정서로서 「もののあはれ」를 제창한 것으로 알려져 있다. 주요저서로는 『**源氏物語玉の小櫛**』, 『玉勝間(たまかつま)』, 『うひ山ふみ』, 『秘本玉くしげ』, 『菅笠日記』 등이 있다. 문하생(門下生)으로는 石塚竜麿(いしづかたつまろ ; 1764-1823)・夏目甕麿(なつめみかまろ)・高林方朗(みちあきら)・小国重年・竹村尚規・本居春庭(宣長의 친아들)・本居大平(宣長의 養子) 등이 있다.

本居宣長六十一歳自画自賛像

정답) ③

[문제134] 『宇治拾遺物語』と同じジャンルに属する作品を一つ選べ。

【中世―世俗説話】

① 世間胸算用
② 閑吟集
③ **日本霊異記**
④ 平治物語
⑤ 春雨物語

해설

『宇治拾遺物語(うじしゅういものがたり)』는 중세시대의 세속설화(世俗説話)로서 1212-1221년경에 성립되었으며 편자는 알 수 없다. 이 설화집은 중고의 『今昔物語集(こんじゃくものがたり)』와 더불어 설화문학의 대표적인 작품이라 할 수 있다. 197개의 설화 중에서 『今昔物語集』와 같은 노래가 83집이나 있다고 지적되면서도 이야기의 실마리가 잘 다듬어져 있다. 이미 이야기로서 구전되어 온 듯한 느낌을 주기도 한다. 설화의 내용은 높은 스님의 덕을 더 전하의 화제를 모은 불교설화도 있기는 하나, 오히려 법사나 성인들의 익살담이 담긴 서민생활을 반영한 '민화'가 많다. 그중에는 중국이나 인도의 이야기도 들어있다.

설화문학(説話文学)

헤이안(平安) 시대도 후기에 접어들면 「歷史物語」가 등장하는 한편, 「説話文学」도 활발히 편집되었다. 「説話」란 사람의 입에서 입으로 전승되어 오는 세상 속의 진귀한 이야기를 말한다. 이 설화는 한편으로는 궁정사회의 「物語文学」의 제재를 따르고 있었지만, 그러한 귀족문학(貴族文学)과는 달리 널리 서민 사이에서 사랑을 받았으며 세상에 전승되었다.

이러한 설화집으로서는 이미 헤이안 초기 무렵 『日本霊異記(にほんりょういき)』가 있다. 이어서 『日本感霊記(にほんかんれいき)』(848년경 성립. 奈良지방의 사찰에 전해져 있던 영험담을 집록한 작품으로 편자는 불명)이 있다. 이 작품들은 불교에 관한 설화집이다.

헤이안 시대 중기가 되자 마찬가지로 불교설화를 모은 『三宝絵詞(さんぼうえことば)』『打聞集(うらぎきしょう)』가 만들어졌다. 나중에는 하나의 주제로 정리된 이른바 「縁起物(えんぎもの)」 등으로 발전해 간다. 이렇게 해서 불교설화집은 세속 사람들에 대한 설교재료로서 승려 사이에서 중시되고 세속 사람들로부터 소중히 받아들여졌다.

1) 『今昔物語集』: 1천여가지의 설화를 全31巻으로 집대성한 것이다. 구성은 인도(天竺), 중국(霊旦), 일본(本朝)의 3부로 대별시켜 일본(本朝)은 불교설화, 세속설화로 나뉘진다. 설화(説話)의 내용은 주로 신기함, 추악, 웃음 등이 많다. 문체는 **화한혼용문(和漢混用文)**의 선구적인 역할을 보여주는 것으로서, 소박하고 힘이 넘치기 때문에 설화 내용에 어울린다. 문학적으로 뛰어난 것은 세속설화이고 귀족뿐만 아니라, 무사와 서민 등의 생활을 들어 혼탁한 시대를 용감하게 살아남은 인간의 모습을 리얼하게 묘사하고 있다.

2) 『日本霊異記』: 불교설화집으로서 편자는 奈良薬師寺의 승려인 景戒(けいかい)이다. 성립 시기는 弘仁13(822)년 경이라는 설이 유력하다. 全3券으로 구성되었으며 정확한 서명은 「日本国現報善悪霊異記」이라 한다. 그리고 「りょういき」는 「れいいき」라고도 읽힌다.

정답 ③

[문제135] 『更級日記』以前に成立した女流日記を一つ選べ。

【中古─日記文学】

① 明月記
② 嵯峨日記
③ 方丈記
④ 十六夜日記
⑤ 和泉式部日記

해 설

문제132를 참조할 것.

정답 ⑤

[문제136] 『増鏡』に近い頃に書かれた作品はどれか。

【中世─軍記物語】

① 太平記
② 新古今和歌集
③ 今鏡
④ 大鏡
⑤ 栄花物

해 설

歷史物語-中古의 『大鏡』『今鏡』의 계통을 이어서 歷史物語로서는 鎌倉時代의 『水鏡』와 室町 초기에 『増鏡』가 있는 이 네 작품을 '四鏡'이라고 한다.

1) 『大鏡』: 문제112를 참조할 것.
2) 『今鏡』: 『大鏡』의 뒤를 이어받아 섭관시대의 정점에서 원정기까지를 기전체로 묘사한 歷史物語인데, 구성은 역시 희곡적이며 역사를 파악하는 태도는 오히려 『栄花物語』에 가깝다. 그 시대의 특징이던 무사계급의 발흥에는 주목하지 않고 권력싸움의 과격한 갈등보다는 우아한 궁정생활을 그린 회고적 취미가 현저하다.
3) 『水鏡』: 작자로는 中山忠親(なかやまただちか)설이 있는데 불명이다. 建久6(1195)년에 성립된 것으로 추정된다. 神武天皇에서 仁明天皇까지 54대의 사적(事跡)을 편년체로 기록하였다.
4) 『増鏡』: 작자는 불명이며, 二条良基설이 유력하다. 元弘3(1333)년에서 天授2(1376)년에 걸쳐 성립되었다. 後鳥羽天皇의 탄생에서 後醍醐天皇의 建武의 신정(新政)까지를 편년체로 기술하였다.

정답 ①

[문제137] 新古今和歌集の撰者の一人で多くの歌学書を残し、父俊成のあとを継いで象徴的な歌風を大成したのは誰か。

【中世―和歌】

① **藤原定家**
② 藤原雅経
③ 源通具
④ 寂蓮
⑤ 藤原有家

해설

藤原定家(ふじわらのていか；1162-1241)：藤原俊成(ふじわらのとしなり；1114-1204)의 아들로「新古今集」選者 중 한사람이다.「有心体」를 제창하였으며 부친인 俊成의「幽玄体」로 보다 심화시켜 가려고 하였으며, 상징성(象徴性)이 강한 가풍을 이루어내었다. 가집(歌集)에는「拾遺愚草(しゅういぐそう)」, 가론(歌論)에는「毎月抄(まいげつしょう)」, 일기(日記)「明月記(めいげつき)」등이 있다.

※ 定家는 'さだいえ', 俊成는 'しゅんぜい'라고도 불린다.

정답) ①

[문제138] 鎌倉幕府の滅亡、南北朝の争乱を南朝に縁の深い者の立場から描いた軍記物語の傑作は何か。

【中世―無常観】

① 保元・平治物語
② 源平盛衰記
③ 平家物語
④ **太平記**
⑤ 海道記

해설

軍記物語(ぐんきものがたり)：중세문학의 특색 중 하나가 바로 軍記物語이다. 중세는 동란의 시대였으므로 이와

같은 시대상을 반영해서 수많은 싸움을 이야기하는 작품들이 생겨났다. 이 작품들은 대부분 실전에 참가한 무사들의 전투에 관한 회상담이나 이것을 보고 들은 사람들의 기록 등을 엮은 것이 원형이 되고 그것이 비파법사의 예능과 결부되어 이야기되고 증보되면서 성장해 갔다.

- 『平家(へいけ)物語』(1219) : 중세무사계급을 대표하는 源平 양 가문 중 平家의 대두와 그 영화로움 속에서 이야기가 시작되어 1185년에 멸망되던 때의 모습과 建礼門院(けんれいもんいん)의 죽음에 이르기까지를 묘사한 일대서사시라 할 수 있다. 당시 대표적인 시대사상이었던 무상관(無常観)이 잘 반영되어 그려져 있다.
- 『保元(ほうげん)・平治(へいじ)物語』(1220) : 『保元物語』는 1156년에 일어난 「保元の乱」의 전말을 그린 것인데, 전3권이며 작자와 성립연대는 미상이다. 여기에는 이 사건에서 활약한 源為朝(みなもとのためとも ; 1139-1170)의 영웅적인 중세적 인간상이 힘찬 필치로 생생하게 그려져 있다. 『平治物語』는 「保元の乱」이 있은 뒤 얼마 후 일어난 「平治の乱」(1159)때의 모습을 그린 軍記物語인데 여기서는 源義朝의 아들인 悪源太義平의 무사적인 모습과 죽음들이 중심이 되는 이야기로써 그려져 있다.
- 『海道記(かいどうき)』(1223) : 1223년에 완성되었으며, 京都에서 鎌倉까지 다녀오는 사정이나 여행도중의 風情을 그린 것으로서 불교사상이 현저하고 문장은 기교적이며 화려한 화한혼교문(和漢混交文)으로 쓰여져 있다.
- 『源平盛衰記(げんぺいじょうすいき)』(1250) :
- 『太平記(たいへいき)』(1371) : 1331년에 일어난 「元弘の乱」부터 시작하여 1392년에 南北朝가 손을 잡을 때까지의 南北朝動乱을 그린 것이다. 전 40권으로 구성되어 있으며, 작자는 小島法師라는 설이 있긴 하나 후세 사람들에 의해 가필된 것으로 보인다. 1371년경에 완성된 이 『太平記』는 기록적인 요소가 많은 軍記物語이다. 그 내용은 南北朝의 분리와 투쟁 등 여러 사건을 「太平」이라는 관점에서 이를 포착하면서 곳곳에 유교적인 윤리와 그리고 천황을 위하는 정신을 찬양하고 아울러 등장인물에 대해서도 인간비판을 가하고 있다.

정답) ④

[문제139] 精神病院で死んで行く母親を中心に、それを看取る父親と息子の姿を虚無的に描いた安岡章太郎の作品は何か。

【現代—私小説】

① 抱擁家族
② 非の器
③ 海辺の光景
④ 死の島
⑤ 砂の女

해설

제3의 신인들은 전후파의 중후한 관념성에 대해 일상생활에 잠재해 있는 공허감에 뿌리를 둔 문학을 낳았다. 자기의 의식에 고집하는 자세를 보여 온 安岡章太郎(やすおかしょうたろう ; 1920-)는 1953년 芥川賞 수상작인 『陰気な愉しみ』와 『悪い仲間』를 발표하였으며, 어머니의 죽음을 묘사한 『海辺の光景』(1959)로써 私小説의 새로운 영역을 개척하였다.

정답) ③

[문제140] 想像上の動物の国を人間社会の戯画として描いた作品『河童』の作者は誰か。

【近代―「新思潮」】

① 吉行淳之介
② 坂口安吾
③ **芥川龍之介**
④ 遠藤周作
⑤ 井上靖

해설

문제116을 참조할 것.

정답) ③

[문제141] 書名が「月もいでて闇に暮れたる姨捨になにとてこよひやづねきつらむ」の歌による作品は？

【中古―日記文学】

① **更級日記**
② 土佐日記
③ 十六夜日記
④ 蜻蛉日記
⑤ 讃岐典侍日記

해설

문제132를 참조할 것.

정답) ①

[문제142] 『玉勝間』の著者はだれか。

【近世―『古事記伝』】

① **本居宣長**
② 賀茂真淵
③ 契沖
④ 松平定信
⑤ 新井白石

해설

문제133을 참조할 것. 그의 다채로운 연구생활을 배경으로 한 『玉勝間』은 수필집이다.

정답) ①

[문제143] 江戸時代の遊戯の内、前句付(まえくづけ)の付け句が独立したものを何と言うか。

【近世―柄井川柳】

① 狂歌
② 連歌
③ 発句
④ 川柳
⑤ 俳諧

해설

川柳(せんりゅう): 俳諧가 보급하게 되자 거기에서 파생한 雜俳(ざっぱい)라는 놀이가 유행하게 되었는데, 雜俳는 문자 그대로 잡다한 형식과 내용의 유희적 문학이다. 이것은 먼저 제시된 과제에 대해 付句를 다는 형식으로 前付句(まえつけく)라고 하는 連句의 앞구(7·7의 구)인 과제에 이어 5·7·5의 付句(つけく)를 달아서 우열을 겨루는 것이다. 川柳는 이 雜俳 중에서 付句가 독립된 것이다. 川柳라는 용어는 柄井川柳(1718-1790)의 이름을 빌은 것이다. 川柳는 発句(俳句)와는 달리 季語, 季題 그리고「切れ字」등의 제약이 없으며 일상용어를 가지고 세태를 풍자, 고전이나 역사상의 인물을 골계화한다.

정답) ④

[문제144]「白·露」の時代と併称された耽美派の詩人の内、童謡「赤とんぼ」などで知られる詩集「廃園」の詩人は誰か。

【近代―耽美派詩】

① 北原白秋
② 高村光太郎
③ 土井晩翠
④ 三木露風
⑤ 萩原朔太郎

해설

三木露風(みきろふう;1889-1964): 그는 상징적이며 종교적인 조용하고 침착한 시풍을 가졌다. 露風는 白秋와 더불어 이른바 白·露시대를 이룩하였는데, 그의 시집에는 『廃園(はいえん)』(1909), 『白き手の狩人』(1913) 등이 있다. 또 白秋와 같이 이국정서나 관능을 탐미적으로 노래한 것은 木下杢太郎(きのしたもくたろう;1885-1945)인데, 그의 시집에는 『食後の唄』(1919)가 있어 白秋보다는 다소 이지적인 시를 담고 있다.

정답) ④

[문제145] 蕉門十哲の一人で別荘落柿舎を営み、「不易流行」などの師の俳論を集めた『去来抄』の作者は誰か。

【近世― 俳論書】

① **向井去来**
② 服部嵐雪
③ 各務支考
④ 榎本其角
⑤ 杉山杉風

해설

向井去来(むかいきょらい；1651-1704) 長崎 출신자로 京都의 嵯峨(さが)에 별장을 만들어 落柿舎(らくししゃ)라 칭했다. 野沢凡兆(のざわぼんちょう)와 함께 펴낸 『猿蓑(さるみの)』는 幽玄의 극치에 달했고, 「俳諧의 古今集」라 일컬어졌다. **俳論書『去来抄(きょらいしょう)』**가 있다.

落柿舎

정답) ①

[문제146] 坪内逍遥の写実主義をより徹底し、更に言文一致体で書いた二葉亭四迷の未完の小説は何か。

【近代―『小説総論』】

① 高野聖
② 蒲団
③ 多情多恨
④ **浮雲**
⑤ 明暗

해설

문제160을 참조할 것

정답) ④

[문제147] 古今和歌集は天皇の勅命を受けて編まれた和歌集である。次の誰の勅命か？

【中古―紀貫之】

① **醍醐天皇**
② 鳥羽天皇
③ 後醍醐天皇
④ 今上天皇
⑤ 後鳥羽天皇

해 설

문제124를 참조할 것

정답) ①

[문제148]「破戒」に始まった島崎藤村の終結ともいうべき自然主義文学の大作は何か。

【近代―歴史小説】

① 真実一路
② **夜明け前**
③ 若菜集
④ 虞美人草
⑤ 或る女

해 설

『**破壊(はかい)**』라는 작품은 신불차별을 둘러싼 사회의 모순을 비판하고 있으며, 피차별 부락문제에 대한 인식이 애매하다는 한계는 있지만, 자아해방의 욕구와 사회정의의 문제가 결부된 **리얼리즘(realism)** 소설로서 자연주의 문학의 출발점이 되었다. 『**夜明けの前**』(1929-1935)는 아버지의 생애를 축으로 해서 쓴 작품으로 막부 말 유신기(維新期)에 싹 틔우려고 고민하면서 개화하지 못하는 생명에 대한 고민을 묘사한 장편의 '역사소설(歷史小說)'로 생활체험 속에서 만들어진 대작이라 할 수 있다.

정답) ②

[문제149] 伊勢物語は、作者は不詳であるが、ある人物をモデルにしたとされている。それは誰か。

【中古―歌物語】

① 後藤又兵衛
② 紫式部
③ 今奈良真平
④ **在原業平**

⑤ 清少納言

해설

伊勢物語(いせものがたり): 歌物語로서는 최초의 작품으로 『古今和歌集』이전으로 보이며, 在原業平(ありはらなりひら)의 和歌를 중핵으로 하여 자신의 일생을 物語化하는 것으로 시작되는데, 그 뒤 다른 사람의 和歌도 넣어서 증보를 거듭하여 현존하는 형태가 된 것은 10세기 중엽이라 보인다. 내용은 주인공으로 여겨지는 在原業平의 생애를 125단으로 구성한 일대기풍의 物語로서 주인공의 품위 있고 풍류적이며 열성적인 애정생활의 여러 가지 모습이 아름다운 문장으로 그려져 있다. 각 단은 노래를 중심으로 하는 短篇物語풍으로 구성되어 있고 간결하면서도 함축성이 풍부한 문장을 통해 여정을 맛볼 수 있다.

정답 ④

[문제150] 『平家物語』と同じジャンルに属する作品はどれか。

【中世—軍記物語】

① 和泉式部日記
② 源氏物語
③ 宇治拾遺物語
④ 太平記
⑤ 狭衣物語

해설

문제138을 참조할 것.

정답 ④

硯友社

1885년에 尾崎紅葉(おざきこうよう)를 중심으로 그의 문하생인 山田美妙(やまだびみょう), 広津柳浪(ひろつりゅうろう), 川上眉山(かわかみびざん), 巖谷小波(いわやさざなみ) 등에 의해 결성된 일본 최초의 문학결사로 기관지 **『我楽多文庫(がらくたぶんこ)』**를 발간했다.

硯友社 사람들은 최초 문명개화의 지식인들의 풍속을 그려냈는데, 이윽고 서구화의 열풍에 대한 반동으로서의 국수주의적인 경향을 배경으로 西鶴(さいかく) 등의 江戸문학에 관심을 두어, 逍遥, 四迷의 写実主義에 영향을 받았지만, 세속인정을 그리는 西鶴풍의 의고전(擬古典)적 문체로 끝났다.

尾崎紅葉는 사실주의의 이상으로서 西鶴의 문장을 배우고 雅俗折衷体(がぞくせっちゅうたい)인 **『二人比丘尼色懺悔(ににんびくにいろざんげ)』**를 가지고 등단했다. 西鶴를 모방한 『伽羅枕(きゃらまくら)』, 『二人女房』, 『三人妻』를 쓰고, 「である」체의 표현으로 『多情多恨(たじょうたこん)』에서는 심리묘사가 주목받았다. 청일전쟁 후의

세상을 반영하고 사회적 사실소설의 경향을 띠는 『金色夜叉(こんじきやしゃ)』는 아속절충체(雅俗折衷体)에 서구풍의 문맥을 섞은 미문조(美文調)로 사람들에게 애독되었고 각색 및 상연되기도 하였다.

* 擬古典主義의 문학-지나치게 달아올랐던 서구화 열풍이 식고 그 반향으로서 明治20년대에는 보수적인 사상과 국수주의적 풍조가 부활되었다. 문학에 있어서도 일본고전의 재평가라는 경향이 보이고, 西鶴(さいかく)와 近松(ちかまつ)에 대해 재발견되고 硯友社 사람들의 문학과 幸田露伴(こうたろはん)의 문학이 풍비하였다. 이른바 擬古典主義이다. 그들은 사실주의 수법을 취하고 있었지만 인생을 바로 정면으로 응시하여 맞은 편 입장은 취하지 않았다. 紅葉은 사실을, 露伴은 이상을 각각 추구하였다. 露伴의 작품에는 한자소양이 풍부한 것을 느낄 수 있고, 유교적 무사적인 정신이 흐르고 있다. 紅葉이 여성을 중심으로 하여 인정과 세태를 다루는 풍속소설을 쓴 것에 대해 露伴이 남성을 중심으로 한 이상소설(芸道에 정진하는 남성의 이상적인 像을 그렸음)을 쓴 것은 대비적이다. 明治10년대 이 두 작가의 시대를 **紅露時代**라 한다.

[문제151] 主人公夫妻と姪を中心に、原爆の体験を、主人公が被爆日記や手記を清書するという形で描く井伏鱒二の作品は何か。

【現代―新興芸術派】

① ヒロシマ・ノート
② **黒い雨**
③ 夏の花
④ はだしのゲン
⑤ 太陽の子

해설

井伏鱒二(いぶせ・ますじ ; 1898-1993)

　1898년 広島県 福山市에서 태어남. 와세다(早稲田)대학 불문과 중퇴. 「ジョン万次郎漂流記」로 直木賞 수상, 「漂民宇三郎」로 예술원상(芸術院賞)수상, 『**黒い雨**』로 野間文芸賞을 수상. 그 밖에는 유머를 섞은 인생의 애감을 묘사하는 독자적인 필치를 휘둘러 동물을 회화화한 『山椒魚(さんしょううお)』(1923)을 내었다. 1993년으로 그의 생을 마감.
　원폭이 투하된 후에는 거리에 검은 비(黒い雨)가 내렸다고 하는데, 이는 원폭에 의해 뜨겁게 달구어진 공기가 상승기류를 만들고 상공(上空)에 구름이 생기기 때문이다. 검은 구름(黒い雨)은 히로시마(広島) 원폭에 대해서 그려낸 井伏鱒二의 고전적 작품이 바로 『黒い雨』이다. 이 이야기는 重松라 불리는 남자와 그 조카딸인 矢須子, 그 주변 사람들의 이야기이다.
　원폭 그 자체로 피해를 입은 사람을 한때는 피해자라 하면, 본 작품은 원폭의 2차 피해자 이야기라 할 수 있을 것이다. 피폭을 받는 사람은 원폭 후유증에 시달릴 뿐만 아니라, 사회적으로도 커다란 차별을 받았다. 또한 피폭을 받은 여성은 결혼조차도 거절당하는 경우도 많았다고 한다.

정답 ②

[문제152] ほりものをされた娘が美しく輝く姿を描いた『刺青』は誰の処女作か。

【近代―耽美派】

① 太宰治
② 宮本百合子
③ 堀辰雄
④ 遠藤周作
⑤ **谷崎潤一郎**

해설

谷崎潤一郎(たにざきじゅんいちろう;1886-1965)는 永井荷風(ながいかふう)와 함께 탐미파에 속하며 그의 출세작인 『刺青(しせい)』(1910)에 의해 문단에서 총애를 받았다. 같은 탐미파의 흐름을 따르는 荷風가 탐미적 자세 속에 뚜렷한 문명비판의 의식을 가지고 있었던 데 비해, 潤一郎는 특이한 여성미를 동경하고 병적일 만큼 **관능미(官能美)**를 쫓아 여성의 매력을 그렸다. 대표작에는 『異端者の悲しみ』(1917), 『痴人(ちじん)の愛』(1924) 등이 있다.

정답) ⑤

[문제153] 連歌には二つの種類があるが、その内、滑稽を旨とする連歌を何と言うか。

【中世―連歌】

① 有心連歌
② 滑稽連歌
③ 和歌乱歌
④ **無心連歌**
⑤ 俳諧連歌

해설

문제7을 참조할 것.

정답) ④

[문제154] 鎌倉初期の評論書はどれか。

【中世―評論書】

① 十訓抄
② **無名抄**
③ 吾妻鏡
④ 古今和歌集序
⑤ 花鏡

해설

鎌倉前期의 評論書에는『古来風体抄』,『近代秀歌』,『無名抄(むみょうしょう)』,『無名草子』 등이 있다.
[일본문학 작품열람(연대순)]을 참조할 것.

정답) ②

[문제155] 連歌には二つの種類があるが、その内、情趣を重んじる連歌を何と言うか。

【中世―連歌】

① **有心連歌**
② 無心連歌
③ 滑稽連歌
④ 俳諧連歌
⑤ 和歌乱歌

해설

문제7을 참조할 것.

정답) ①

[문제156] **元禄期**に上方を中心に町人社会の生活・風俗世相などを写実的に描写した小説を何と言うか。

【近世―江戸文学】

① 御伽草紙
② 滑稽本
③ 仮名草子
④ **浮世草子**
⑤ 黄表紙

해설

上方文学와 **江戸文学**의 비교 : 전자는 **元禄期**를 중심으로 하여 **上方(京都・大阪地方)**에서 행해진 문학을 말한다. 西鶴에서 시작되는 **浮世草子**, 近松를 주로 하는 **浄瑠璃**가 여기에 해당된다. 여기에 대해 文化・文正期를 중심으로 하여 江戸에서 만들어진 문학을 江戸文学라 한다. 軽妙(けいみょう)・洒脱(しゃだつ)를 생명으로 하는 洒落本(しゃれほん), 滑稽本(こっけいほん), 黄表紙(きびょうし), 공리주의(功利主義), 권징주의(勧懲主義), 퇴폐(頹廃)적 경향이 있었던 読本・人情体・合巻 등이 있다.

정답) ④

[문제157] 武者小路実篤の作品で、一人の女性を同時に愛することになった男二人の友情物語は何か。

【近代—白樺派】

① 同棲時代
② 三角関係
③ 業苦
④ **友情**
⑤ 走れメロス

해설

武者小路実篤(むしゃのこうじさねあつ；1885-1976) : 白樺派의 지도적 위치에 있었으며 상류계급 출신다운 낙천적인 자아주의적이나 이상주의적인 '이웃사랑'을 주장하여 인간긍정의 정신을 보였다. 그는 『お目出たき人』(1911), 『世間知らず』『その妹』『幸福者』(1919), **『友情』**, 『愛と死』 등의 작품을 쓰는 한편 톨스토이의 인도주의에 영향을 받아 1918년에 「新しき村」(유토피아의 실험장소로서 1918년에 宮城현에 창설한 소부락)를 건설하여 자기주장의 실천장으로 삼았다.

정답 ④

[문제158] 空海の弟子真済が編集した空海の漢詩文集は何か。

【中古—漢詩文】

① 和漢朗詠集
② 文華秀麗集
③ 経国集
④ 凌雲集
⑤ **性霊集**

해설

奈良시대 말기에 융성해진 한시문은 궁정사회의 당풍문화 존중의 풍조를 반영해서 평안시대 초기에도 크게 유행하였다. 특히, 空海는 시문집 **『性霊集(しょうりょうしゅう)**, 편자는 제자인 **真済(しんさい)』**(835)와 시론서(時論書)『文鏡秘府論(ぶんきょうひふろん)』(829경)을 펴냈다.

정답 ⑤

[문제159] 「天は人の上に人を造らず人の下に人を造らず」と説いた福沢諭吉の啓蒙書は何か。

【近代—啓蒙思想家】

① 諭吉の教え
② 平等論

③ 太平記
④ 学問のすすめ
⑤ 人間失格

해설

「天は人の上に人を造らず、人の下に人を造らず」는 福沢諭吉(ふくざわゆきち)의 유명한 문장으로, 『学問のすすめ(학문의 권장)』의 冒頭에 나와 있다. 그는 하급무사로서 상급무사보다 뭔가 차별받는 것에 분개하여 인간의 평등을 소리쳐 호소한 그 자신의 내면 깊숙한 곳에서 나온 말이다. 이 「天」은 신(神)아니라 「자연의 법칙」이라 생각된다. 또한 그는 현재 일본의 1만엔 지폐의 모델이기도 하다.

福沢諭吉(ふくざわゆきち)

정답) ④

[문제160] ロシアの作家ツルゲーネフの「猟人日記」の中の一編を言文一致体で翻訳した「あひびき」の作者は誰か。

【近代―写実主義】

① 泉鏡花
② 田山花袋
③ 樋口一葉
④ 山田美妙
⑤ **二葉亭四迷**

해설

二葉亭四迷(ふたばていしめい ; 1864-1909) : 그는 러시아 문학에 정통해 있었으며 『小説総論(しょうせつそうろん)』을 발표했다. 그의 대표적인 작품으로는 『浮雲(うきぐも)』들 수 있는데, 이 작품은 内海文三(うつみぶんぞう)라는 인물을 통해서 근대적 자아를 자각하고 봉건적 체제 속에서 고민하는 청년을 그려낸다. 특히 줄거리의 전개보다는 당시 사람들의 회의나 불안 등의 내면적 심리를 묘사하는데 주력한 언문일치체로 쓰여진 근대문학의 선구적인 작품이라 하겠다. 언문일치체의 구어체는 山田美妙(やまだびみょう ; 1868-1910)의 『夏木立(なつこだち)』에서도 시도되고 있으며 러시아의 투르게네프의 **『猟人日記(りょうじんにっき)』**를 번역한 **『あひびき』**(1888)와 『めぐりあひ』 등이 훌륭한 자연묘사로써 사람들의 마음을 사로잡았다.

※ 투르게네프(Turgenev ; 1818-1883)~도스토예프스키, 톨스토이와 함께 러시아 출신의 세계적인 3대 작가로 알려져 있다. 그의 작품은 당대의 현실과 역사적 흐름에 민감했으며, 서구 사상을 포용했던 진보적 지식인이었다.

정답) ⑤

[문제161] 『平家物語』と同じジャンルに属する作品はどれか。

【中世―軍記物語】

① 和泉式部日記
② 源氏物語
③ 宇治拾遺物語
④ **太平記**
⑤ 狭衣物語

해설

문제24와 문제138를 참조할 것.

1219年以前『保元物語』未詳/ 軍記
1219年以前『平治物語』未詳/ 軍記
1219年以前『平家物語』未詳/ 軍記
1350年以前『太平記』未詳/ 軍記
1361年頃『曾我物語』未詳/ 軍記
1376年以前『増鏡』未詳/ 軍記
1411年頃『義経記』未詳/ 軍記

정답) ④

[문제162] 泉鏡花の代表作で、山奥に迷い込んだ僧の、幻想的な体験を描いた作品は何か。

【近代―観念小説】

① 寒山拾得
② 五重塔
③ 多情多恨
④ **高野聖**
⑤ たけくらべ

해설

청일전쟁이 끝난 뒤 자본주의가 급격히 발달하여 근대국가가 정비되고 형성되어가는 반면에 사회적인 불안은 점차적으로 고조되어 갔다. 이와 같은 사회현실을 응시하여 사실을 넘어선 그 무엇인가를 추구하려고 한데서 **관념소설(観念小**

説)이 나오게 된다. 이러한 관념소설에서 출발한 泉鏡花(いずみきょうか；1873-1939))는 사회소설쪽으로 발전하지 않고 신비적 낭만적인 세계를 구축해 갔다. 그의 작품에는 『照葉狂言(てりはきょうげん)』, 『高野聖(こうやひじり)』, 『歌行灯(うたあんどう)』, 『婦系図(おんなけいず)』 등이 있다.

정답) ④

[문제163] 写実主義を唱えた **坪内逍遥**が、その文学理論を具体化した作品は何か。

【近代―写実主義】

① 浮雲
② 金色夜叉
③ 当世書生気質
④ あひびき
⑤ **小説神髄**

해설

坪内逍遥(つぼうちしょうよう) : 그는 서구의 선진국풍을 받아들여 새로운 정치소설 등이 세간의 이목을 끌고 있을 때 공리적인 문학관을 타파하는 문학개량의 움직임을 불러일으킨 사람이다. 그는 『小説神髄(しょうせつしんずい)』에서 권선징악(勧善懲悪)의 전통적 공리적 문학관을 배격하고 인간의 심리분석을 주안으로 하는 소설인 사실주의(写実主義)를 제창하였다.

정답) ⑤

[문제164] 中国の史書にならい、編年体・漢文で記述され、７２０年に完成した最古の官撰の正史は何か。

【上代―説話】

① **日本書紀**
② 史記
③ 古事記
④ 大鏡
⑤ 太平記

해설

문제26을 참조할 것.

정답) ①

[문제165] 象徴詩運動が日本にも波及した明治３０年代後半、「白羊宮」「暮笛集」などで推進した詩人は誰か。

【近代―象徴詩】

① 蒲原有明
② 土井晩翠
③ 北原白秋
④ **薄田泣菫**
⑤ 北村透谷

해설

薄田泣菫(すすきだ きゅうきん) : 그는 낭만시(浪漫詩) 시인으로 회고적 로맨티즘(romantism)을 노래하였으며 나중에는 상징시 시인으로서도 활동하였다. 낭만시집 『暮笛集(ぼてきしゅう)』(1900)는 많은 애창자를 가졌던 작품이며 그에게는 또 전아한 시어를 구사하여 예술지상주의에 입각해서 만든 『二十五弦』(1905), 『白羊宮(はくようきゅう)』(1906) 등의 시집이 있다.

정답) ④

[문제166] 新古今和歌集の成立時代は、次のどれか。

【中世―和歌】

① 11世紀
② 12世紀
③ **13世紀**
④ 14世紀
⑤ 15世紀

해설

문제65와 문제124를 참조할 것.

정답) ③

[문제167] 新詩社の官能的な詩を発表して認められ、短歌・詩・童謡など各方面に名作を残した「邪宗門」の作者は誰か。

【近代―眈美派の短歌『スバル』】

① 土井晩翠
② 萩原朔太郎
③ **北原白秋**

④ 高村光太郎
⑤ 三木露風

해설

北原白秋(きたはらはくしゅう；1885-1942): 1909년에 시집 『**邪宗門(じゃしゅうもん)**』을 출간하여 문단에 등장하여 근대시단에서 크게 활약한 사람이다. 그는 탐미파의 잡지『スバル』의 동인을 대표하는 시인이며 풍부한 어휘로 이국정서나 퇴폐적인 관능을 노래했다. 이와 같은 아름다운 세계는 위의 시집에서 시작하여 『思い出』(1911), 『東京景物詩(とうきょうけいぶつし)』(1913) 등으로 발전되어 시단을 대표하는 지위를 확보했다. 그는 또한 후년에 가서는 童謡나 民謡 등에도 뛰어난 작품을 많이 남겼다.

정답) ③

[문제168] 清少納言が仕えていた中宮はつぎの誰か。

【中古―随筆家】

① ねこ
② 彰子
③ 徳子
④ 紀子
⑤ **定子**

해설

清少納言(せいしょうなごん；生没年不詳): 平安時代 중기의 여류가인・수필가. 부친은 가인인 清原元輔(きよはらのもとすけ)이다. 두 번의 결혼생활 후, 一条天皇의 皇后定子(ていし)를 섬겼는데, 皇后가 죽은 후 소식을 알 수 없다.

정답) ⑤

[문제169] 『源氏物語』より早い時期に成立したものはどれか。

【中古―物語】

① 無名抄
② 浜松中納言物語
③ **宇津保物語**
④ 堤中納言物語
⑤ 狭衣物語

해설

中古文学

984年以前『宇津保物語』未詳/ 物語
1008年頃『源氏物語』紫式部/ 物語
1057年頃『浜松中納言物語』未詳/ 物語
1210년『無名抄』鴨長明/歌論書(随筆式)
1080年頃『狭衣物語』六条斎院宣旨源頼国女/ 物語

정답) ③

[문제170] 人情本と呼ばれた、江戸町人の恋愛や愛欲を主題とした絵入り小説の代表的作家で、天保の改革で処罰されたのは誰か。

【近世―人情本】

① **為永春水**
② 十返舎一九
③ 察山東京伝
④ 恋川春町
⑤ 式亭三馬

해설

為永春水(ためながしゅんすい；1790-1843): 에도시대(江戸時代) 후기의 희작자(戯作者)로 출판업을 영위하면서 人情本(연애의 인정을 그려낸 소설)를 쓰고『春色梅児誉美(しゅんしょくうめごよみ)』로 유행작가가 되었다. 또한 江戸人情本의 제일인자가 되었는데 결국 天保改革으로 그 작품이 풍기를 문란케 하였다하여 처형되었다.

※ 天保改革에 관한 내용은 문제30을 참조할 것.

정답) ①

[문제171] 肺病の婚約者と『私』が死を超越した生を見いだすまでを描いた名作『風立ちぬ』の作者は誰か。

【現代―新心理主義】

① 野間宏
② **堀辰雄**
③ 宮本百合子
④ 中野重治
⑤ 遠藤周作

해설

堀辰雄(ほりたつお ; 1904-1953) : 신흥예술파가 해체한 뒤 신사회파 문학이나 자연과학의 진보를 배경으로 한 기계주의와 신즉물(新即物)주의 등의 주장이 있었다. 그는 『聖家族(せいかぞく)』(1930)에서 잃어버린 자아의 회복을 다루었고, 『美しい村』(1933), 『風立ちぬ』(1938), 『菜穂子(なほこ)』(1941) 등에서는 섬세한 필치를 보였다.

정답 ②

[문제172] 芥川龍之介の友人で、『文芸春秋』を創刊し、芥川賞を創設して後進の育成に貢献した作家は誰か。

【近代―『新思潮』】

① 中野重治
② 太宰治
③ **菊池寛**
④ 永井何風
⑤ 久米正雄

해설

菊池寛(きくちかん ; 1888-1948) : 그는 잡지 『文芸春秋』를 창간하고 芥川賞・直木賞등을 설정하여 후진양성과 문학계의 발전에 공헌하였다. 폭군의 심리에 새로운 해석을 붙인 역사소설 『忠直卿行状記(ただなおきぎょうじょうき)』(1918)를 발표하여 문단활동을 시작하였다. 이어 무사도를 초월한 인간성을 그린 『恩讐(おんしゅう)の彼方(かなた)に』(1919) 이외에 『藤十郎(とうじゅうろう)』, 『蘭学事始(らんがくことはじめ)』(1921) 등을 썼으며 『父帰る』 등의 희곡도 발표했다.

정답 ③

[문제173] 肺結核に苦しみ『死』を見つめながら小説を書き続けた、『城のある町にて』の作者は誰か。

【近代―新興芸術派】

① 小島信夫
② 石川達三
③ 遠藤周作
④ **梶井基次郎**
⑤ 吉行淳之介

해설

문제209를 참조할 것.

정답 ④

[문제174] 『増鏡』と同じジャンルの作品はどれか。

【中世―歴史物語】

① 遇管抄
② **栄華物語**
③ 無名抄
④ 十訓抄
⑤ 平治物語

해설

문제38을 참조할 것.

歴史物語: 이는 역사를 物語형식으로 서술한 작품인데 사론(史論)은 역사를 논평한 형식의 저술로 역사에 대한 관심이 높았던 중세의 시대적 흐름에서 이루어진 것이다. 중고시대에도 『栄花物語』, 『大鏡』, 『水鏡』(1170-1195) 등의 歴史物語가 있었으나 사론(史論)은 새로운 형태의 작품이다.

그 후 後鳥羽(ごとば)천황의 탄생에서 後醍醐(ごだいご)천황의 建武新政까지를 편년체로 기술한 『増鏡』(1338-1376)이 나왔는데 이는 사실의 기록이 정확할 뿐 아니라 문장도 아름답다. 『増鏡』의 문장은 **『源氏物語』**에서 배우고 형식은 **『栄花物語』**에서 영향을 받았다고 하며 四鏡 중에서 『大鏡』에 버금가는 뛰어난 문학작품이다. 이 두 가지는 모두 저자를 알 수 없다.

정답 ②

[문제175] 西行と活躍期間のほぼ重なる人物はだれか。

【中古―私家集】

① 源実朝
② **藤原俊成**
③ 菅原孝標の娘
④ 世阿弥
⑤ 兼好法師

해설

문제65와 문제124를 참조할 것.

정답 ②

[문제176] 『宇治拾遺物語』と同じジャンルに属する作品を一つ選べ。

【中世─説話】

① 宇津保物語
② 世間胸算用
③ 大鏡
④ **沙石集**
⑤ 春雨物語

해설

[中世文学 - 説話]

1215年以前『古事談』源顕兼/ 説話
1216年以前『発心集』鴨長明/ 説話
1222年『閑居友』慶政/ 説話
1242年以後『宇治拾遺物語』未詳/ 説話
1252年『十訓抄』六波羅二﨟左衛門入道/ 説話
1254年『古今著聞集』橘成季/ 説話
1283年『沙石集』無住道暁/ 説話

정답) ④

[문제177] 男性的な漢文調の近代詩で、独自の詩風を確立した明治の詩人、**土井晩翠**の代表作はどれか。

【近代─浪漫詩】

① 白羊宮
② **天地有情**
③ 春鳥集
④ 暮笛集
⑤ 落梅集

해설

土井晩翠(どいばんすい ; 1871-1952) 그는 仙台市에서 태어나서 동경대학에서 영문학(英文学)을 전공하였다. 그는 島崎藤村과 나란히 근대시사의 앞머리를 장식하였으며, 藤村이 연애와 청춘의 애수를 노래한 여성적인 정서를 간직한데 반해, 민족의 이상을 남성적인 서사시로써 표현한 작가이다. 그의 대표시집에는 『**天地有情(てんちうじょう)**』(1899)와 『暁鐘(ぎょうしょう)』(1901) 등이 있다. 이처럼 明治, 大正시대에 훌륭한 시인(詩人) 중 한사람으로 활약하였다. 그 후 대학교수가 되기도 하고 번역 일을 하는 등 여러 가지 방면에서 많은 활동을 하였다.

정답) ②

[문제178] 瀬川丑松を主人公に差別という社会問題を取りあげた長編小説「破戒」は誰の作品か。

【近代―自然主義】

① **島崎藤村**
② 森鴎外
③ 有島武郎
④ 永井何風
⑤ 志賀直哉

해 설

문제120과 문제148을 참조할 것.

정답 ②

[문제179] 近松門左衛門作、日本人女性を妻とした明の遺臣と、その子鄭(てい)成功が明の王室を再興する作品は何か。

【近世―浄瑠璃】

① 冥土の飛脚
② 心中天網島
③ **国姓爺合戦**
④ 曾我会稽山
⑤ 曾根崎心中

해 설

近松門左衛門(ちかまつもんざえもん;1651-1714) : 그의 작품은 크게 時代物과 世話物의 두 갈래가 있다. 전자는 옛 시대의 사실이나 전설에서 제재를 따온 것으로서 대개는 武士道(ぶしどう)의 정신을 강조하고 특히 주인의 목숨을 대신하는 부하의 희생정신을 찬양하고 있다. 대표작으로는 『国性爺合戦(こくせんやがっせん)』, 『平家女護島(へいけにょごがまし)』 등이 있다. 그리고 후자는 이른바 현대물로서 의리와 인정과의 갈등에 고민하는 町人의 생활에서 제재를 따서 남녀간, 부부간, 어버이와 자식간의 사랑 등을 즐겨 썼는데, 인기를 크게 얻은 것이 『曾根崎心中(そのざきしんじゅう)』라는 작품이다. 그 이외에도 『冥途(めいど)の飛脚(ひきゃく)』, 『心中天(しんじゅうてん)の網島(あみじま)』, 『女殺油地獄(おんなごろしあぶらじごく)』 등이 있다.

※ **『国性爺合戦(こくせんやがっせん)』**(1715) : 明의 遺臣 鄭芝竜(ていしりゅう)와 일본 부인 사이에 태어난 和藤内(わとうない)가 명나라의 재흥을 도모하는 이야기이다. 이 작품은 竹本座가 해산위기에 처했을 때 이를 회복시켰으며 장기간 연속 흥행한 걸작이다.

정답 ③

[문제180] 「新所帯」「縮図」「あらくれ」などの作者で、自然主義文学の完成者と目されるのは誰か。

【近代―自然主義】

① 武者小路実篤
② 徳永直
③ **徳田秋声**
④ 永井家風
⑤ 谷崎潤一郎

해설

徳田秋声(とくだしゅうせい ; 1871-1943) : 尾崎紅葉의 문하생이면서도 「無理想」, 「無解決」을 기치로 삼는 자연주의를 잘 나타낸 작가이다. 1907년에 낸『新世帯(しんじょたい)』로 주목을 받았다. 이어서『足迹(あしあと)』(1900),『黴(かび)』(1911) 등으로써 자연주의(自然主義)의 제일인자로서의 명성을 떨치고,『爛(ただれ)』(1913),『あらくれ』(1915) 등의 객관소설을 썼으나 그 뒤는 사소설(私小説)과 심경소설(心境小説)로 기울어져 갔다.

정답) ③

幸田露伴『五重塔(ごじゅうのとう)』의 작품해설 및 줄거리

幸田露伴의 걸작『五重塔』는 明治24년(1891년)부터 다음 해인 25년(1892년)에 걸쳐서 신문『国会』에 연재되었고, 그 해 가을에『小説尾花集』(明治25년 10월 초판)에 수록되어 출판되었던 중편(中篇)이다. 작자는 언제나 寛永寺(かんえいじ)의 오층탑을 볼 때마다 그 장엄함에 감동을 받고 이 소설을 썼다고 한다. 특히 클라이맥스의 폭풍우가 몰아치는 장면을 그린 부분은 일찍부터 모든 작가들의 절찬을 받고 이 이야기의 중심장면이 되고 있다.

「長夜の夢を覚まされて江戸四里四方の老若男女、悪風来りと驚き騒ぎ、雨戸の横柄子(よこざる)緊乎と挿(さ)せ辛張棒を強く張れと家々ごとに狼狽(うろた)ゆるを、可憐(あわれ)とも見ぬ飛天夜叉王、怒号の声音たけだけしく。汝等人を憚(はばか)るな、汝等人間に憚られよ、人間は我等を軽(かろ)んじたり久しく我らを賤みたり我等に捧(ささ)ぐべき筈の定めの牲(にえ)を忘れたり」로 시작되는 그 일절은 작자의 인생관과 종교관이 스며 있는 명문이다.

작자는 주인공인 十兵衛(じゅうべえ)를 평소 우둔하고 사람들에게 바보 취급을 당하고 「のっそり」라는 별명을 가진 목수로서 등장시킨다. 感応寺의 五層塔 건립을 둘러싸고, 그가 모시고 있던 우두머리(목수와 미장이 등)인 源太에게 그 탑을 세워달라고 부탁한다. 源太는 十兵衛에게 둘이서 함께 세우자고 하였지만, 十兵衛가 이를 거절하자, 관대한 源太는 그만 사퇴해버린다. 세간으로부터 '주인의 은혜도 모르는 놈'이라고 박해를 받으면서도 탑의 건립에만 집념을 불태워 폭풍우에도 불구하고 드디어 자신의 일을 완수하였던 것이다.

인간은 갖은 박해를 당하더라도 집념을 불태우고 열중하면 이러한 대자연의 무서운 위협에도 아랑곳 하지 않고 싸워 이겨서 뜻하는 일을 성취할 수 있다는 것을 露伴은 써 내려갔으며, 인간의 내면에 잠재되어있는 훌륭한 가능성을 나타내 보였다. 그것이 明治 개화의 잔재가 남아있던 사람들에게 강한 감동을 주었다. 露伴은 이러한 형태로 많은 사람들의 내면에 숨어있던 인간적인 정열과 의욕에 대해 언급하고 있었던 것이다. 이 작품에 의해 작자는 尾崎紅葉와 나란히 紅露時代라 불릴 정도의 대작가로 인정받기에 이르렀다.

물론, 이 걸작에도 문제가 전혀 없었던 것은 아니라 十兵衛의 독립자존의 태도와 예도의 정진은 근대적인 예술가의 아집 등과는 질적으로 다른 고풍스러운 직공의 명인기질과 같은 것이 아니라, 十兵衛의 완고한 태도도 자아(自我)에 집착하여 광기에 가까운 성질을 띤 것이다. 이와 같은 인물을 이렇게나 이상화하는 것은 낭만주의자, 정신주의자의 망상은 아닐까 등등의 비판도 나왔다. 근대적인 인간파악이라는 점에서는 약간 부족하지만 소설의 확고한 기량은 24세 작가의 작품이라고는 생각할 수 없을 정도이다. 『風流仏(ふうりゅうぶつ)』과 『一口剣(いっこうけん)』도 당시 평판이 높았던 작품이었는데, 『五重塔』의 솜씨가 보다 뛰어났다고 한다.

[문제181] 1013年、曲・節をつけて歌うのに適した漢詩や和歌を集めたものが作られたが、それを何というか。

【中古―漢詩文】

① 梁塵秘抄
② 今昔物語集
③ **和漢朗詠集**
④ 金塊和歌集
⑤ 懐風藻

해설

和漢朗詠集(わかんろうえいしゅう) : 1013년경 성립. 朗詠에 적합한 漢詩(약590편)와 和歌(220수)가 수록되어 있다.

정답) ③

[문제182] 「鉄棒」や「吊輪」など「体操詩集」でスポーツの動態を即物的な形態美に定着させた昭和初期の詩人は誰か。

【現代―モダニズム詩】

① 北川冬彦
② 西脇順三郎
③ 中野重治
④ 三好達治
⑤ **村野四郎**

해설

村野四郎(むらのしろう ; 1901-1975) : 현대시인회(現代詩人会) 초대 회장으로서 현대시단의 발전에 기여하였으며, 많은 시지(詩誌)를 창간하였다. 또한 山本太郎, 谷川俊太郎을 비롯하여 많은 신인들을 발굴하였는데, 1975년 3월 2일 오후 5시 49분에 파킨스씨병(パーキンソン氏病)으로 입원 치료 중 폐렴(肺炎)까지 발병하여 東京・順天堂付属 병원에서 사거(死去)했다.

정답) ⑤

[문제183] 硯友社の創立に参加し、「です調」の言文一致体の「夏木立」という短編集を発表したのは誰か。

【近代―言文一致体】

① 幸田露伴
② 国木田独歩
③ 森欧外
④ 田山花袋
⑤ **山田美妙**

해설

문제14를 참조할 것.

정답) ⑤

[문제184] プロレタリア文学の『文芸戦線』に対抗して創刊された、『文芸時代』の同人を何派と呼ぶか。

【近代―横光利一・川端康成】

① 新時代派
② **新感覚派**
③ 新プロレタリア派
④ 新思潮派
⑤ 新文芸派

해설

昭和 초기인 1920년대 후기의 특징은 혁명문학을 기치로 삼은 좌익문학, 사소설, 심경소설을 중심으로 하여 문단의 혁신을 지향하는 新感覚派를 비롯한 新興芸術派 그리고 新心理主義 등의 예술파 문학이 서로 대립하면서 활동을 전개해 나가고 있었던 점이다.

이들 작가 중에서 이른바 신감각파라고 불리는 사람은 **横光利一(よしみつりいち), 川端康成(かわばたやすなり), 今東光(こんとうこう), 中河与一(なかがわよいち), 片岡鉄兵(かたおかてつべい)** 등인데, 그들은 1924년『文芸戦線(ぶんげいせんせん)』에 대항하여 『**文芸時代**』를 창간하여 활동한 사람들이다.

정답) ②

[문제185] 芥川龍之介晩年の名作で、『地獄よりも地獄的な』人生を生きる主人公の姿を描いた作品は何か。

【近代―新思潮派】

① 戯作三昧

② 或阿呆の一生
③ 河童
④ **歯車**
⑤ 地獄変

해설

문제116과 문제118을 참조할 것.

芥川龍之介(1892-1927) : 그는 夏目漱石의 제자이며 신사조파를 대표하였다. 만년에 이르러서는 새 시대의 동향에 고민하는 자아와 예민하고 회의적인 자기의 신경과 싸우면서 『侏儒(しゅじゅ)の言葉』(1923), 『玄鶴山房(げんかくさんぼう)』, 『河童(かっぱ)』(1927), 『歯車(はぐるま)』(1927) 등을 썼다.

정답) ④

[문제186] 本居宣長の精緻で実証的な古典研究を知ることが出来る古典の注釈書は何か。

【近世―古道研究】

① 玉勝間
② 万葉考
③ **古事記伝**
④ 国意考
⑤ 玉くしげ

해설

문제29를 참조할 것.

本居宣長(もとおりのりなが ; 1730-1801) : 그는 국학(国学)의 확립자인 賀茂真淵(かものまぶち)의 문하로 江戸중기의 국학자로서 유명하다. 真淵(まぶち)에 의해 확립된 국학에 학문적 뒷받침을 해서 완성시켰다. 주요 저서인 **『古事記伝』**은 『古事記』에 대한 정밀한 연구임과 동시에 그의 古道에 대한 사상과 학설을 결집한 것이었다. 이렇게 해서 국학은 고어연구를 기초로 하여 불교와 유교에 영향을 받은 중세문화를 부정하고 순수한 일본문화를 형성하는 원점으로서의 古道를 명확히 함으로써 체계적으로 완성된 것이다. 그는 古道의 근본을 『神ながらの道』라고 설했다.

정답) ③

[문제187] 『浮世風呂』の作者はだれか。

【近世―滑稽本】

① 仮名垣魯文
② 上田秋成

③ 式亭三馬
④ 滝沢馬琴
⑤ 井原西鶴

해설

문제27을 참조할 것.

정답) ③

[문제189] 西行が編んだ家集は何か。

【中古―私家集】

① 山家集
② 坊主集
③ 山荘集
④ 西行家集
⑤ 西山集

해설

문제65를 참조할 것.

정답) ①

[문제190] 連歌論書『ささめごと』の作者はだれか。

【中世―幽玄】

① 心敬
② 西行
③ 兼好
④ 鴨長明
⑤ 世阿弥

해설

문제76을 참조할 것.

連歌는 南北朝時代에 이르러 가장 융성하게 되는데, 여기에는 二条良基(にじょうよしもと; 1320-1388)와 救済(ぐさい 또는 きゅうせい라고도 함; 1284-1378) 두 사람의 공적이 크다. 『菟玖波集』(1356)는 良基가 連歌師인 救済의 도움을 얻어 완성시킨 전20권의 連歌選集인데, 이 작품으로 인해 連歌가 和歌와 대등한 지위를 얻었다. 또 良基는

『応安新式(おうあんしんしき)』(1372)를 써서 連歌의 규칙(式目)을 통일하였으며, 連歌論으로서 『筑波問答(つくばもんどう)』(1369)를 만들어 連歌의 방법론을 폈다. 室町時代에 들어와 連歌는 한때 쇠퇴의 길을 걷는 듯하였으나, 선승인 心敬(しんけい ; 1349-1427) 등에 의해 다시 일어났다. 그는 連歌論인 『ささめごと』(1463)를 써서 '**幽玄(ゆうげん)**'을 제창하였다.

[中世文学 - 連歌]
1463年『ささめごと』心敬/ 連歌
1467年『吾妻問答』宗祇/ 連歌
1476年『竹林抄』宗祇/ 連歌
1488年『水無瀬三吟百韻』宗祇・肖柏・宋長/ 連歌

정답) ①

[문제191] 在原業平と思われる人物を主人公とし、多くは「昔、男ありけり」の書き出しで始まる物語は次の内のどれか。

【中古—歌物語】

① 宇津保物語
② 平中物語
③ **伊勢物語**
④ 大和物語
⑤ 落窪物語

해설
문제149를 참조할 것.

정답) ③

[문제192] 主人公夫妻と姪を中心に、原爆の体験を、主人公が被爆日記や手記を清書するという形で描く「黒い雨」の作者は誰か。

【現代—新興芸術派】

① 原民喜
② 堀田善衛
③ 井上光晴
④ **井伏鱒二**
⑤ 大江健三郎

해설

문제151을 참조할 것.

정답) ④

[문제193] 日本・中国の古典からとった怪談を取り扱った「雨月物語」を書いた、読本の初期の作家は誰か。

【近世―読本】

① 柳亭種彦
② 恋川春町
③ 滝沢馬琴
④ 為永春水
⑤ 上田秋成

해설

上田秋成(うえだあきなり；1734-1809)：読本의 대표 작가이다. 그의 대표작에는 『雨月物語(うげつものがたり)』가 있는데, 여기에는 중국소설이나 일본의 고전을 모방하여 쓴 「菊花のちぎり」, 「浅茅(あさじ)のちぎり」, 「浅茅の宿」 등 9편의 단편소설이 담겨있다.

정답) ⑤

[문제194] 『更級日記』の作者より後世の時代の人はどれか。

【中古―日記文学】

① 俊成女
② 小野小町
③ 道綱の母
④ 紫式部
⑤ 清少納言

해설

문제132를 참조할 것.

정답) ①

[문제195] 江戸時代の遊戯のうち、和歌の形式で政治や世相を風刺したものを何と言うか。

【近世―遊戯文学】

① 連歌
② 川柳
③ 短歌
④ **狂歌**
⑤ 発句

해 설

狂歌(きょうか): 그 형식이 和歌와 같고, 오로지 속어를 사용하여 기지에 의한 익살을 그 안에 읊어 넣으려고 하는 것이다. 특히 앞에 나온 문자를 흉내내어 빈정댐이나 풍자를 띤 골계를 담은 것이 많은 일종의 유희문학(遊戯文学)이다. 江戸시대에 들어와서는 松永貞徳(まつながていとく; 1571-1653)를 비롯하여 많은 狂歌 작자가 나타나 일반에까지 퍼지게 되어 기발한 착상과 멋있는 표현을 가지고 독자적인 가치와 세계를 확립시킨다. 이와 같은 狂歌는 1780년경에 이르러 朱羅菅江(あけらかんこう; 1740-1800), 唐衣橘洲(1743-1802), 四方赤良(よものあから; 1749-1823) 등에 의해 이른바 天明期에는 狂歌가 전성기를 맞게 된다. 文化・文政期에도 유행했으나 전반적으로는 질적 저하를 면치 못했다.

정답) ④

[문제196]『冠辞考』の著者は、万葉風の歌に重きをおき、「ますらをぶり」の理念を提唱したが、この国学者はか。

【近世―古道研究】

① 契沖
② 本居宣長
③ 平田篤胤
④ **賀茂真淵**
⑤ 荷田春満

해 설

문제61, 문제133, 문제 186을 참조할 것.

『冠辞考(カンジコウ)』

京都에서 귀향(帰郷)한 무렵에 宣長는『冠辞考』에서 처음으로 賀茂真淵의 학문에 접하고 그 위대함을 알게 된다.
「さて後、国にかへりたりしころ、江戸よりのぼれりし人の、近きころ出たりとて、冠辞考といふ物を見せたるにぞ、県居大人の御名をも、始めてしりける、かくて其ふみ、はじめに一わたり見しには、さらに思ひもかけぬ事のみにして、あまりことゝほく、あやしきやうにおぼえて、さらに信ずる心はあらざりしかど、猶あるやうあるべしと思ひて、立かへり今一たび見れば、まれまれには、げにさもやとおぼゆるふしぶしも

いできければ、又立ちかへり見るに、いよいよげにとおぼゆることおほくなりて、見るたびに信ずる心の出来つゝ、つひにいにしへぶりのこゝろことばの、まことに然る事をさとりぬ、かくて後に思ひくらぶれば、かの契沖が万葉の説は、なほいまだしきことのみぞ多かりける」(『玉勝間』巻1「おのが物まなびの有しやう」)
　본서는『古事記』,『日本書紀』,『万葉集』에 사용되는 枕詞 326을 五十音順으로 나열하고 해석을 붙인 사전이다.

정답 ④

[문제197] 若山牧水の歌集はどれか。

【近代―短歌】

① 赤光
② **海の声**
③ 桐の花
④ 一握の砂
⑤ みだれ髪

해설

若山牧水(わかやまぼくすい;1885-1928): 여행과 술을 사랑하고 「漂泊の歌人」으로서 명성이 높은 牧水는 宮崎県(みやぎけん) 출신이다. 明治37년 早大高等予科에 들어가서 北原白秋(きたはらはくしゅう), 土岐善麿(ときぜんまろ;1885-1980)와 서로 알게 된다. 또한 石川啄木(いしかわたくぼく;1886-1912)와도 친교를 맺었다. 41년 영문과를 졸업. 万葉集와 자연주의문학의 영향을 받아 청신유려(清新流麗)한 독자적의 가풍을 확립시켰다.

『海の声』若山牧水著 明41.7 生命社 平福百穂表紙

정답 ②

[문제198] 評論家としても活躍した正宗白鳥の代表作で、当時の知的青年の苦悩を描いた作品は何か。

【近代―自然主義】

① お目出たき人
② 惜しみなく愛は奪う
③ **何処へ**

④ 友情
⑤ 細雪

해설

正宗白鳥(まさむねはくちょう;1879-1962): 그는 처음에 内村鑑三(うちむらかんぞう)의 영향을 받아 기독교에 마음을 쏟았으나 문학에 관심을 가지게 된 뒤부터는 기독교를 버리고 허무적이며 염세적인 필법과 냉철한 묘사로 창작활동에 주력했다. 그는 田山花袋(たやまかたい)와 더불어 자연주의의 제일인자격인 작가인데, 냉혹하게 인생의 어두움을 그린 대표작『何処(どこ)へ』(1908), 『泥人形(どろにんげん)』(1911) 등이 있다.

정답) ③

[문제199] 室町時代、諸国を遊歴し、全国に連歌を広めた、連歌の大成者は誰か。

【中世―連歌】

① **飯尾宗祇**
② 寂蓮
③ 松尾芭蕉
④ 救済
⑤ 二条良基

해설

문제78을 참조할 것.

정답) ①

[문제200] 自我に目覚めた女性が自由奔放にいきようとして破滅していく様を描いた長編『或る女』の作者は誰か。

【近代―白樺派】

① 大江健三郎
② **有島武郎**
③ 志賀直哉
④ 宮本百合子
⑤ 遠藤周作

해설

문제287을 참조할 것.

정답) ②

[문제201] 『浮世床』と同じ種類(ジャンル)の作品はどれか。

【近世―滑稽本】

① おらが春
② 西洋珍説人肉質入裁判
③ とりかへばや物語
④ 浮雲
⑤ **東海道中膝栗毛**

해 설

문제131을 참조할 것.

1802年『東海道中膝栗毛』十返舎一九/ 滑稽本
1809年『浮世風呂』式亭三馬/ 滑稽本
1813年『浮世床』式亭三馬/ 滑稽本

정답) ⑤

[문제202] 武者小路実篤の作品で、一人の女性を同時に愛することになった男二人の友情物語は何か。

【近代―青春文学】

① 同棲時代
② 業苦
③ 三角関係
④ **友情**
⑤ 走れメロス

해 설

武者小路実篤(むしゃのこうじさねあつ ; 1885-1976) : 그의 대표작인 「友情(ゆうじょう)」는 大正8年「大阪毎日新聞」에 연재된 근대일본을 대표하는 **청춘문학(青春文学)**이다. 「坊っちゃん」, 「伊豆の踊り子」와 더불어 근현대 일본의 최대 베스트셀러였다. 그는 白樺派의 지도적 위치에 있었으며 상류계급의 출신답게 낙천적인 자아주장과 이상주의적인 이웃사랑을 실천하기 위해 톨스토이의 영향을 받아 1918년에 「新しき村」를 건설하여 자기주장의 실천하는 장으로 삼았다. 또한 이러한 연유로 해서 「友情」라는 작품을 썼다고 한다. 「작품에는 모델도 없고 사실도 없다」고 설명하고 있다. 한편으로 「실연의 명인이었으므로 그 방면의 실감은 쓰기 쉬웠다」고도 이야기한다.

정답) ④

[문제203] 古今和歌集以降、鎌倉時代の新古今和歌集までの勅撰和歌集を総称して何と言うか。

【中古—勅撰和歌集】

① 十二代集
② 新選和歌集
③ **八代集**
④ 特選和歌集
⑤ 十六代集

해 설

문제65, 문제89, 문제124를 참조할 것.

정답) ③

[문제204] 平安時代の継子いじめ譚として知られる作品名は何か。

【中古—継子物語】

① 大和物語
② 鉢かづき
③ うつほ物語
④ 源氏物語
⑤ **落窪物語**

해 설

문제98을 참조할 것.

정답) ⑤

[문제205] 英国の「スマイルス」を翻訳した、中村正直の啓蒙文学作品は何か。

【近代—啓蒙文学】

① 御裸絵羅印打
② 大英帝国
③ 巣毎留州
④ 英国立志物語
⑤ **西国立志編**

해 설

中村正直(なかむらまさなお; 1832-1891 明治의 교육가・계몽학자. 佐藤一斎에게 유학(儒学)을, 「桂川甫周(かつら

がわほしゅう)」(国興)에게 난학(蘭学)을, 箕作奎吾(みつくりけいご)에게 영어를 배웠다. 1866年(慶応2), 幕府留学生으로 영국에 가게 되고 1868年, 귀국하여 静岡学問所의 교수를 역임. 그 후 수많은 번역에 의해 이름이 알려지게 되었다. 스마일(スマイルス)의 "Self-Help"의 역(訳)『西国立志編』(さいこくりっしへん)은 그 중에서도 저명하고, "明治の聖書"라고도 불리었다. 그 밖에 ミル의 "On Liberty"를 역한 『自由之理』가 명성이 높으며, 동시에 일본의 민권사상(民権思想)등에 많은 영향을 주었다. 1873年, 明六社의 동인으로서 계몽활동을 하는 한편 私塾同人社를 열었고, "福沢諭吉"가 「三田の聖人」이라면, 中村는 "江戸川の聖人"라고 칭했다. 나중에 訓盲唖院創立, 東大教授, 女子高等師範校長 등과 教育界에 공헌이 많았었다. 勅選貴族院議員. 만년에는 한시(漢詩)에 몰두하였다고 한다.

정답) ⑤

[문제206] 次の作品の内、井原西鶴の作品ではないものはどれか。

【近世―浮世草子】

① 武家義理物語
② 冥土の飛
③ 日本永代蔵
④ 好色一代男
⑤ 世間胸算用

해설
문제3을 참조할 것.

정답) ②

[第문제207] 「高野聖」「歌行灯」など浪漫的情緒の深い作品を発表し、幻想的神秘的な独自の世界を開いた作家は誰か。

【近代―観念小説】

① 横光利一
② 尾崎紅葉
③ 泉鏡花
④ 夏目漱石
⑤ 幸田露伴

해설
문제162를 참조할 것.

정답) ③

[문제208] 芥川龍之介の作品で、絵師良秀の狂気に近い芸術家魂を描いた力作は何か。

【近代―新思潮派】

① **地獄変**
② 絵仏師
③ 羅生門
④ 狂気
⑤ 死の影の下に

해설

문제116을 참조할 것.

정답) ③

[문제209] 梶井基次郎の処女作で、貧乏学生の『えたいの知れない』不安感を描いた作品は何か。

【現代―新興芸術派】

① **檸檬**
② 夜と霧の隅で
③ 生活の探求
④ 学生時代
⑤ 悪い仲間

해설

梶井基次郎(かじいもとじろう；1901-1932) : 소설가. 大阪(おおさか) 출생. 동경대학 영문학과 중퇴. 志賀直哉(しがなおや)의 영향을 받았으며 간결한 묘사와 시정(詩情)이 풍부한 작품을 남겼다. 주요 작품으로는 『**檸檬(レモン)**』『城のある町にて』 등이 있다.

[원문]

えたいの知れない不吉な塊が私の心を始終圧(おさ)えつけていた。焦躁(しょうそう)と言おうか、嫌悪と言おうか――酒を飲んだあとに宿酔(ふつかよい)があるように、酒を毎日飲んでいると宿酔に相当した時期がやって来る。それが来たのだ。これはちょっといけなかった。結果した肺尖(はいせん)カタルや神経衰弱がいけないのではない。また背を焼くような借金などがいけないのではない。いけないのはその不吉な塊だ。以前私を喜ばせたどんな美しい音楽も、どんな美しい詩の一節も辛抱がならなくなった。蓄音器を聴かせてもらいにわざわざ出かけて行っても、最初の二三小節で不意に立ち上がってしまいたくなる。何かが私を居堪(いたたま)らずさせるのだ。それで始終私は街から街を浮浪し続けていた。

정답) ①

[문제210] 写実主義を唱えた評論「小説神髄」やその実践小説「当世書生気質」の作者は誰か。

【近代―写実主義】

① 東海散士
② 田山花袋
③ **坪内逍遥**
④ 矢野竜渓
⑤ 仮名垣魯文

해설

문제84을 참조할 것.

정답) ③

樋口一葉의 작품해설 및 줄거리

露伴의 영향을 강하게 받은 一葉은 『うもれ木』 등으로 알려지고, 『にごりえ』에서는 훌륭한 사실성(写実性)을 나타냈다. 『十三夜』는 서정성(叙情性)이 풍부한 작품이며, 대표작 『たけくらべ』는 평론가의 격찬을 받았다. 이 작품은 吉原前(よしわらまえ)라는 특수한 환경 속에서 사춘기를 맞이하는 소년소녀의 미묘한 심리를 의고전적 문체의 시정(詩情)이 풍부한 필치로 그려내었고, 봉건적인 시대적 배경으로 불행한 결혼에 고민하는 내용을 다루면서도 생생한 미적 감각을 뒷받침하여 쓴 작품이다. 그 외 『一葉日記』는 적나라하게 자기를 그렸고 소설과 표리를 이루어 그녀의 인간성을 나타내고 있다. 결국 그녀는 14개월간의 기적적인 작가생활을 하다가 폐결핵(肺結核)으로 24세로 사거하였다.

• 『にごりえ』

이 작품은 1895년에 발표되었고, 이것은 작부(酌婦)의 고뇌와 그런 생활에서 빠져 나오려는 열정, 그것을 저지하는 환경을 그린 작품이다. 여주인공 お力는 銘酒屋 菊の井에서 작부로서 일하는데, 손님인 結城朝之助를 사랑하면서 자신 때문에 몰락하여 처자까지 버리기에 이른 原七(げんしち)칼에 죽는다

• 『十三夜(じゅうさんや)』

이 작품은 단편소설로 1895년에 발표되었다. 무력한 여성이 운명적으로 등에 짊어져야 하는 고뇌, 번민과 비애와 정을 그린 작품이다. 가난한 사족(士族)의 딸 お蘭은 고급관료인 原田勇와 결혼하였지만, 남편의 학대에 견딜 수 없어 친정으로 도망치다시피하여 돌아온다. 부모의 설득과 자식에 대한 사랑을 연유로 남편 곁으로 돌아가지만 도중에 탄 인력거의 차부가 어릴 적 소꿉친구로 자기(お欄) 때문에 처자를 버리고 가난한 생활을 하고 있다는 것을 알고 서로의 숙명이 덧없음에 놀라지만, 결국 하는 수 없이 각자 서쪽과 동쪽으로 발걸음을 향하며 헤어진다.

• 『たけくらべ』

『たけくらべ』는 단편소설로서 1895년에 발표된 작품이다. 동경의 吉原에서 가까운 大音寺 앞을 배경으로 거기에서 살며 성장해가는 소년소녀(주인공인 美登利가 14세의 소녀로, 그 사랑의 상대가 되는 信如가 15세, 政太郎가 13세이다)의 사춘기의 심리를 그린 작품이다. 이 작품에는 千束神社의 여름 축제의 宵宮(축제일전야에 베푸는 의식)의 전 날인 8월 16일부터 三の酉(11월 셋째 유일 ; 이 날 열리는 「酉の市」)가 끝나는 초겨울까지 일어난 사건이 그려져 있다.

[문제211] 藤原定家の著作はどれか。

【中世—漢文学】

① 山家集
② **明月記**
③ 遇管抄
④ 無名抄
⑤ 古来風体抄

해 설

중세시대에는 귀족의 세력이 후퇴해 감에 따라 부진해지던 한문학이었지만, 대륙으로부터 선승이 들어오게 되고 또 일본의 유학승이 돌아와서 활약하게 되어 다소나마 그 세력을 만회하게 된다. 전기(前期)에 있어서의 漢詩文 세계에서는 그다지 뛰어난 작품은 없는데, 藤原兼実(ふじわらかねじつ ; 1149-1207)의 일기 『玉葉(ぎょくよう)』, **定家의 일기『明月記(めいげつき)』** 등과 귀족들이 쓴 한문일기, 鎌倉幕府의 史書인 『吾妻鏡』 등이 눈에 띌 정도이다. 그러나 鎌倉를 거쳐 南北朝・室町시대에 이르러서는 足利幕府의 보호를 받은 京都의 오산(五山)에서 뛰어난 한시문이 나오게 되었다.

정답) ③

[문제212] 新詩社同人であった女性で、大胆に人間の官能解放を歌いあげた『みだれ髪』の作者は誰か。

【近代—明星派】

① 山川登美子
② 宮本百合子
③ 水原秋桜子
④ **与謝野晶子**
⑤ 山口誓子

해 설

문제117을 참조할 것.

与謝野晶子(よさのあきこ；1878-1942) : 잡지『明星(みょうじょう)』를 창간하여 낭만적인 가풍으로 시가단을 독차지했으며, 与謝野鉄幹(よさのてつかん；1873-1899)의 문하이자 아내이다. 그녀는 관능의 해방을 외치는 정열적인 사랑의 노래를 불러『明星』의 전성기를 이룬다.『みだれ髪』(1901)에 보이는 유미적인 연애찬가는 새로운 모럴(moral)에 의한 인간해방의 노래이며, 이 파의 특색이기도 하다. 이 작품을 통해 단가 근대화를 알리게 되었다고 볼 수 있겠다.

정답) ④

[문제213] 室町時代のこととして、大奥の実情を写し、天保の改革で弾圧された「偐紫田舎源氏」の作者は誰か。

【近世―黄色紙】

① 為永春水
② **柳亭種彦**
③ 恋川春町
④ 上田秋成
⑤ 滝沢馬琴

해설

어린이를 상대로 한 영웅전설 등을 내용으로 한 黄色紙는 1970년의 출판물 검열(出版物取締) 이후 교훈적이고 복수나 괴담물을 주요 내용으로 다루게 되는데, 그 분량도 장편화된다. 이러한 장편화된 여러 권의 작품을 합본한 『合巻』이 나오게 된다. 대표작에는『源氏物語』를 번안하여 집안의 상속 다툼을 이야기로 만든 柳亭種彦(りゅうていたねひこ；1783-1842)의『偐紫田舎源氏(にせむらさきいなかげんじ)』(1829-1842)가 있다. 江戸시대에는 合巻이 많이 출간되었으며 이는 1887년경까지 계속 되었다.

정답) ②

[문제214] 713年に諸国に命じて、各国の地誌・伝説・産物などを書き出させたものを何というか。

【上代―地理書】

① **風土記**
② 古事記
③ 日本霊異記
④ 日本書紀
⑤ 土佐日記

해설

『古事記』가 성립된 다음 해인 713년, 大和조정은 각 지방마다의 산물, 토지상태, 산천 원야(原野)의 지명 유래 등을 적은 올린 지리서가 풍토기(風土記)이다. 성립 연대는 나라(지방)에 따라 다른데, 현존하고 있는 5개국(常陸, 播磨, 出雲, 肥前, 豊後)의 風土記 중에서『播磨風土記(はりまふどき)』가 가장 오래된 것이며, 완전한 형태로 남아 있는 오직 하나가『出雲風土記(いずもふどき)』(733)이다.

정답 ③

[문제215] 芥川龍之介晩年の名作で、想像上の動物の国を人間社会の戯画して描いた作品は何か。

【近代―『新思潮』, 歴史小説】

① 麒麟と鳳凰
② **河童**
③ 動物王国
④ 鳥獣戯画
⑤ 歯車

해설

[원문]

これはある精神病院の患者、――第二十三号がだれにでもしゃべる話である。彼はもう三十を越しているであろう。が、一見したところはいかにも若々しい狂人である。彼の半生の経験は、――いや、そんなことはどうでもよい。彼はただじっと両膝りょうひざをかかえ、時々窓の外へ目をやりながら、鉄格子てつごうしをはめた窓の外には枯れ葉さえ見えない樫かしの木が一本、雪曇りの空に枝を張っていた。院長のＳ博士や僕を相手に長々とこの話をしゃべりつづけた。もっとも身ぶりはしなかったわけではない。彼はたとえば「驚いた」と言う時には急に顔をのけぞらせたりした。……

【芥川竜之介의 작품 소개】

老年 1914年	南京の基督 1920年
羅生門 1915年	杜子春 1920年
鼻 1916年	アグニの神 1920年
芋粥 1916年	薮の中 1921年
煙草と悪魔 1916年	トロッコ 1922年
戯作三昧 1917年	玄鶴山房 1927年
蜘蛛の糸 1918年	侏儒の言葉 1927年
地獄変 1918年	河童 1927年
邪宗門 1918年	歯車 1927年
魔術 1919年	西方の人 1927年

정답 ②

[문제216] 『集義外書』の著者熊沢蕃山は元禄四年に没したが、元禄時代より以前に没した者はだれか、一人選べなさい。

【近世—儒学】

① 近松門左衛門
② 井原西鶴
③ 松尾芭蕉
④ 北村季吟
⑤ **林羅山**

해설

林羅山(はやしらざん；1583-1657) : 江戸막부는 유학을 무사계급의 학문으로서 각 번(藩)에 널리 보급시켜 나갔다. 유학에는 당시 朱子学(しゅしがく), 양명학(陽明学), 고의학(古義学), 고문사학(古文辞学) 등이 있었는데 幕府는 그 중에서 주자학을 관학으로 하여 사상의 통일과 문교의 진흥을 도모하였다.

정답) ⑤

[문제217] 森鴎外が、漱石の「三四郎」を意識して、作家志望の主人公の成長過程を描いた教養小説は何か。

【近代—反自然主義】

① 学生時代
② 雁
③ **青年**
④ 地獄変
⑤ 草枕

해설

森鴎外(もりおうがい；1862-1922) : 그는 夏目漱石와 더불어 근대문학의 고전적 작품을 많이 남겼으며 근대문학 사상에서 두 거봉으로서의 지위를 확고히 하였다. 이 두 작가는 외국생활을 경험하였으며, 풍부한 교양과 폭넓은 시야와 날카로운 비판정신을 가지고 당시 유행하던 자연주의 문학에도 초연하게 대처하여 윤리적 이지적 태도를 지켜나갔다. 그는 『スバル』를 중심으로 『ヰターセクスアリス』(1907), 『青年』(1910), 『雁』(1911) 등을 발표하여 문단에 복귀했다. 『ヰターセクスアリス』는 자연주의를 비판하는 내용이 포함되어 있으며, 夏目漱石의 三四郎에 필적하는 『青年』에서는 漱石에 대한 대항의식이 엿보인다.

정답) ③

[문제218] 萩原朔太郎の詩集はどれか。

【近代文学-近代詩】

① 道程
② 萱草に寄す
③ 月下の一群
④ 月に吠える
⑤ 邪宗門

해설

萩原朔太郎(はぎはらさくたろう；1886-1942): 그는 자연주의문학운동의 영향을 받아 島崎藤村(しまざきとうそん) 이래 시도되고 추진되던 구어자유시를 완성하였다. 또한 잡지『感情』를 창간하여 변화를 거듭하는 근대사회를 살아가는 혼의 고독, 허무와 권태 등을 상징적으로 노래했다. 대표시집에는 『月に吠える』(1917)와 뒤이어서 나온 『青猫』(1923) 등이 있다.

정답) ④

[문제219] 土佐日記の作者は誰か。

【中古—日記文学】

① 藤原鎌足
② 紀友則
③ 紀貫之
④ 坂本竜馬
⑤ 藤原道長

해설

문제51, 문제53, 문제132를 참조할 것.

정답) ③

[문제220] 18世紀から19世紀前半にかけての歌舞伎作者、鶴屋南北の代表作は次のどれか。

【近世—生世話物】

① 曾根崎心中
② 冥途の飛脚
③ 東海道四谷怪談
④ 傾城仏の原
⑤ 三人吉三廓初買

해설

文化・文正期는 한때 쇠미해 가던 歌舞伎가 다시 일어나 江戸歌舞伎의 난숙기가 되었는데, 이 때 桜田治助(さくらだじすけ;1734-1806)의 문하인 鶴屋南北(つるやなんぼく;1755-1829)가 나와 이른바 生世話物를 가지고 이 시기를 장식하게 된다. 그는 괴기・잔인・천하고 음탕한 점으로 특색이 있는 『東海道四谷怪談(とうかいどうよつやかいだん)』, 『お染久松色読販(おそめひさまつうきなのよみうり)』 등을 써서 퇴폐적으로 흘러가는 시대의 관능적인 기분을 묘사해 낸 작품을 보여주었다.

[歌舞伎관련용어]

① 독특한 무대장치 - 회전무대, **花道**
② 과장된 화장법 - **隈取り**
③ 과장되고 형식화된 움직임 - 見得
④ 役者 : 歌舞伎를 전문으로 하는 배우
⑤ 拍子木 : 歌舞伎를 시작하거나, 단락이 바뀔 때, 두드리는 나무막대기
⑥ 下座 : 歌舞伎 무대 왼쪽에 악기를 연주하는 자리
⑦ 歌舞伎十八番 : 市川라는 가문에서는 연초에 배우들을 불러 공연을 시켰는데, 작품이 너무 많은 이유로 이중 열 여덟 작품만을 선정하였다고 한다. 그래서 歌舞伎十八番이라는 말이 나왔으며, 오늘날 의미변질로 '18번'이 되었다.
⑧ 贔屓 : 歌舞伎의 열렬한 팬이나 팬 그룹을 후원자

정답 ③

[문제221] 平安末期の都を舞台に極限状況下のエゴイズムを描いた作品『羅生門』の作者は誰か。

【近代―新思潮派】

① 中野重治
② 梶井基次郎
③ 高見淳
④ 葉山嘉樹
⑤ 芥川龍之介

해설

芥川龍之介(あくたがわりゅうのすけ;1892-1927) : 일본의 근대 소설가. 장편은 남기지 않고, 150여 편 이상의 단편소설을 남겼다. 1913년 동경 제국대학 입학 후 습작을 시작한다. 夏目漱石가 단편 羅生門(らしょうもん)을 칭찬한 것에 고무되어 영어교습과 신문편집일로 돈을 벌며 작품 활동을 했다. 말년엔 환각과 불안에 시달리다, 1927년 "어렴풋한 불안"(ぼんやりとした不安)이란 말을 남기고 자살한다. 그가 죽은 지 8년 후인 1935년 친구이며 문예춘추사(文芸春秋社) 사주였던 菊池寛(きくちかん;본명을 'ひろし'라고 읽음)에 의해 그의 이름을 딴 芥川賞이 제정되었다. 이 상은 현재 일본의 가장 권위 있는 문학상으로 신인작가의 등용문이다.
문제116을 참조할 것.

정답 ⑤

[문제222] プロレタリア文学の代表作で、共同印刷争議を題材にした『太陽のない街』の作者は誰か。

【現代―左翼文学】

① 伊藤整
② 宮本顕治
③ **徳永直**
④ 中野重治
⑤ 小林

해 설

左翼文学작품으로서는 文戦派의 **葉山嘉樹(はやまよしき；1894-1945)**가 쓴 전기(前期) 좌익문화의 걸작은 『海に生くる人々』(1926), 『淫売婦』(1925), 『セント樽の中の手紙』(1926)가 있고, 잡지 『戦旗(せんき)』에 의해 정치적 양심에 충실한 행동한 小林多喜二(こばやたきじ；1903-1933)의 『蟹工船(かにこうせん)』(1929)이 있으며, 徳永直(とくながすなお；1899-1958)의 **『太陽のない街』(1929)** 등이 있다.

정답 ③

[문제223] 阿仏尼의 作品은 どれか。

【中世―日記文学】

① 讃岐典侍日記
② 夜の寝覚
③ とはずがたり
④ 無名抄
⑤ **十六夜日記**

해 설

阿仏尼(あぶつに；?-1283) 鎌倉 중기의 여류가인. 그녀는 남편인 為家(ためいえ)가 죽은 뒤 토지상속에 관한 쟁의 때문에 아들인 為相(ためすけ)를 위해 소송을 일으키게 된다. 그리하여 몸소 鎌倉幕府까지 내려가게 되는데, 그 때 쓰여진 기행적 일기가 바로 十六夜日記(いざよいにっき)이다. 자식을 사랑하는 모성애가 넘치며 여행 도중 풍경의 묘사나 아름다운 문장들이 잘 어울린다.

정답 ⑤

[문제224] 精神病院で死んで行く母親を中心に、それを看取る父親と息子の姿を虚無的に描いた作品「海辺の光景」の作者は誰か。

【現代―私小説】

① 高橋和巳
② 三島由紀夫

③ 阿部公房
④ **安岡章太郎**
⑤ 吉行淳之介

해설

문제139를 참조할 것.

정답) ④

[문제225] 「俘虜記」「野火」など戦争文学を主に書き表した作家は誰か。

【現代—戦争文学】

① 北杜夫
② 吉本隆明
③ 奥野健男
④ **大岡昇平**
⑤ 大江健三郎

해설

전쟁 중 미군에게 포로가 되었던 체험을 바탕으로 하여 쓴 『俘虜記(ふりょき)』(1948)는 大岡昇平(おおかしょうへい)(1909-88)의 작품으로서 호평을 받았고 그에게는 또한 전후의 세태를 주제로 한 『武蔵野婦人』(1950)과 전쟁과 죄를 취급한 『野火(のび)』(1951) 등이 있다.

大岡昇平

정답) ④

[문제226] 憂国の志士が世界を周遊し、時勢を慨嘆した趣向の東海散士の作品は何か。

【近代—政治小説】

① 経国美談
② 浮雲

③ 西洋道中膝栗毛
④ 当世書生気質
⑤ **佳人之奇遇**

해설

정치소설도 번역소설과 마찬가지로 서양문명이 이입됨에 따라 성행을 보게 되었는데, 그 내용은 自由民権運動(じゆうみんけんうんどう)이 활발해짐과 더불어 정치적 주장의 실현과 인간해방을 목적으로 하는 것이었다. 明治 초기의 봉건적인 번벌정치에 대해 불만을 품은 사람들이 외국의 역사 속에서 이상적 사회를 구현해 보려고 하는 경향이 엿보인다. 대표작에는 矢野竜渓(やのりゅうけい;1850-1931)의 『経国美談(けいこくびだん)』(1883-84)과 東海散士(とうかいさんし;1852-1922)의 **『佳人之奇遇(かじんのきぐう;1883-84)』**, 末広鉄腸(すえひろてつちょう;1883-84)의 『雪中梅(せっちゅうばい)』(1886)는 자유민권운동에 의한 이상사회의 형성을 사실적으로 그리려고 한 작품이다. 하지만 이 정치소설도 제국의회개설(1890년) 이후는 점차 쇠퇴해 갔다.

정답) ④

[문제227] 大正十年に創刊。二年で廃刊したプロレタリア文学最初の機関誌は何か。

【近代―左翼文学】

① プロレタリアート
② 文学界
③ 文芸春秋
④ **種蒔く人**
⑤ 不来泥

해설

문제289를 참조할 것.

정답) ④

[문제228] 佐藤春夫の詩集はどれか。

【現代―芸術派・象徴派詩人】

① 氷島
② 抒情小曲集
③ **殉情詩集**
④ 純情小曲集
⑤ 青猫

해설

佐藤春夫(さとうはるお ; 1892-1964) 구어자유시가 산문화한 데 대해 독자의 개성을 지켜 고전적인 문어정형으로 신선한 서정을 노래했는데, 『殉情詩集(じゅんじょうししゅう)』(1921)이라는 시집이 유명하다. 나중에는 소설로 전환하여 그는 탐미파 문학의 입장을 취하여 『田園の憂欝(でんえんのゆううつ)』(1922) 등을 발표하였다.

정답) ③

[문제229] 江戸のにぎわいの活写などを通じて、文明開化・薩長の高官の低俗性を風刺した、成島柳北の漢文で書かれた戯作は何か。

【近代―民友社】

① 風俗夜話
② 成島伝説
③ 大江戸夜話
④ **柳橋新誌**
⑤ 江戸情話

해설

明治期에는 서구화적 풍조가 널리 유행하였으며, 외국의 귀빈접대와 상류계급 사람들의 사교장으로서 만들어진 鹿鳴館(ろくめいかん)이라는 서양식건물은 당시의 서구화주의의 상징물임과 동시에 그러한 시대를 '鹿鳴館시대'라 불렸다. 이와 같은 풍조에 대한 반발로 쓰인 작품에는 **成島柳北(なるしまりゅうほく ; 1837-1884)**의 『**柳橋新誌(りゅうきょうしんし)**』가 있다.

정답) ④

[문제230] 日本書紀の記述上の特色の組合せの内、正しいものはどれか。

【上代― 舎人親王】

① 編年体・和文
② 紀伝体・漢文
③ **編年体・漢文**
④ 紀伝織体・和漢混交文
⑤ 編年体・和漢混交文

해설

문제26을 참조할 것.

정답) ③

[문제231] 民権運動の発生と前後して誕生し、政治思想の宣伝を目的とした小説を何と呼んでいるか。

【近代—政治小説】

① 思想小説
② 自由小説
③ 民権小説
④ **政治小説**
⑤ 情宣小説

해설

번역소설(翻訳小説)과 마찬가지로 서양문명이입의 풍조에 의해 정치소설(政治小説)이 자유민권운동의 활성화와 함께 정치적 주장의 실현과 인간의 해방을 목적으로 하여 유행하였다. 여기에는 봉건적인 번벌정치(藩閥政治)에 불만을 가지고 외국의 역사 중에서 이상사회를 발견하려고 하는 경향이 보여진다. 矢野竜渓(やのりゅうけい)의『経国美談(けいこくびだん)』, 東海散士(とうかいさんし)의『佳人之奇遇(かじんのきぐう)』등은 다른 나라의 역사에서 이상정치를 찾아내려 하였고, 末広鉄腸(すえひろてっちょう)의『雪中梅(せっちゅうばい)』는 자유민권운동에 의한 이상사회의 형성을 사실적으로 그려내려고 한 작품이다. 하지만 이 정치소설도 제국의회개설(1890년) 이후는 점차 쇠퇴해 갔다.

정답 ④

[문제232] 夏目漱石の、後期三部作の最初の作品に当たる小説は何か。

【近代—余裕派・高踏派】

① 坊っちゃん
② 明暗
③ それから
④ こころ
⑤ **彼岸過迄**

해설

* 주요작품 :『坊ちゃん』,『我輩は猫である』,『草枕』
* 전기3부작(前期三部作) :『三四郎』,『そらから』,『門』
* 후기3부작(後期三部作) :『彼岸過迄』,『行人』,『心』

정답 ⑤

[문제233] 江戸化政時代、荷田春満に学び、「万葉集」などの研究から、日本固有の精神に立ち戻ることを説いたのは誰か。

【近世—国学】

① 本居宣長

② 杉田玄白
③ **賀茂真淵**
④ 平田篤胤
⑤ 新井白石

> **해설**

賀茂真淵(かものまぶち；1697-1769)：京都의 고전연구가인 **荷田春満**(かだのまずままろ；1669-1736)의 제자로 일본의 고대정신을 탐구하려는 방향으로 나아가 국학으로써 조직되었다. 그는 江戸 중기의 국학자이자 가인으로서 『万葉考』 등으로 『万葉集』연구에 뛰어난 공적을 남김과 동시에 万葉로의 복고를 주장하여 万葉가풍인 **「ますらをぶり」**를 구현하려 하였다.

賀茂真淵

정답) ⑤

[문제234] 『独ごと』の作者鬼貫は、芭蕉門下の支考などと交流があった俳人であるが、次の中から芭蕉の門人を選べ。

【近世―俳諧】

① 蕪村
② 也有
③ 一茶
④ **其角**
⑤ 貞徳

> **해설**

宝井其角(たからいきかく；1661-1707)：芭蕉의 제1문하라 일컬어지며 芭蕉는 달리 술을 좋아하고 그 작풍은 화려하며 평명(平明)하며 구어조(口語調)의 洒落風을 일으켰다.

정답) ④

[문제235] 東大講師から朝日新聞社に入社し、次々に傑作を発表した、近代文学史上屈指の作家は誰か。

【近代―反自然主義】

① **夏目漱石**
② 森鴎外
③ 谷崎潤一郎
④ 志賀直哉
⑤ 有島武郎

해 설

문제41, 문제90, 문제108을 참조할 것.

정답) ①

[문제236] 芭蕉と同じ元禄時代の人物を一人選べ。

【近世―浮世草子・戯作文学】

① 小林一茶
② 良寛
③ 上田秋成
④ 与謝蕪村
⑤ **井原西鶴**

해 설

문제69를 참조할 것.

정답) ⑤

[문제237] 川端康成初期の代表作で、伊豆を旅する一高生の、旅芸人の少女への淡い恋心を描いた作品は何か。

【近代―新感覚派】

① 学生時代
② **伊豆の踊り子**
③ 山の音
④ 旅の宿
⑤ 天城越え

해설

川端康成(かわばたやすなり；1899-1972): 그는 横光利一(よこみつりいち)와 더불어 신감각파의 일원이면서 신감각파의 논의에 있어서 매우 공격적이었는데, 『**招魂祭一景(しょうこんさいいっけい)**』라는 작품을 내어 신진으로서 인정을 받았다. 그의 작품은 일본고전에 근원을 두고 있으며 그 밑바닥에는 허무감을 깊이 간직한 청순한 서정성이 넘치고 있다. 주요 작품으로는 『**伊豆の踊子**』, 『**雪国**』, 『**千羽鶴**』, 『**山の音**』 등이 있다. 1961년 朝日新聞에 『**故都(こと)**』를 게재하여 文化勲章을 수상하였고, 1968년에는 『**雪国**』으로 노벨문학상을 수상하게 된다. 결국에는 '가스자살'로 생을 마친다. 문제8을 참고할 것.

정답) ②

[문제238] 遊廓に近い下町の少年・少女の姿を美しい文体で描いた樋口一葉の作品は何か。

【近代―雅俗折衷体】

① 夏木立
② がまんくらべ
③ 桐一葉
④ **たけくらべ**
⑤ せいくらべ

해설

樋口一葉(ひぐちいちよう；1872-1896): 幸田露伴(こうだろはん)의 영향을 강하게 받은 一葉은 『**うもれ木**』 등으로 알려지고, 『**にごりえ**』에서는 훌륭한 사실성(写実性)을 나타냈다. 『**十三夜(じゅうさんや)**』는 서정성(叙情性)이 풍부한 작품이며, 대표작 『**たけくらべ**』는 평론가의 격찬을 받았다. 이 작품은 吉原前(よしわらまえ)라는 특수한 환경 속에서 사춘기를 맞이하는 소년소녀의 미묘한 심리를 의고전적 문체의 시정(詩情)이 풍부한 필치로 그려내었고, 봉건적인 사회를 채택하면서도 생생한 미적 감각에 뒷받침되어진 작품이다. 그 외 『**一葉日記**』는 적나라하게 자기를 그렸고 소설과 표리를 이루어 그녀의 인간성을 나타내고 있다.

정답) ④

[문제239] 説話を10項目に分けて年少者への教訓とした儒教的色彩が濃い、鎌倉中期に作られた説話集は何か。

【中世―説話集】

① 宇治拾遺物語
② 沙石集
③ 愚管抄
④ **十訓抄**
⑤ 古今著聞集

해설

十訓抄(じっきんしょう) : 'じっくんしょう'라고도 부르기도 한다. 이는 설화집으로 전3권으로 구성되어있다. 和漢・古今의 교훈적인 설화를 10항목으로 나누어서 수록하였고, 『古今著聞集』와 밀접한 관계가 있다.

정답) ④

[문제240] 自然美を描いた随筆「武蔵野」を描いた国木田独歩の、短編小説は何か。

【近代—ロマン主義】

① あらくれ
② **牛肉と馬鈴薯**
③ 田舎教師
④ 高瀬舟
⑤ 何処へ

해설

国木田独歩(くにきだどっぽ ; 1871-1908) : 그는 民友社의 기자 출신으로 섬세한 자연관조에 의해 시정(詩情)이 풍부한 『武蔵野(むさしの)』를 썼으며, 이어서 『源叔父(げんおじ)』, 『忘れぬ人々』, 『牛肉と馬鈴薯(ぎゅうにくとばれいしょ)』, 『運命論者』 등 서정시인(抒情詩人)다운 소질을 작품에 담았다. 나중에는 점차 자연주의적 경향을 띠게 되고, 자연주의문학에 대한 과도적 위치를 차지했다.

정답) ②

칼럼 [8]

森鴎外『舞姫(まいひめ)』의 작품해설 및 줄거리

이 작품은 주인공 太田豊의 자아에 대한 자각과 그 자각한 자아의 좌절이 슬프고도 비통한 색조로 아름답게 그려진 명작이다. 문체는 아문체이지만 새로운 서구의 문맥을 도입하여 갈고 닦은 한어를 보석을 세공하듯 정교하게 사용하고 로맨틱한 향기가 묻어나는 작품을 만드는데 그 아문체를 아주 훌륭하게 살려서 明治 문단에 신선한 충격을 불러일으켰다.

발표 직후 주인공이 입신출세를 선택할 것인가, 아니면 엘리스와의 사랑을 선택할 것인가의 양자택일에 고민하다가 결국 엘리스를 버리고 일본으로 돌아오는 부분부터 진정한 사랑을 알지 못하는 인간이라고 심하게 비난하는 비평 등도 나왔으며, 그리고 그것은 사실 그대로이지만 화문과 한문이 절묘하게 조화를 이룬 문장의 아름다움과 당시는 드물었던 엑키조티시즘(exoticism ; 이국풍, 이국정서)도 젊은 독자를 매료시키고 커다란 반향을 불러 일으켰다.

이 단편은 그 후 근대 일본의 낭만주의 문학을 낳는 계기가 될 정도로 강한 영향을 주었고 그 후에도 오랫동안 청년에게 애독되었다. 문장은 약간 진부한 듯 해 보이지만 지금도 생명을 잃지 않은 <명작 중의 명작>이라 해도 지나치지 않다. 그것은 문장의 아름다움에도 나타나지만, 무엇보다도 이 소설에 흐르고 있는 인간적인 감정이 사람을 마음을 강하게 감동시키는 힘을 가지고 있었기 때문이다.

주인공이 엘리스와의 사랑을 버리고 입신출세의 길을 선택하고 게다가 결말에서 相沢謙吉를 미워하는 등 이런 점에서는 로맨틱하지 않다. 하지만 여기에는 사람이 사람을 사랑했을 때에는 어떠한 심정인지 또한 사랑하는 자를 버려야 한다는 것이 얼마나 슬프고 고통스러운 것인지에 대해서 선명하게 그리고 있다.

 鴎外는 明治21년(1888년) 9월 5년에 걸친 독일유학을 마치고 귀국했다. 그 2주 후에 엘리스라는 이름의 독일여성이 鴎外의 뒤를 좇아 일본으로 들어갔다. 다음 해 3월 해군 중장 赤松則良의 딸 登志子와 결혼하고 그로부터 얼마 후인 23년(1890년) 1월 『国民文友』에 『舞姫』를 발표하였다. 또한 같은 해 9월 장남이 태어난 직후에 이혼한다. 물론 소설 주인공을 鴎外자신이라고 할 수는 없지만 유학 중과 귀국 후의 鴎外생활과 심정이 이 소설에 투영되어 있다는 것은 말할 필요도 없다.

 좀 더 나아가 생각해보면, 이 아름다운 단편에는 사실 많은 문체가 사용되었고 단 아름답다고 찬탄할 수만은 없다. 그렇지만, 그러한 사정에 구애받지 않고 읽으면 우리들 인간에게 있어서 무엇이 정말로 소중한 것인가를 절실히 생각하게 해주며 강한 감명을 준다. 인생의 여러 가지 일들을 다시금 생각하게 해 주는 데에 의의가 있다고 생각된다.

[문제241] 平安時代の物語を一つ選べ。

【中古―継子物語】

① とはずがたり
② 増鏡
③ **狭衣物語**
④ 宇治拾遺物語
⑤ 無名草子

해설

中古시대의 物語는 源氏物語에 의해 정점에 달한 후 귀족사회가 쇠퇴해 감에 따라 그것을 기반으로 하는 物語文学도 쇠퇴해졌다. 후기에 이르러서는 『**狭衣物語(さごろもものがたり)**』『**浜松中納言物語(はままつちゅうなごんものがたり)**』 등 세태를 반영하여 퇴폐적이고 감상적인 物語가 생겨났으나 대부분이 『源氏物語』를 모방한 장편에 지나지 않는다.

910年以前『竹取物語』未詳/ 物語
935年頃『土佐日記』紀貫之/ 日記
851年頃『大和物語』未詳/ 物語
956年以後『伊勢物語』未詳/ 物語
965年頃『平中物語』未詳/ 物語
984年以前『宇津保物語』未詳/ 物語
989年頃『落窪物語』未詳/ 物語
1008年頃『源氏物語』紫式部/ 物語
1028年以後『栄華物語』赤染衛門/ 歴史物語
1057年頃『浜松中納言物語』未詳/ 物語
1060年以前『夜の寝覚』未詳/ 物語
1080年頃『狭衣物語』六条斎院宣旨源頼国女/ 物語
1120年頃『大鏡』未詳/ 歴史物語

정답 ③

[문제242] 森鴎外の歴史小説の代表作で、「殉死」をテーマに悲劇を描いた作品は何か

【近代―反自然主義】

① 阿部一族
② 細雪
③ 道草
④ 虞美人草
⑤ 高瀬舟

해설

　森鴎外는 夏目漱石와 더불어 근대문학의 고전적 작품을 많이 남겨 근대사상의 두 거봉으로서 지위를 확보한 작가이다. 특히 두 사람은 외국생활을 경험하여 풍부한 교양과 넓은 시야 그리고 날카로운 비판정신을 가지고 당시 유행했던 자연주의 문학에도 초연하게 대처하여 윤리적 이지적 태도를 지켜나갔다. 잠시 동안 문단을 떠나 있었던 그는 明治42년(1909년)의 『スバル』의 창간과 동시에 왕성한 창작활동을 개시하고 문단에 복귀하였다. 자연주의에 대한 비판을 가하여 쓴 『ヰタ・セクスアリス』, 漱石의 『三四郎』와 필적하고, 漱石에 대한 항의의식을 가지고 쓴 것으로 보이는 『青年』, 鴎外의 정신 형성 과정을 알고 나서 중요한 『望郷(ぼうきょう)』, 여주인공 お玉의 자아의 자각을 정확한 심리묘사와 밀접한 구성에 의해 묘사된 『雁(がん)』 등을 발표했다. 그의 문단복귀는 당시 새로운 시대의 문학으로서 대두해 온 자연주의 문학에로의 반발과 夏目漱石에게 자극받은 것을 생각할 수 있고, 그 외에 잡지 『スバル』가 발표 기관을 제공한 것도 원인의 하나로 손꼽을 수 있을 것이다.

　夏目漱石에게 깊은 감개를 주었듯이 明治천황의 뒤를 따른 乃木(のぎ)大将의 순사(殉死)는 森鴎外에게도 자아나 비판정신을 부숴버릴 만큼 강한 충격을 주었다. 순사를 주제로 한 작품에는 『興津弥五右衛門(おきつやごえもん)の遺書(いしょ)』와 『阿部一族(あべいちぞく)』가 있다. 그 밖에는 사실(史実)에 충실히 사건과 인물을 그리기보다, 오히려 「歴史離れ」를 목표로 해서 쓴 『山椒大夫(さんしょうだゆう)』, 계속해서 『最後の一句』라는 명작을 이어서 발표했다. 그 후 지족(知足=족함을 안다)과 안락사(安楽死)의 문제를 다룬 『高瀬舟(たかせぶね)』, 세속과 진실의 가치를 문제로 한 『寒山拾得(かんざんじっとく)』를 계기로 하여 만년에는 실증적 태도를 가지고 史伝 『渋江抽斎(しぶえちゅうさい)』, 『伊沢蘭軒(いざわらんけん)』, 『北条霞亭(ほうじょうかてい)』 등의 걸작을 전아(典雅 ; 단정하고 우아함)한 문체로 썼다. 또한 <u>鴎外의 역사소설은 후의 菊池寛(きくちひろし)와 芥川龍之介(あくたがわりゅうのすけ)의 역사소설에 커다란 영향을 주었다.</u>

<참고> 「歴史そのまま」와 「歴史離れ」의 의미

역사소설을 쓰는 데 있어 대립하는 두 가지 태도로 전자는 작가의 주관을 피하는 역사적 사실을 재현하려는 객관적 역사소설이다. 후자는 역사에 제재를 구하면서도 보다 자유롭게 작가의 공상과 해석을 추구하는 주관적 역사소설을 말한다. 芥川竜之介의 역사소설 『鼻』, 『戯作三昧(げさくさんまい)』 등은 후자에 해당된다. 鴎外가 만년에 『山椒大夫(さんしょうだゆう)』의 跋文(ばつぶん ; 책의 끝에 적는 글)에 자기의 태도를 명확히 했던 것이다.

정답) ①

[문제243] 物語に取材した歴史小説「滝口入道」の作者は誰か。
【近代―歴史小説】

① 山本有三
② 久米正雄
③ **高山樗牛**
④ 芥川竜之介
⑤ 谷崎潤一郎

해 설

高山樗牛(たかやまちょぎゅう；1871-1902) : 낭만적 역사소설 『滝口入道(たきぐちにゅうどう)』이 현상소설(懸賞小説)에 당선한 후에 문단에 등장한 樗牛는 청일전쟁 후 국가주의사상의 고양 속에서 「**日本主義**」를 주창하고, 크리스트교, 불교, 유교를 배제하고 『**美的生活を論ず**』에서는 니체에로의 접근에 의해 극단적인 개인생활을 주장하고 본능적인 충족을 강하게 추구하였다.

정답 ③

[문제244] 人肉食いという倫理問題を提出した戦争文学の最高傑作ともいわれる大岡昇平の作品は何か。
【現代―戦争文学】

① 仮面の告白
② 壁
③ **野火**
④ 蟹工船
⑤ 太陽のない街

해 설

문제225를 참조할 것.

大岡昇平(おおおかしょうへい；1909-1988) 그는 전쟁 중 미군에게 포로가 되었던 체험을 바탕으로 하여 『**俘虜記(ふりょき)**』(1948)라는 작품을 써서 호평을 받았다. 그 밖에는 낙오한 한 병사의 인간존재의 극한을 그리면서 전쟁과 죄를 주제로 한 『**野火(のび)**』(1915)와 전후의 세태를 잘 나타낸 『**武蔵野婦人(むさしのふじん)**』(1950) 등이 있다.

정답 ③

[문제245] 1283年に無住が著した仏教説話集で、庶民に理解しやすく仏の功徳や極楽往生を説いた作品は何か。
【中世―仏教説話】

① 宇治拾遺物語

② 今昔物語集
③ **沙石集**
④ 古今著聞集
⑤ 十訓抄

해설

沙石集(しゃせきしゅう)는 중세 불교설화집으로 전10권으로 구성되어있다. 1279-1982년에 성립되었고 가나를 혼용하여 쓴 문장(仮名混じり文)으로 통속적으로 쓰여졌다. 그 뿐만 아니라, 설교(説教)의 자료로서도 이용되었다. 작자인 無住(むじゅう)는 민중 속 깊숙이 들어가 종파에 관계없는 가르침을 설하고 교화에도 임했다.

정답 ③

[문제246] 敗戦という価値の転換の中で、日本人が真に自力で再生する方法を説いた評論「堕落論」の作者は誰か。

【現代―新戯作派】

① 中村真一郎
② 加藤周一
③ 三島由紀夫
④ 阿部公房
⑤ **坂口安吾**

해설

坂口安吾(さかぐちあんご;1906-1955)는 기성의 모럴(moral)이나 문학관에 반역하여 자학적(自虐的)인 태도로써 혼란 속에서 문학을 낳은 신희작파(新戯作派)의 일원이다. 주요 작품으로는 『堕落論(だつらくろん)』(1946), 『白痴(はくち)』(1946) 등이 있다.

정답 ⑤

[문제247] 和泉式部と関係の深いものはどれか。

【中古―古今和歌集】

① **六歌仙**
② 更級日記
③ 宇治拾遺物語
④ 堤中納言物語
⑤ 七部集

해 설

　平安時代 초기 여섯 사람의 명가인 僧正遍昭(へんじょう), 在原業平(ありわらのなりひら), 文屋康秀(ふんやのやすひで), 喜撰(きせん)法師, 小野小町(おののこまち), 大伴黒主(おおとものくろぬし)를 두고 하는 말이다. 紀貫之가 『古今和歌集』의 서문에서 이 여섯 사람을 들어 그 가풍을 평가한 것에서 시작된다.

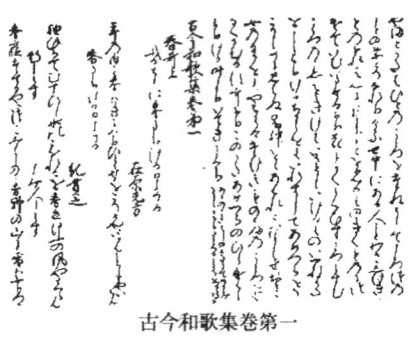

古今和歌集卷第一

정답) ①

[문제248] 共同印刷争議を題材にしたプロレタリア作家、徳永直の代表作は何か。

【現代―左翼文学】

① 夢工場
② 春さきの風
③ 抗議
④ セメント樽の中の手紙
⑤ 太陽のない街

해 설

문제64와 문제222를 참조할 것.

정답) ⑤

[문제249] 室町時代、諸国を遊歴し、全国に連歌を広めた、連歌の大成者は誰か。

【中世―連歌】

① 飯尾宗祇
② 寂蓮
③ 救済
④ 松尾芭蕉
⑤ 二条良基

해 설
문제5, 문제199를 참조할 것.

정답 ①

[문제250] 葛西善蔵の代表作で、家を追われ二人の子供とさまよう作家の実生活を描いた作品は何か。
【近代―私小説】
① 哀しき父
② 子をつれて
③ 死の影の下に
④ 暗い絵
⑤ 白い人

해 설
葛西善蔵(かさいぜんぞう;1887-1928): 자연주의의 현실폭로가 다분히 외부현실에 눈을 돌린데 대해서 자연주의의 흐름을 바탕으로 하면서도 내부적인 인간심리의 현실을 파헤치는데 목표를 둔 잡지『奇蹟(きせき)』의 동인이다. 이 동인들은 19세기말의 러시아 문학의 영향을 받았으며 회색적인 분위기를 가진 것이 특징이라 할 수 있다. 그는 『奇蹟』에 『子をつれて』『哀しき父』(1926)를 실었다.

정답 ②

[문제251] 陸軍軍医であったが、「しがらみ草紙」などで文学活動を始め、小説・戯曲・評論・翻訳など幅広い活動を行ったのは誰か。
【近代―反自然主義】
① 幸田露伴
② 夏目漱石
③ 森欧外
④ 志賀直哉
⑤ 国木田独歩

해 설
문제16을 참조할 것.

정답 ③

[문제252] 既成道徳の否定という価値をめぐって論争がおこり、太陽族という言葉がはやったりした「太陽の季節」の作者は？

【現代―太陽族】

① 小島信夫
② 吉行淳之介
③ 遠藤周作
④ 石原慎太郎
⑤ 安岡章太郎

해설

문제127를 참조할 것.

정답 ④

[문제253] 『伊勢物語』は次のどこに分類されるか。

【中古―在原業平】

① 歌物語
② 伝奇物語
③ 説話物語
④ 軍記物語
⑤ 歴史物語

해설

문제149를 참조할 것.

정답 ①

[문제254] 早大中退後、船員となった体験を生かして綴った葉山嘉樹の作品は何か。

【近代―左翼文学】

① 海と毒薬
② 測量船
③ 放浪記
④ 蟹工船
⑤ 海に生くる人々

해설

葉山嘉樹(はやまよしき；1894-1945): 좌익문학(左翼文学)의 걸작이라 할 수 있는 『海に生くる人々』(1926), 『淫売婦(いんばいふ)』(1925) 등을 남겼다.

정답 ⑤

[문제255] 憂国の志士が世界を周遊し、時勢を慨嘆した趣向の東海散士の作品は何か。

【近代─政治小説】

① 西洋道中膝栗毛
② 浮雲
③ 経国美談
④ **佳人之奇遇**
⑤ 当世書生気質

해설

번역소설과 마찬가지로 서양문명이입의 풍조에 의해 정치소설이 자유민권운동의 활성화와 함께 정치적 주장의 실현과 인간의 해방을 목적으로 하여 유행하였다. 여기에는 봉건적인 번벌정치에 불만을 가지고 외국의 역사 중에서 이상사회를 발견하려고 하는 경향이 보인다. 矢野竜渓(やのりゅうけい)의 『経国美談(けいこくびだん)』, 東海散士(とうかいさんし)의 『**佳人之奇遇(かじんのきぐう)**』 등은 다른 나라의 역사에서 이상정치를 찾아내려 하였고, 末広鉄腸(すえひろてっちょう)의 『雪中梅(せっちゅうばい)』는 자유민권운동에 의한 이상사회의 형성을 사실적으로 그리려고 한 작품이다. 하지만 이 정치소설도 제국의회개설(1890년) 이후는 점차 쇠퇴해 갔다.

정답 ④

[문제256] 枕草子の作者は、次の誰か？

【中古─随筆文学】

① 紫式部
② 清小納言
③ 紫色部
④ 清大納言
⑤ **清少納言**

해설

『枕草子』는 전3권에 약 300편이 넘는 길고 짧은 여러 가지문장을 모아 놓은 것인데, 작자는 清少納言이며 10세기 말에 성립되었다. 같은 시기의 작품인 『源氏物語』가 「もののあはれ」의 문학인데 대해 『枕草子』는 「をかし」의 문학이라고 불린다. 『枕草子』에서는 『源氏物語』와 같은 내면적인 깊이는 느낄 수 없지만, 거기에는 작자만이 가지는 예민한 감각과 관찰력, 객관성을 띤 신선하고도 인상적인 묘사가 있고, 자연이나 인간의 단면을 확실하게 표현하는 간결하고

도 기품이 있는 문체가 있다. 수필로서는 최초의 작품으로서 그 사적(史的) 의의는 큰 것이며, 中世의 『方丈記』나 『徒然草』에 그 명맥을 이어간다.

정답) ⑤

[문제257] 自然主義作家田山花袋が、私生活における自らの心を赤裸々に告白した作品は何か。

【近代—自然主義】

① 檸檬
② 天の夕顔
③ **蒲団**
④ 太陽のない街
⑤ 日輪

해 설

島崎藤村의 『破戒』에 이어서 明治40(1907)년 『蒲団(ふとん)』을 발표한 그는 이른바 「노골적인 묘사」로 중년 작가의 내면을 대담하게 폭로하고 세간의 반향을 불러일으켰다. 그리고 『生』, 『妻』, 『縁』의 자전적 3부작으로 사소설(私小説)로서의 지위를 다지고 일체의 주관을 배제하여 대상을 있는 그대로 묘사하는 평면묘사를 추구하여 『田舎教師』에서 더욱 철저히 하여 작품에 반영하였다.

정답) ③

[문제258] 『鶉衣』の作者はだれか。

【近世—俳文集】

① 芭蕉
② 一茶
③ **也有**
④ 宗祇
⑤ 貞徳

해 설

문제68을 참조할 것.

정답) ③

[문제259] 現代の夫婦と家庭の空洞化をきめ細かい文体で残酷にえぐり出した作品「抱擁家族」は誰の作品か。

【現代―『海辺の光景』】

① 阿部公房
② **小島信夫**
③ 高橋和巳
④ 三島由紀夫
⑤ 安岡章太郎

해 설

제3의 신인들은 전후파의 중후한 관념성에 대해 일상생활에 잠재해 있는 공허감에 뿌리를 둔 문학을 낳았다. 자기의식에 고집하는 자세를 보여 온 安岡章太郎(やすおかしょうたろう;1920-)는 1953년 芥川賞 수상작인『陰気な愉しみ』와『悪い仲間』를 발표하였으며, 어머니의 죽음을 묘사한『海辺の光景』(1959)로써 私小説의 새로운 영역을 개척했다. 그 외에 小島信夫(こじまのぶお;1915-)의 **『抱擁家族(ほうようかぞく)』**,『アメリカン・スクール』(1954) 등이 있다.

1955年(昭和30年)『アメリカン・スクール』로 제32회 芥川賞
1966年(昭和41年)『抱擁家族』로 제1회 谷崎潤一郎賞
1982年(昭和57年) 日本芸術院賞
1998年(平成10年)『うるわしき日々』로 読売文学賞
현재에도 왕성한 창작활동을 계속하고 있다.

정답) ②

[문제260] 芥川竜之介의 친구로,『文芸春秋』를 創刊. 芥川賞을 創設해서 後進의 育成에 공헌한 작가는 누구인가.

① 永井荷風
② 太宰治
③ 久米正雄
④ 中野重治
⑤ **菊池寛**

해 설

문제79를 참조할 것.

정답) ⑤

[문제261] 方丈記は次のどのジャンルに属するか？

【中世―隠者文学】

① **随筆**
② 小説
③ 紀行文
④ 日記
⑤ 随想

해설

중세에는 여러 가지 일들을 계기로 하여 세상을 등지고 산촌에 숨어 산 둔세자나 은자들이 많았는데, 그들의 문학을 '**은자문학(隠者文学)**'이라고 불린다. 이러한 문학은 불교적인 무상관의 입장에서 그들의 생활이나 인생, 자연 그리고 신앙에 대한 생각을 적은 수필이다. 대표적인 작품으로 『方丈記』와 『徒然草』 등이 있다.

정답) ①

[문제262] 作者自身の被爆体験をもとに、原爆地獄のありのままを綴った原民喜の記録文学は何か。

【現代―中間小説】

① ヒロシマ・ノート
② 太陽の子
③ はだしのゲン
④ **夏の花**
⑤ 黒い雨

해설

전후에는 언론과 표현이 자유화되어 출판저널리즘도 비약적으로 거대화되었는데, 1947년경부터 순문학과 대중문학의 중간을 걷는 이른바 **中間小説**의 유행을 보게 된다. 많은 독자를 가진 작품에는 井上靖(いのうえやすし；1907-91)의 『闘牛(とうぎゅう)』(1949), 『氷壁(1955-56)』 등과 원폭의 비참함과 잔인함을 체험을 토대로 묘사한 原民喜(はらたみき；1905-51)의 『**夏の花**』(1947), 大田洋子(おおたようこ；1906-63)의 『屍の街』 등이 있다.

정답) ④

[문제263] ギリシャのテーベが専制政治を打倒し、民主政治を確立する経緯を描いた作品「経国美談」は誰の作品か。

【近代―政治小説】

① 中村正直
② 仮名垣魯文
③ **矢野竜渓**

④ 東海散士
⑤ 成島柳北

해설

문제266를 참조할 것.

정답) ③

[문제264] 政府の弾圧に伴うマルクス主義思想放棄の苦悩を表現した作品を何というか。

【現代―転向作家】

① 新心理主義
② 戦旗
③ **転向文学**
④ 新感覚
⑤ 新興芸術

해설

사상탄압이 심해져서 1934년에 일본 좌익작가동맹이 해산되었고, 공산당의 최고지도자이던 佐野学(さのまなぶ) 등의 전향을 계기로 많은 転向作家를 낳게 되었다. 이와 같이 좌익사상을 포기한 전향작가(転向作家)들이 그 전향의 고뇌를 사소설적으로 고백한 것이 이른바 전향문학(転向文学)이다. 村山知義(むらやまともよし；1901-1977, 中野重治(なかのしげはる；1902-1978), 島木健作(まざけんさく；1903-1945), 徳永直(とくながなお；1899-1958), 高見順(たかみじゅん；1907-1965), 林房雄(はやしふさお；1903-1975), 太宰治(だざいおさむ；1909-1948) 등은 모두 이에 해당하는 작가들인데, 작품으로서는 전향문학의 걸작으로 불리는 重治의 『村の家』(1935)와 健作의 『癩(らい)』(1934), 『生活の探求』(1937) 등을 들 수 있다.

정답) ③

[문제265] 夏目漱石の、前期三部作の最後の作品に当たる小説は何か。

【近代―反自然主義】

① 道草
② **門**
③ それから
④ 三四郎
⑤ こころ

해설

문제41문, 문제90문, 문제108문을 참조할 것.

정답) ②

[문제266] 妻への相聞・挽歌を歌い上げた「レモン哀歌」「あどけない話」などが収録されている高村光太郎の詩集は何か。

【近代―理想主義詩】

① 純情詩集
② 月に吠える
③ 道程
④ 春と修羅
⑤ 智恵子抄

해설

高村光太郎(たかむらこうたろう；1883-1956) : 大正・昭和時代의 시인(詩人)이자 조각가. 동경(東京)에서 태어남. 조각가 高村光雲의(たかむらこううん；1852-1934) 아들. 東京美術学校(지금의 東京芸大)졸업 후, 유럽・아메리카에 유학하였다. 귀국 후 『**スバル**』에 시(詩)와 미술평론을 싣고, 서구의 근대예술사조(近代芸術思潮)를 소개하였는데, 얼마 후에 **白樺派**의 영향을 받았고, 이상주의적인 방향을 확고히 했다. 1914(大正3)년에 최초의 시집『**道程**』을 발표했다. 이후 조각에 전념(専念)하였고, 1941년에 시집『**智恵子抄(ちえこしょう)**』을 발표했다. 그 밖에 번역『ロダンの言葉』, 조각작품으로는「手」,「裸婦像」가 유명하다.

정답 ⑤

[문제267] 夏目漱石の、後期三部作の二番目の作品に当たる小説は何か。

【近代―余裕派・高踏派】

① 彼岸過迄
② 明暗
③ こころ
④ 行人
⑤ 門

해설

문제41, 문제90, 문제108을 참조할 것.

정답 ④

[문제268]『独ごと』の作者**鬼貫**は、芭蕉門下の**支考**などと交流があった俳人であるが、次の中から芭蕉の門人を選べ。

【近世―俳人】

① 也有

② 去来
③ 一茶
④ 良寛
⑤ 蕪村

해설

向井去来 문제145를 참조할 것.
上島鬼貫(かみじまおにつら；1661-1738)：江戸前期의 俳人으로 이름은 宗迩(むねちか) 別号에는 仏兄・槿花翁 등이 있다. 松江重頼(まつえしげより；1602-1680)・池田宗旦(いけだそうたん；1636-1693)에게 배운 芭蕉의 영향을 받았다. 그의 작품으로는 「犬居士」「七車」「独言」 등이 있다.

정답) ②

[문제269] 「火宅の人」「リツ子その愛・その死」の作者は誰か。
【現代―私小説】

① 司馬遼太郎
② 阿部公房
③ 三島由紀夫
④ 五木寛之
⑤ **檀一雄**

해설

檀一雄(だんかずお；1912-1976)：그는 私小説 작가로서 대표작에는 소설『りツ子その愛・その死』,『火宅の人』,『花筐』,『夕張胡亭塾景観』과 시집(詩集)『虚空象嵌』등이 있다.

정답) ⑤

[문제270] 詩人として出発し、『幼年時代』『性に目覚める頃』などを書いた作家は誰か。
【近代―理想主義詩】

① 土井晩翠
② 立原道造
③ 堀辰雄
④ **室生犀星**
⑤ 北原白秋

해설

室生犀星(むろうさいせい; 1889-1962) 그는 『愛の詩集』(1918), 『抒情小曲集(じょじょうしょうきょくしゅう)』(1918) 등의 시집을 펴냈으며, 상징파에서 전환하여 이상주의(理想主義)적 시풍을 가지고 있었다.

『抒情小曲集(しょじょうしょうきょくしゅう)』: 18세 무렵부터의 서정시(抒情詩)가 수록되어있다.
『幼年時代(ようねんじだい)』: 유년기의 체험을 솔직하게 그린 小説家 犀星로서의 처녀작(処女作)이다.
『青い猿』: 芥川龍之介의 죽음을 제재로 하고 있다.

정답) ④

島崎藤村(しまざきとうそん)의 작품해설 및 줄거리

잡지『文学界』에 의해 출발한 낭만시인 藤村은 明治30년대 후반에는 『千曲川のスケッチ』등을 쓰고, 산문으로 이행, 明治39년(1906년)『破戒(はかい)』를 발표하여 소설로 전환하였다. 이 작품은 일본 자연주의문학의 기념비적 소설이며, 주인공 瀬川丑松(はせがわうしまつ)가 평소 '자신의 출생성분을 숨겨라(隠せ!)'는 아버지의 훈계(訓戒)를 고뇌한 끝에 그것을 깨어버리고 자기의 진실을 고백한다는 내용으로 사회적인 소재를 다루면서 결국 내면적인 문제로 처리하는 방향을 보였다. 이 방향은 田谷花袋(たやまかたい)의 『布団(ふとん)』에 계승되고, 개인적 고백이라는「私小説」의 형태로 일본 독자적인 자연주의 방향으로 발전해 갔다.

藤村은『春』에서는 작자자신과 透谷(とうこく) 등의『文学界』동인을 모델로 해서 이상과 예술에 살아가려는 진보적인 청년들이 시대에 뒤떨어진 현실의 벽에 부딪혀 고뇌하는 모습을 자기 고백적으로 그렸지만,『破戒』에 내재하는 사회성(社会性)을 잃어버리고 말았다. 『家』에서는 밀려오는 자본주의의 거센 파도 속에서 유서 깊은 집안의 봉건적인 중압감에 시달리는 인간과 그 쓰러져가는 집안의 모습을 그리고 있다. 단 시점을 집안 내부에만 두고 문제의 해결을 하려고 하지는 않는다. 『新生』에서는 이 자기 고백적 형식은 한층 철저하게 이어가고, 만년(晩年)에는 역사소설(歴史小説) 『夜明け前』에서 작자의 아버지를 모델로 변동이 격심한 시대와 그 시대를 살아가는 지식인의 고뇌의 일생을 장편으로 그려내고 있다. 또한 藤村에게는 이것들 외에 에세이집과 동화도 많이 남겼다.

* 私小説: 작자 자신이 자기 생활체험을 그리면서 그 동안의 심경을 써 내려가는 작품을 말하며, 大正期에 전성. 심경소설(心境小説)이라고도 하며 다분히 일본적 요소를 갖는다.

[문제271] 第二次『新思潮』に参加し、女性の官能美を描き続けた、耽美派の代表作家は誰か。
【近代—耽美派】

① 野間宏
② 伊藤整
③ 中野重治
④ 井伏鱒二
⑤ **谷崎潤一郎**

해 설

谷崎潤一郎(たにざきじゅんいちろう；1886-1965): 탐미적 자세의 저면에 문명비평가로서의 의식이 흐르고 있었던 永井荷風와는 달리 純一郎는 여성의 관능미(官能美)에 도취하여 여성의 매력을 그렸다. 비뚤어진 애욕을 추구하고 이상한 제재와 퇴폐적인 미를 좋아하여 그린 그의 작풍은 **악마주의(悪魔主義)**라 불리고 미적 감각이 풍부한 사상성이 없는 작가라 비평 받았다. 하지만 그의 풍요로운 상상력과 현란(絢爛)한 문체는 특히 주목된다. 출세작(出世作)인 **『刺青(しせい)』**를 비롯하여, 『悪魔(あくま)』, 『痴人(ちじん)の愛』 등의 작품을 발표했다. 東京에서 関西(かんさい)로 이주하게 되고 나서부터는 서구 풍인 모더니즘(modernism)을 떠나 관심이 순수 일본적인 것으로 집중하고 고전주의(古典主義)라 불리는 수수하고도 정취가 깊은 작품을 쓰게 되었다. 그 외 佐藤春夫(さとうはるお)의 『田園の憂鬱(でんえんのゆううつ)』『都会の憂鬱(とかいのゆううつ)』 등이 있고, 久保田万太郎(くぼたまんたろう；1889-1963) 등도 탐미적 경향의 작가이다.

정답 ⑤

[문제272] 人生に疲れた島村と、雪深い温泉街の芸者駒子との交渉を描いた名作『雪国』の作者は誰か。
【近代—新感覚派】

① 堀辰雄
② 井伏鱒二
③ **川端康成**
④ 中河与一
⑤ 横光利一

해 설

문제43과 문제123을 참조할 것.

정답 ③

[문제273] 明治26年、北村透谷・島崎藤村らを中心にして創刊され、キリスト教の影響を受けた西欧浪漫主義の拠点となった雑誌は何か。

【近代―浪漫主義】

① アララギ
② 文芸戦線
③ スバル
④ 文学界
⑤ 四季

해설

明治10년대는 사실주의의 전개와 때를 같이해서 세속적 습관과 봉건주의적 윤리를 채택하지 않고 自我의 자각과 내면적 진실을 존중하는 청년다운 혁신적인 기풍으로 가득 찬 로맨티즘(romantism)이 일어났다. 이 낭만주의의 문학운동을 추진해 나간 것은 森鴎外(もりおうがい)와 北村透谷(きたむらとうこく)를 중심으로 하는 『文学界』의 사람들이었다.

크리스트교에 의한 여자교육을 목적으로 한 『女学雑誌』를 모태로 하여 北村透谷, 島崎藤村, 平田禿木(ひらたとくぼく), 戸川秋骨(とがわしゅうこつ), 馬場孤蝶(ばばこちょう)등의 참가로 明治26년(1893년)에 잡지『文学界』가 창간되었다. 그들은 당시 문단의 지배적 지위에 있었던 硯友社의 봉건적인 문학에 만족하지 않고, 크리스트교 정신의 영향에 의해 자아의 확충과 통일적인 생의 실현을 부르짖었다. 『文学界』의 중심인물인 透谷는 최초 자유민권운동에 참가하였지만, 고뇌 끝에 문학에서 투쟁의 장을 추구했다. 『人生に相渡るとは何の謂(いい)ぞ』과 『内部生命論』등의 평론을 발표하고, 연애찬미, 생명감의 충실을 부르짖고 공리적인 것을 심하게 부정하고 일본의 낭만주의의 문학운동에서 선구자로서 활약했다.

『文学界』는 당시의 미를 동경하고 이상을 추구하며 살아가려는 청년들의 열정을 담았다고 할 수 있다. 이와 같이 『文学界』는 전기 낭만주의운동에 중요한 역할을 다하였는데 그 사조경향을 3기로 나누어 생각할 수 있다. **제1기는 北村透谷의 평론, 제2기는 樋口一葉의 소설, 제3기는 島崎藤村(しまざきとうそん)의 시(詩)**로 대표되고 있다. 『文学界』창간 당시의 사람들의 의식은 크리스트교를 신앙하고 염세적(厭世的) 색채가 농후하였지만, 집필자가 많아짐에 따라 예술지상주의적 경향으로 발전되어 갔다.

정답) ④

[문제274] 評論を自己表現の文学へと高め、近代批評の確立者とされるのは誰か。

【近代―ロマン的回帰】

① 北村透谷
② 中村光夫
③ 北原白秋
④ 坪内逍遥
⑤ 小林秀雄

해설

小林秀雄(こばやしひでお；1902-1983): 그는 문예비평가로서 잡지『改造』에 의해 문단에 올랐으며 자아의 해석을 축으로 한 창조적 비평을 확립시켰다. 그의『私小説論』은 사회화한「私」의 입장을 취해 자의식의 문학과 사회의식의 문학과의 통합을 의도한 것이었다. 당시의 문학잡지『文学界』와『日本浪漫派』는 낭만적 회귀라는 시대조류에 크게 공헌하였다. 특히 그가 중심이 되었던『文学界』는 1933년 창간 이래 문예부흥의 거점이었다.『様々なる意匠』(1929)에 의해 논평활동을 개시하였고『無常といふ事』(1942)이라는 평론에 의해 현대평론의 확립에 공헌하였다.

정답) ⑤

[문제275] 古今和歌集の仮名序を書いたのは誰か。

【中古―勅撰和歌集】

① 在原業平
② 紀友則
③ 凡河内躬恒
④ **紀貫之**
⑤ 壬生忠岑

해설

『古今和歌集』는 905년, **醍醐天皇(だいごてんのう；885-930, 재위 897-930)**의 명(命)에 의해 편찬된 총 20권의 최초의 勅撰和歌集이다. 4명의 찬자(撰者)는 **紀貫之(きのつらゆき)**, 凡河内躬恒(おおしこうちのみつね), 紀友則(きのとものり), 壬生忠岑(みふのただみね)이며『万葉集』이후 당시까지의 약 150년간의 노래 중 **1100여 수**를 골라서 싣고 있다. 이들 和歌는 춘(春)·하(夏)·추(秋)·동(冬)·사랑(愛) 등으로 분류하였고 특히 紀貫之는『古今和歌集』의 **「仮名序(かなじょ)」**를 직접 썼다. 이 가집의 가풍은 우미하고 섬세한 **「たをやめぶり」**를 완성시킴과 동시에 처음으로 천황의 의사에 의해서 국가적 사업의 일환으로 편찬된 것이므로 和歌에 공적(公的)인 성격을 부여하여 후세의 문학에 커다란 영향을 주었다.

정답) ⑤

[문제276] 元禄のころ、さび・しおりなどを理念とする幽玄閑寂の俳諧を確立したのは誰か。

【近世―物我一体】

① **松尾芭蕉**
② 与謝蕪村
③ 西山宗因
④ 小林一茶
⑤ 正岡子規

해설

芭蕉의 俳諧(はいかい)는 중세의 예술과 동일한 정신을 간직한 것으로 『猿蓑(さるみの)』에서는 「さび」「しおり」라는 蕉風의 이념을 완성시켰는데, 그가 주장한 **「さび」**는 그의 기본이념으로서 「わび」와 공통되는 한적·고담(枯淡)한 경지를 말하며 자연과 일체화된 작자의 정신(**物我一体의 경지**))을 포착한 내면적인 정조이다. 「しおり」는 「さび」가 句의 풍미로써 나타난 것인데, 자연이나 세상사를 응시하는 작자의 깊은 감탄(感歎)이 句의 여정(余情)이 되어 느껴지는 것이다.

정답) ①

[문제277] 妻への相聞・挽歌を歌い上げた「レモン哀歌」「あどけない話」などが収録されている詩集「智恵子抄」は誰の作品か。

【近代—理想主義詩】

① 宮沢賢治
② **高村光太郎**
③ 山村暮鳥
④ 八木重吉
⑤ 萩原朔太郎

해설

문제264를 참조할 것.

정답) ②

[문제278] 伊豆を旅する一高生の、旅芸人の少女への淡い恋心を描いた作品『伊豆の踊り子』の作者は誰か。

【近代—新感覚派】

① 川端靖成
② 河端靖成
③ 河端康成
④ **川端康成**
⑤ 川畑康成

해설

문제234를 참조할 것.

정답) ④

[문제279] 井伏鱒二の処女作で、動物に仮託して人間の孤独・傲慢・卑小性を描いた作品は何か。
【現代—新興芸術派】

① **山椒魚**
② 犬神家の一族
③ 蛸と烏賊
④ 禽獣
⑤ 犬笛

해설
문제151을 참조할 것.

정답 ①

[문제280] 1885年創設され、欧化主義に対し伝統的な江戸趣味と近代的写実主義をもって文芸作品の大衆化を図った団体名は何か。
【近代—浪漫主義】

① 白樺
② 車前草社
③ **硯友社**
④ 文学界
⑤ 新詩社

해설
　구체제를 타파하고 새로운 사회를 지향한 明治의 근대화도 문학에서는 바로 새로운 문학을 탄생시키지 못하였으나, 문명개화의 흐름은 서구에의 관심을 불러 일으켜 **飜訳文学**이 성행하게 되고, 민권운동과 호응한 **政治小説**의 유행으로 새 시대에 부흥하는 문학이 싹트기 시작한다. 서양의 문학이념이 소개되어, 新体詩의 운동과 坪内逍遥, 二葉亭四迷의 **写実主義**의 제창에 의해 근대문학의 태동을 볼 수 있게 된다.
　四迷, 山田美妙의 **言文一致運動**도 근대문학 발전상 큰 힘이 된다. 더욱이 森鴎外의 창작과 번역에 의해 문학 계몽운동이 전개되어 **浪漫主義**의 탄생을 보지만, 극단적 서구주의에 대한 반성으로 국수주의(国粋主義)의 경향이 나타난다. 이것을 배경으로 尾崎紅葉, 幸田露伴을 중심으로 한 **擬古典主義**시대가 온다. 이 紅葉을 중심으로 하는 **硯友社(けんゆうしゃ)**의 문예를 부정하는 北村透谷를 중심으로 하는 **文学界**의 사람들은 浪漫主義의 고양과 함께 종교적인 관심을 고취시키는 가운데 낭만시는 그 전성기를 구가하게 된다.
　청・일 전쟁 후 자본주의의 발전과 함께 반봉건적 사회의 모순을 지적하는 観念小説, 深刻小説의 출현을 보게 된다. 러・일 전쟁에 의해 사회는 근대적 자본주의가 급속히 성장 하지만, 반면에 사회적인 모순이 심각해지는 가운데, 19세기말 유럽에서 일어난 근대 과학정신과 이어진 자연주의운동은 현실의 어두운 면을 표현함과 동시에 자아의 고백을 통해 개인의 해방을 추구하게 됨에 따라 근대문학의 성립기를 맞이하게 된다.

정답 ③

[문제281] 夏目漱石の初期の代表作で、行動的正義派の中学教師の活躍を描いた作品は何か。

【近代—反自然主義】

① **赤ちゃん**
② こころ
③ 坊っちゃん
④ 田舎教師
⑤ 青年

해설

이 작품은 夏目漱石가 1890(明治 23)년 동경제국대학(동경대) 영문과를 졸업하고 1895년부터 1년 동안 四国의 松山중학교의 영어 교사로 재직했던 경험을 살려서 10년 후에 발표한 작품이다. 다양한 개성의 인물들을 설정해 놓고서 작가는 삶과 시대를 이야기 한다. 또한 이 작품은 成長小説로서 유년 시절부터 청년 시절에 이르는 사이에 자기를 발견하고 정신적으로 성장하는 과정을 묘사한 소설을 말하며, 세상 물정을 모르는 주인공 도련님은 사회의 부조리와 위선에 맞서는 활약상을 통해 양심을 갖고 윤리관(倫理観)을 추구하면서 세상물정을 알기까지의 과정을 묘사한다.

정답) ①

[문제282] 大阪船場の旧家の美しい四人姉妹を中心に、人の世の移り変わり、四季折々の自然の推移を交えた作品「細雪」の作者は誰か。

【近代—耽美派】

① 野間宏
② 石川達三
③ **谷崎潤一郎**
④ 夏目漱石
⑤ 森鴎外

해설

細雪(ささめゆき)는 谷崎潤一郎(たにざきじゅんいちろう; 1886-1965)의 작품으로 1943년 『**中央公論**』에 일부 발표되었다. 大阪・芦屋에 있는 薪岡家의 아름다운 4人姉妹가 엮어가는 이야기로 전통적인 **일본미(日本美)** 속에 작자의 **여성관(女性観)**이 나타나 있는 **장편소설(長編小説)**이다.

정답) ③

[문제283] 動物に仮託して人間の孤独・傲慢・卑小性を描いた作品『山椒魚』の作者は誰か。

【現代—新興芸術派】

① 石川淳
② 庄野潤三

③ 北杜夫
④ **井伏鱒二**
⑤ 高橋和己

해설

문제151을 참조할 것.

정답) ④

[문제284] 小説『蔵の中』『苦の世界』、評論『芥川竜之介』の作者は誰か。

【近代―私小説】

① 北村透谷
② 小林秀雄
③ 中村光夫
④ 坪内逍遥
⑤ **宇野浩二**

해설

宇野浩二(うのこうじ；1891-1961): 福岡(ふくおか)시에서 태어남. 早稲田(わせだ) 대학을 중퇴. 私小説인『蔵の中』『苦の世界』는 작자 자신의 신변에서 취재하여 자기의 생활체험을 토대로 독특한 이야기 방식을 취하여 웃음의 문학(笑いの文学)을 수립한다. 후년에는 현실적인 작풍으로 전환하여『枯木のある風景』,『子の来歴』,『思ひ川』등의 작품을 남겼다.

정답) ⑤

[문제285] 佐々木信綱が主宰していた短歌雑誌はどれか。

【近代―短歌】

① アララギ
② 白樺
③ **心の花**
④ サラダ記念日
⑤ ホトトギス

해설

短歌의 개량운동은 1893년 **落合直文(おちあいなおぶむ；1861-1903)**가「あさ香社」를 결성하여 구 단가를 비판하고 단가의 근대화를 시도하게 되어 구체적인 실천에 옮겨졌다. 그는 시집『心の花』(1898)가 있고 그의 가풍은 온화하며 平明하며, 万葉集 연구로도 알려져 있다. 가집 『思草(おもいぐさ)』이 있고, 『日本歌学史』 등의 저서가 있다.

정답) ③

田山花袋(たやまかたい)의 작품해설 및 줄거리

『蒲団(ふとん)』

藤村의 『破戒』에 이어서 明治40년(1907년)『蒲団(ふとん)』을 발표한 그는 이른바 「노골적인 묘사」로 중년 작가의 내면을 대담하게 폭로하고 세간의 반향을 불러일으켰다. 그리고 『生』, 『妻』, 『縁』의 자전적 3부작으로 사소설(私小說)로서의 지위를 다지고 일체의 주관을 배제하여 대상을 있는 그대로 묘사하는 평면묘사를 추구하여 『田舎教師』에서 더욱 철저히 하여 작품에 반영하였다.

단편소설. 明治40년 「新詳説」에 발표. 자신이 경험한 중년 작가의 여자 제자에 대한 연정을 그리고 그 사생활을 적나라하게 고백한 작품. 이것에 의해 일본 자연주의의 나아갈 방향이 제시되었다고 할 수 있다. 또한 사소설 최초의 작품이기도 하다.

이 작품의 줄거리를 살펴보면, 가정생활에 권태(倦怠)를 느끼고 있던 중년의 작가 竹中時雄(たけなかときお)의 집에 젊고 아름다운 여성 横山芳子(よこやまよしこ)가 제자로 들어온다. 時雄는 차츰 이 제자에게로 마음이 기울어져 간다. 하지만, 時雄의 생각과는 정반대로 芳子에게는 애인이 생겨버린다. 그것을 알았을 때 질투를 느낀 나머지, 芳子를 보호하려는 마음에서 그녀를 고향으로 돌려 보내버린다. 그녀가 떠난 후 時雄는 그녀의 체향(体香)이 남아있는 이불에다 얼굴을 묻고 흐느껴 운다.

『田舎教師(いなかきょうし)』

이 소설의 주인공인 林清三는 小林秀三이라는 모델인물이 있었다. 작자는 의형제이자 시인인 太田玉茗의 절에서 그 청년을 만난 적이 있고, 그가 죽은 후, 太田의 손에 있었던 일기를 빌려 읽고 강한 감동을 받아 현지답사를 거듭한다. 그리고 나서 오랫동안 머리를 짜낸 끝에 明治42년(1909년) 10월 새로 쓴 단행본으로 정리하여 佐久良書房에서 출판하였다. 이 소설은 발표되자마자 호평을 받았으며 「생동감 있는 인생이 충실하고 살아있는 묘사로 생생하게 그려져 있다」고 높이 평가 받았다.

이 작품의 줄거리를 살펴보면 다음과 같다. 清三의 생활은 점점 거칠어져 가고 차츰 借金이 늘어만 간다. 봄까지 여자친구의 모습을 피하여 유곽의 여자가 있는 곳에 계속 나가지만 이윽고 몸값을 치르고 자취를 감추어버린다. 그 해 9월, 清三는 동경에 나와 관비가 나오는 음악학교의 시험을 보지만, 1차에서 떨어지고 친구에게도 말하지 않고 혼자서 쓸쓸하게 돌아온다. 그 무렵부터 清三는 급격히 사람이 바뀌어 성실해지고 다시 일어서려고 한다. 도리어 시골교사라는 점에 보람을 느끼게 된다. 하지만, 이미 건강을 잃었고 羽生으로 이사한 집에서 병고에 시달리게 된다. 청일전쟁에서 일본군이 遼陽을 함락시킨 것을 축하하는 축하연이 있는 날, 쵸우쩡 행열의 만세를 부르는 마을 사람들의 떠들썩한 목소리를 들으면서 清三은 짧은 생애를 마친다.

※ 청일전쟁(清日戰爭) : 1894년 7월부터 95년 4월까지 조선에 대한 지배권을 두고 청나라와 일본이 벌인 전쟁. 일본은 明治維新 이래 국력이 급속히 신장하여 정한론(征韓論)이 대두되는 등, 조선에 대하여 세력을 넓히려는 움직임이 고조되고 있었다.

[문제286] 永井荷風の作品で、新橋の花柳界に材を取り、江戸戯作風に情痴の世界を描いた作品は何か。
【近代―耽美派】

① 白い人
② 日輪
③ 天の夕顔
④ 斜陽
⑤ 腕くらべ

해설

미국, 프랑스를 여행한 기념으로 쓴 『あめりか物語』, 『ふらんす物語』한 그는 明治文明에 대한 비판에서 江戸文学에 대해 관심을 보여 풍속소설 『すみだ川』를 낳고, 또한 『腕くらべ』, 『おかめ笹(ざさ)』 등의 花柳界(かりゅうかい)에서 취재한 향락적 작품을 썼다. 幸徳秋水事件에 있어서의 자기태도를 부끄럽게 여겨 스스로를 江戸戯作者(えどげさくしゃ)라 하여 비하(卑下)하는 태도를 보였다.

정답) ⑤

[문제287] キリスト教から社会主義へと転換した、白樺派の中で異質の個性をもっていた作家は誰か。
【近代―白樺派】

① 有島武郎
② 太宰治
③ 遠藤周作
④ 石川淳
⑤ 井上靖

해설

白樺派 중에서 가장 사상적으로 고민한 사람인 **有島武郎(ありしまたけお; 1878-1923)**는 처음에 기독교에서 매우 열심히 활동하였으나, 미국 유학 중에 신앙에 비판적이 되어 차츰 사회주의에 관심을 가지기 시작했다. 그의 대표작인 『或る女』는 풍속에 저항하여 자유분방하게 살다가 파멸에 이르는 주인공의 삶의 고통을 호소한 것이다. 뒤이어 발표된 『カインの末裔(まつえい)』(1917), 『生まれ出る悩み』(1918)에서도 미친 듯이 분방하는 생명력이나 노동생활의 괴로움을 묘사하고 있으나, 때마침 유행하던 사회주의적 풍조 속에서 사는 지식인의 역할에 고민하면서 『宣言一つ』(1922)를 발표했다. 자살로 끝맺는 그의 삶은 大正期의 지식인에게 커다란 반향을 불러 일으켰다.

정답) ①

[문제288] 『業苦』『崖の下』などを書いた私小説作家は誰か。

【近代―新興芸術派】

① 吉行淳之介
② 井上光晴
③ 中村光夫
④ **嘉村礒多**
⑤ 三浦哲郎

해설

嘉村礒多(かむらいそた；1897-1933): 신감각파를 계승한 예술적 근대파가 뭉쳐서 좌익문학의 진출에 대항하여 형성한 신흥예술파(新興芸術派) 작가로 자기폭로적인 사소설(私小説)로 알려져 있다. 그의 작품에는 『途上(とじょう)』(1932), 『業苦』, 『崖の下』 등이 있다.

정답) ④

[문제289] 昭和三年に結成された全日本無産者芸術連盟(ナップ)の機関誌は何か。

【近代―左翼文学】

① 文芸読本
② 文芸春秋
③ 近代文学
④ 反旗
⑤ **戦旗**

해설

좌익문학은 1921년 반전평화와 피압박계급의 해방을 외치면서 나온 잡지 『種蒔く人』의 창간에서 시작하여 관동대지진(1923) 후의 탄압으로 한때 주춤했다가 1924년의 『文芸戦線』의 창간으로 활기를 되찾았다. 1925년에는 좌익문예연맹의 결성을 보았고, 그 뒤 정치이론과 예술이론에 의해 분열과 항쟁을 되풀이하면서도 1928년 전일본무산자예술연맹(全日本無産者芸術連盟)의 조직, 기간지 『**戦旗(せんき)**』의 발간 등으로 급진적 경향을 보였다. 1931년 만주사변을 계기로 심한 탄압이 계속되자 1933-34년에 이르러 転向作家를 내면서 좌익문학 조직은 해체되고 이 운동은 붕괴되었다.

정답) ⑤

[문제290] 三好達治の詩集はどれか。

【現代―モダニズム詩】

① 海潮音
② 邪宗門
③ 若菜集

④ 測量船
⑤ 月に吠える

> **해 설**

三好達治 (みよしたつじ ; 1900-1964) : 프랑스의 초현실주의 운동이 소개되어 산문에 있어서의 예술적 근대파의 대두와 때를 같이 하여 모더니즘의 시도 그 빛을 나타내기 시작하였다. 이와 같은 움직임에 크게 영향을 끼친 것이 堀口大学(ほりぐちだいがく ; 1892-1981)의 번역시집『月下の一群』(1925)이다. 이와 같은 초현실주의의 詩 전개는 1928년에 창간된 詩誌『詩と詩論』에 의거했는데, 그 중심작가는 北川冬彦(きたがわふゆひこ), 春山行夫(はるやまゆきお ; 1902-94), 西脇順三郎(にしわきじゅんざぶろう ; 1894-1982), 三好達治(みよしたつじ), 北園克枝(きたぞのかつえ ; 1902-78) 등이 있다. 이 파의 대표적인 시집에는 堀川春彦의『戦争』(1929), 三好達治의『測量船(そくりょうせん)』(1930), 西脇順三郎의『Ambarvalia』(1933), 村野四良의『体操詩集』(1939), 春山行夫의『植物の断面』(1929), 北園克衛의『白のアルバム』(1929) 등이 있다.

정답 ④

[문제291] 夏目漱石最高の作を予想させながら、未完に終わった最後の作品は何か。

【近代—反自然主義】

① 未完成
② 明暗
③ 未完の大器
④ 野分
⑤ あれから

> **해 설**

문제41과 문제90을 참조할 것.

정답 ②

[문제292] 13世紀初め、「今昔物語集」の補遺の意で名付けた仏教や世事に関する奇談が多い説話集を何というか。

【中世—世俗説話】

① 宇治拾遺物語
② 十訓抄
③ 愚管抄
④ 沙石集
⑤ 古今著聞集

해설
문제134와 칼럼[1]을 참조할 것.

정답) ①

[문제293] 短歌の上の句と下の句とを交互に詠み連ね、二人で唱和して一首とするものを何と言うか。

【中世―連歌】

① 歌合
② 連句
③ 歌会
④ **連歌**
⑤ 百人一首

해설
連歌는 단가의 상구(上の句)5・7・5와 하구(下の句)7・7을 다른 사람이 불러 그것을 합쳐서 한수로 하는 놀이에서 출발하였는데 한수를 두 사람이 불러서 합쳐 가는 連歌는 이미 『万葉集』에서도 볼 수 있다. 그리하여 중고의 후반기에 와서 점차로 성행하여 勅撰和歌集인 『金葉和歌集』에는 連歌부를 두게 되었으며, 평안말기에는 5・7・5, 7・7, 5・7・5, 7・7, 5・7・5, 7・7, ……을 되풀이하여 마치 쇠사슬처럼 끝없이 이어가는 鎖連歌(長連歌)가 나타나기에 이르렀다.

정답) ④

[문제294] 夫藤原兼家との結婚生活を記す自叙伝的日記は何か。

【中古―日記文学】

① 土佐日記
② 讚岐典侍日記
③ **蜻蛉日記**
④ 更級日記
⑤ 十六夜日記

해설
문제132를 참조할 것.

右大将軍道綱의 어머니(藤原倫寧의 딸 ?-995)가 남편 兼家(929-990)와의 20여년간에 걸친 결혼생활을 통해 아내나 어머니로서의 고뇌와 사랑을 솔직하게 기록한 최초의 여류일기이다.

정답) ③

[문제295] 浪漫詩を推進した雑誌『文学界』の中心人物で、劇詩『楚囚之詩』『蓬莱曲』を発表したのは誰か。
【近代―自律詩】

① 蒲原有明
② 土井晩翠
③ 北原白秋
④ **北村透谷**
⑤ 薄田泣菫

해설

낭만파의 문학지『文学界』의 동인이던 北村透谷(きたむらとうこく)는『於母影(おもかげ)』의 낭만적인 시정을 이어받아 자유율의 장시『楚囚之詩(そしゅうのし)』, 정열적인 극시『蓬莱曲(ほうらいきょく)』를 발표했다.

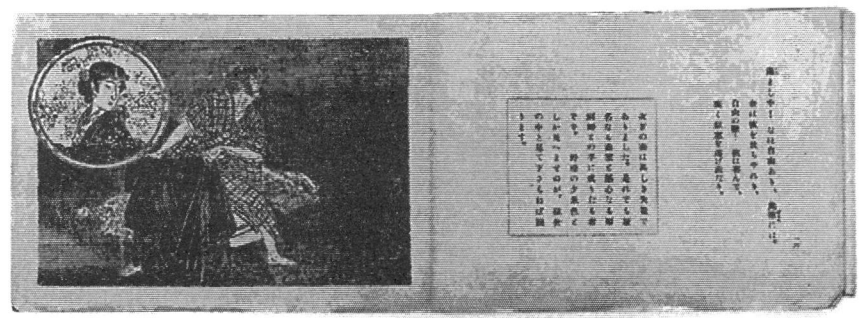

北村透谷著 明22.4 春祥堂

정답 ④

[문제296]『大和物語』のような和歌を中心に据えた物語が流行したのはいつか。
【中古―歌物語】

① 奈良時代
② 室町時代
③ **平安時代**
④ 江戸時代
⑤ 鎌倉時代

해설

문제241을 참조할 것.

정답 ④

[문제297] 和漢朗詠集の撰者は誰か。

【中古―和歌と漢詩の歌詞集】

① 藤原不比等
② 藤原定家
③ 藤原隆家
④ **藤原公任**
⑤ 藤原有家

해설

가요(歌謡)는 음악이나 춤을 수반하는 시가를 말한다. 예전에는 가요와 和歌를 나누지 않았으나, 平安時代가 되어 양자가 나누어져 발달했다.

[上代]

祝詞(のりと) : 궁정의 의식이나 신사의 제례에서 연주되는 신악(神楽)의 가사로 오래된 민요를 중고시대에 와서 정비한 것이다.
宣命(せんみょう) : 원래는 천황의 명령을 알려준다는 뜻이었는데, 나중에 가서 그 문장을 가리키게 된다. 나아가서는 한문체로 쓰인 조칙(詔勅)에 대한 말로 현존하는 것에는 『続日本紀』에 수록된 62편의 오래된 것이 있다.

[中古]

神楽(かぐら) : 신전에서 연주되는 가무의 가사
催馬楽(さいばら) : 귀족들의 연회에 쓰이던 여러 지방의 민요인 풍속가와 민요를 아악에 맞춘 것이다.
和漢朗詠集(わかんろうえいしゅう) : 선자(撰者)의 藤原公任이며 和漢의 한시나 和歌를 모은 것이다.
今様(いまよう) : 催馬楽 등의 고정된 가요(歌謡)에 대해서 현대풍인 것이다.
梁塵秘抄(りょうじんひしょう) : 12세기 후반 後白河法皇撰(ごしらかわほうおう ; 1127-92)이 선자(撰者)이다.

정답) ④

[문제298] 松尾芭蕉の死を囲む門人達の有り様を描いた作品『枯野抄』の作者は誰か。

【近代―王朝物】

① 向井去来
② 開高健
③ 大岡昇平
④ 梅崎春生
⑤ **芥川龍之介**

해설

문제118을 참조할 것.

정답) ⑤

[문제299] もと北面の武士で、出家して諸国を行脚した鎌倉時代の代表的歌人といえば誰か。

【中古―『山家集』】

① 法然
② **西行**
③ 文覚
④ 親鸞
⑤ 遍昭

해설

西行(さいぎょう;1118-1192): 그는 藤原俊成(ふじわらとしなり)와 함께 『千載集(せんざいしゅう)』시대를 빛낸 가인이다. 그는 원래 무사였으나 23세에 출가하여 각지를 편력하면서 자연을 가까이 하고 유한 노래를 남겼다. 私家集에는 鎌倉시대 때 성립된 『山家集(さんかしゅう)』가 유명하다. 성립시대와 편자가 누구인지 확실하지 않지만, 西行의 노래 약1,600수가 수록되어 있다. 솔직하고 평명한 가풍에 의해 자연과 인간을 노래하였으며 후세 사람들에게 많은 영향을 전해 주었다.

西行

정답) ②

[문제300] 欧化主義に対し伝統的な江戸趣味と近代的写実主義をもって文芸作品の大衆化を図った硯友社の機関誌は何か。

【硯友社―擬古典主義】

① **我楽多文庫**
② 白樺
③ 文学界

④ しがらみ草子
⑤ 早稲田文学

해설

문제14번을 참조할 것.

정답) ①

谷崎純一郎(たにざきじゅんいちろう)

탐미적 자세의 저면에 문명비평가로서의 의식이 흐르고 있었던 永井荷風와는 달리 純一郎는 여성미의 관능에 도취하여 여성의 매력을 그렸다. 비뚤어진 애욕을 추구하고 이상한 제재와 퇴폐적인 미를 좋아하여 그린 그의 작품은 악마주의(悪魔主義)라 불리고 미적 감각이 풍부한 사상성이 없는 작가라 비평 받았다. 하지만 그의 풍요로운 상상력과 현란(絢爛)한 문체는 특히 주목된다. 출세작(出世作)인『刺青(しせい)』를 비롯하여,『悪魔(あくま)』,『痴人(ちじん)の愛』등의 작품을 발표했다. 동경에서 関西(かんさい)로 이주하게 되고나서부터는 서구풍인 모더니즘을 떠나 관심이 순수 일본적인 것으로 집중하고 고전주의(古典主義)라 불리는 수수하고도 정취가 깊은 작품을 쓰게 되었다.

그 외 佐藤春夫(さとうはるお)의『田園の憂欝』『都会の憂欝』등이 있고, 久保田万太郎(くぼたまんたろう) 등도 탐미적 경향의 작가이다.

『刺青(しせい)』의 작품해설 및 줄거리

* 明治43년(1910년) 11월「新思潮」에 발표됨.

『刺青』는 최초에 「모든 아름다운 자는 강자이고 흉한 자는 약자이다」라 쓰여 있듯이 <美>라는 것에 대한 작자의 강한 동경이 주제이다. 애교가 많은 한 사람의 미인이 문신을 하게 됨으로써 자신 내부에 있는 여성으로서의 생명을 확실히 자각한다. 그러한 여자가 사디즘(sadism)의 희생이 되는 것에 무한한 기쁨을 느끼는 남자의 마조히즘(masochism)이 있고 또한 남자의 열정을 흡수한 여자가「진정한 아름다운 여자」로 변신하고 악도 부덕도 나아가 받아들이는 기분이 들었다고 하는 줄거리이다.

때마침 당시는 자연주의의 전성시대로 자연주의의 자전적인 어두운 작품에 반발한 젊은 시인과 예술가들은 대항하여 탐미파 그룹「パンの会」를 결성하고 大川端를 세느강 강변에 비유하여 江戸정취와 이국정서가 교차한 신기한 분위기를 향수하고 있었다. 그러한 시대였던 만큼 江戸정취와 유미주의, 예술지상을 강열하게 나타낸 이 현란한 소설의 출현은 문단에도 놀라운 반향을 불러일으켰다. 純一郎가 가장 존경하고 있었던 永井荷風는「三田文学」『谷崎純一郎氏の作品』을 쓰고,「明治시대의 문단에 있어 오늘날까지 누구 한 사람 손을 댈 수가 없었던 혹은 손을 대려고도 하지 않았던 예술의 한 단면을 개척한 성공자」「현대의 作家가 누구 한 사람 갖고 있지 않는 특종의 소질과 기능을 완전히 구비하고 있다」고 지적하고「육체적인 공포에서 생기는 神秘 幽玄」「육체상의 잔인(残忍)에서 반동적으로 맛볼 수 있는 쾌감이 있다」고 격찬하였다.

谷崎純一郎는 영국의 유미주의 작가 오스카와일드의 영향을 받고 예술가 미소년을 찬미하는 그 작품에 매료되어,『刺青』에서는 미소년을 미소녀로 바꿔두고 江戸의 세계로 대체하여 자신의 동경을 강열하게 불태웠던 것이다.

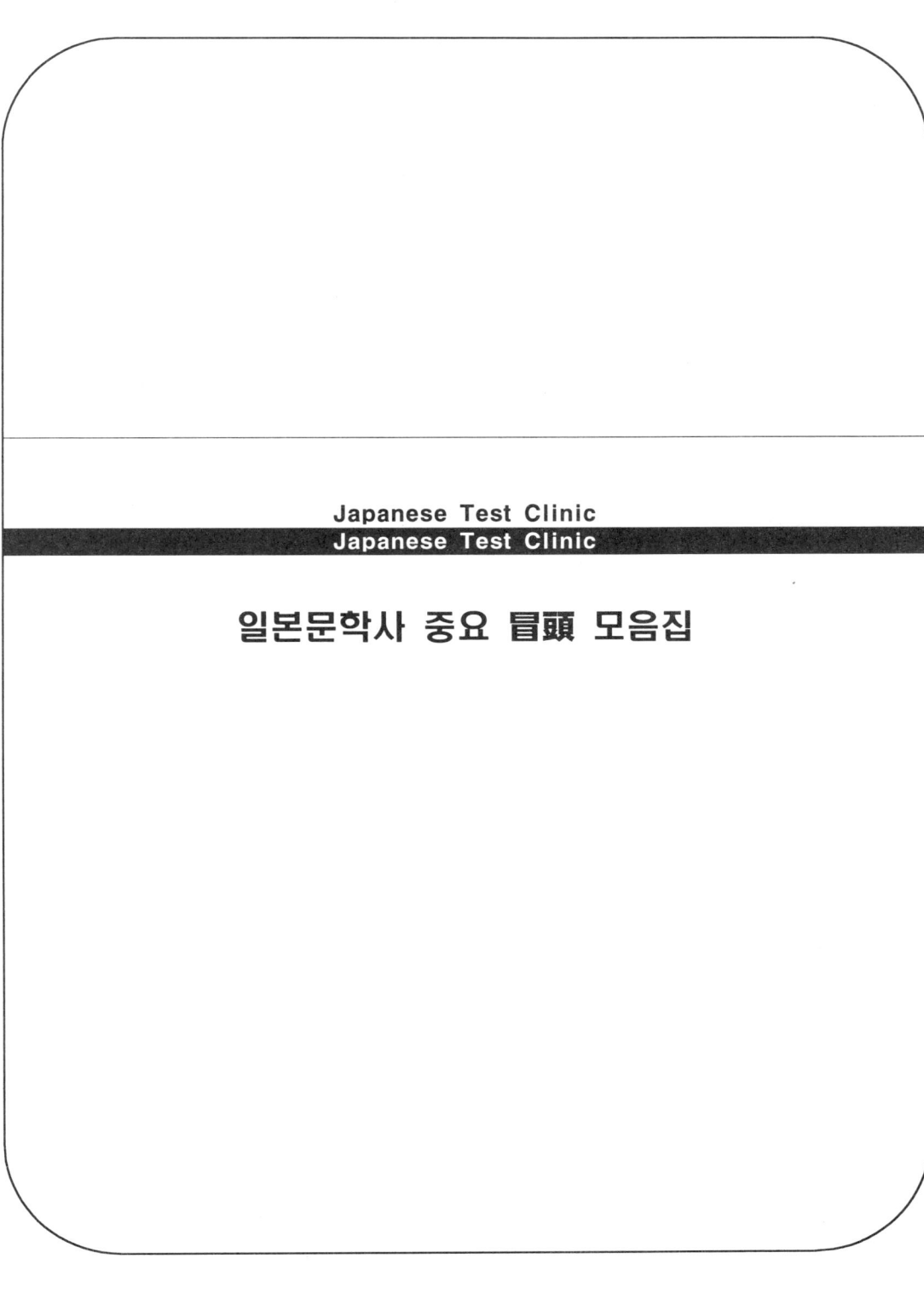

일본문학사 중요 冒頭 모음집

Ⅰ. 奈良時代

『古事記』(712年成立)　誦習・稗田阿礼　採録・太安万侶　장르・神話

　天地(アメツチ)初めて発(ヒラ)けし時、高天原(タカアマノハラ)に成りし神の名は、天之御中主神(アメノミナカヌシノカミ)、次に高御産巣日神(タカミムスヒノカミ)、次に神産巣日神(カムムスヒノカミ)。この三柱の神は、みな独神(ヒトリガミ)と成りまして、身を隠したまひき。

Ⅱ. 平安時代

1. 『古今和歌集』(905年成立)　醍醐天皇勅令　紀貫之ら　장르・勅撰和歌集

　やまとうたは、人の心を種として、万(ヨロヅ)の言の葉とぞなれりける。世の中にある人、ことわざ繁きものなれば、心に思ふことを、見るもの聞くものにつけて、言ひ出せるなり。

2. 『竹取物語』(910年以前成立)　작자・未詳　장르・擬古物語

　今は昔、竹取の翁といふものありけり。野山にまじりて竹を取りつつ、万の事に使ひけり。名をばさぬきのみやつことなん言ひける。

3. 『土佐日記』(935年頃成立)　작자・紀貫之　장르・日記

　男もすなる日記(ニキ)といふものを女もしてみんとてするなり。それの年の、しはすの、二十日あまり一日の日の、戌(ヰヌ)のときに門出す。そのよしいささかにものに書きつく。

4. 『伊勢物語』(956年以後成立)　작자・未詳　장르・歌物語

　昔、男初冠(ウヒカウブリ)して、平城の京春日の里に、しるよしして、狩にいにけり。その里に、いとなまめいたる女はらから住みけり。この男かいまみてけり。

5. 『蜻蛉日記』(974年以後成立)　작자・右大将道綱母　장르・日記

　かくありし時過ぎて、世の中にいとものはかなく、とにもかくにもつかで、世に経る人ありけり。

6. 『枕草子』(996年頃成立)　작자・清少納言　장르・随筆

　春は、曙。やうやう白くなりゆく山ぎは、すこし明りて、紫だちたる雲の細くたなびきたる。

7. 『和泉式部日記』(1004年以後成立)　작자・和泉式部　장르・日記

　ゆめよりもはかなき世の中をなげきわびつつあかしくらすほどに、四月十よひにもなりぬれば、木のしたくらがりもてゆく。

8. 『源氏物語』(1008年頃成立)　작자・紫式部　장르・物語

　いづれのおほん時にか、女御更衣あまた侍ひ給ひけるなかに、いとやむごとなききはにはあらぬが、すぐれて時めき給ふありけり。

9. 『紫式部日記』(1010年頃成立)　작자・紫式部　장르・日記

　秋のけはひ入り立つままに、土御門殿(ツチミカドデン)のありさま、いはむかたなくをかし。

10. 『更級日記』(1059年頃成立)　작자・菅原孝標女　장르・日記

　あづまぢの道のはてよりも、なほ奥つかたに生ひ出でたる人、いかばかりかはあやしかりけむを、いかに思ひはじめける事にか、世の中に物語といふ物のあんなるを、いかで見ばやと思ひつつ、つれづれなる昼間・宵居(ヨイヰ)などに、姉・まま母などやうの人々の、その物語・かの物語・光源氏のあるやうなど、ところどころ語るを聞くに、いとどゆかしさまされど、わが思ふままに、そらにいかでかおぼえ語らむ。

III. 鎌倉時代

1. 『方丈記』(1212年成立)　작자・鴨長明　장르・随筆

　行く河の流れは絶えずして、しかも、もとの水にあらず。よどみに浮ぶうたかたは、かつ消え、かつ結びて、久しくとどまりたる例なし。

2. 『平家物語』(1219年以前成立)　작자・未詳　장르・軍記

　祇園精舎の鐘の声、諸行無常の響きあり。娑羅双樹の花の色、盛者必衰の理をあらはす。おごれる人も久しからず。唯春の夜の夢のごとし。

3. 『徒然草』(1330年頃成立)　작자・吉田兼好　장르・随筆

　つれづれなるままに、日ぐらしすずりにむかひて、心にうつりゆくよしなしごとを、そこはかとなく書きつくれば、あやしうこそものぐるほしけれ。

IV. 江戸時代

1. 『好色一代男』(1682年成立)　작자・井原西鶴　장르・浮世草子

　桜もちるに歎き、月はかぎりありて入佐山。爰(ココ)に但馬の国かねほる里の辺(ホトリ)に、浮世の事を外になして、色道ふたつに寝ても覚ても夢介とかえ名よばれて、名古や三左・加賀の八などと、七つ紋のひしにくみして、身は酒にひたし、一条通り夜更て戻り橋。ある時は若衆出立、姿をかえて墨染の長袖、又はたて髪かつら、化物が通るとは誠にこれぞかし。

2. 『奥の細道』(1702年成立)　작자・松尾芭蕉　장르・俳諧紀行

　月日は百代の過客にして、行かふ年も又旅人なり。舟の上に生涯をうかべ、馬の口とらへて老をむかふる者は、日々旅にして旅を栖とす。古人も多く旅に死せるあり。

3. 『曾根崎心中』(1703年成立)　작자・近松門左衛門　장르・浄瑠璃

　げにや安楽の世界より今この娑婆に示現して我等がための観世音仰ぐも高し。高き屋に上りて民の賑ひを契りおきてし難波津やみつづゝ十とみつの里札所々々の霊地霊仏。巡れば罪もなつの雲あつくろしとして駕籠をはやおりはのこひ目三六の十八、九なつかほり花

VI. 明治時代

1. 二葉亭四迷(元治元年[1864]-明治42年[1909])

　『浮雲』(明治20年1887)
　千早振る神無月ももはや跡二日の余波となった二十八日の午後三時頃に、神田見附の内より、塗渡る蟻、散る蜘蛛の子とようよぞよぞよ沸出でて来るのは、孰(イズ)れも頤(オトガイ)を気にし給う方々。

2. 森鴎外(文久2年[1862]-大正11年[1922])

　『舞姫』(明治23年[1890年])
　石炭をばはや積み果てつ。中等室の卓のほとりはいと静かにて、熾熱灯(シネツトウ)の光の晴れがましきも徒なり。

　『高瀬舟』(大正5年[1916年])
　高瀬舟は京都の高瀬川を上下する小舟である。徳川時代に罪人が遠島を申し渡されると、本人の親類が牢屋敷へ呼び出されて、そこで暇乞いをすることを許された。

3. 樋口一葉(明治5年[1872]-明治29年[1896])

　『たけくらべ』(明治28年[1895])
　廻れば大門の見返り柳いと長けれど、お歯ぐろ溝(ドブ)に灯火うつる三階の騒ぎも手に取る如く、明けくれなしの車の行来にはかり知られぬ全盛をうらないて……。

　『にごりえ』(明治28年[1895])
　おい木村さん信さん寄つてお出よ、お寄りといつたら寄つても宜いではないか、又素通りで二葉やへ行く気だらう、

4. 尾崎紅葉(慶応3年[1867]-明治36年[1903])

『金色夜叉』(明治30年[1897])
　未だ宵ながら松立てる門は一様に鎖籠めて、真直ぐに長く東より西に横はれる大道は掃きたるやうに物の影を留めず、いと寂しく往来の絶えたるに、例ならず繁き車輪の輾(キシリ)は、あるいは忙かりし、

5. 国木田独歩(明治4年[1871]-明治41年[1908])

『武蔵野』(明治31年[1898])
「武蔵野の俤(オモカゲ)は今わずかに入間郡の残れり」と自分は文政年間に出来た地図で見た事がある。

6. 泉鏡花(明治6年[1873]-昭和14年[1939])

『高野聖』(明治33年[1900])
「参謀本部編纂の地図をまた繰り開いて見るでもなかろう、と思ったけれども、あまりの道じゃから、手を触るさえ暑くるしい、旅の法衣(コロモ)の袖をかかげて、表紙を附けた折り本になっているのを引っ張り出した。

7. 夏目漱石(慶応3年[1867]-大正5年[1916])

『吾輩は猫である』(明治38年[1905])
　吾輩は猫である。名前はまだない。どこで生まれたか頓と見当がつかぬ。何でも薄暗いじめじめした所でニャーニャー泣いていた事だけは記憶している。

『坊ちゃん』(明治39年[1906])
　親譲りの無鉄砲で子供の時から損ばかりしている。小学校にいる時分学校の二階から飛び降りて一週間ほど腰を抜かした事はある。

『草枕』(明治398年[1906])
　山路を登りながら、かう考へた。智に働けば角が立つ。情に棹させば流される。意地を通せば窮屈だ。兎角に人の世は住みにくい。

『こころ』(大正3年[1914])
　私はその人を常に先生と呼んでいた。だからここでただ先生と書くだけで本名は打ち明けな

い。これは世間をはばかる遠慮というよりも、そのほうが私にとって自然だからである。★島崎藤村(明治5年[1872]-昭和18年[1943])

『破戒』(明治39年[1906])
蓮華寺は下宿を兼ねた。瀬川丑松が急に転宿(ヤドガエ)を思い立って、借りることにした部屋というのは、その蔵裏(クリ)つづきにある二階の角のところ。

『夜明け前』(昭和4年[1929])
木曾路はすべて山の中である。あるところは岨(ソバ)づたいに行く崖の道でり、あるところは数十間の深さに臨む木曾川の岸であり、あるところは山の尾をめぐる谷の入り口である。一筋の街道はこの深い森林地帯を貫いていた。

8. 伊藤左千夫(文治元年[1864]-大正2年[1913])

『野菊の墓』(明治39年[966])
後の月という時分が来ると、どうも思わずにはいられない。幼い訳とは思うが何分にも忘れることができない。

9. 田山花袋(明治4年[1871]-昭和5年[1930])

『蒲団』(明治40年[1907])
小石川の切支丹坂(キリシタン)から極楽水に出る道のだらだら坂を下りようとしてかれは考えた。「これで自分と彼女との関係は一段落を告げた。……」

『田舎教師』(明治42年[1909])
四里の道は長かった。その間に青縞の市の立つ羽生の町があった。田圃にはげんげが咲き豪家の垣からは八重桜が散りこぼれた。赤い蹴出(ケダシ)を出した田舎の姐さんがおりおり通った。

VII. 大正時代

1. 芥川竜之介(明治25年[1892]-昭和2年[1927])

『羅生門』(大正4年[1915])
或日の暮方の事である。一人の下人が、羅生門の下で雨やみを待っていた。広い門の下にはこの

男の外に誰もいない。唯、所々丹塗(ニヌリ)の剥げた、大きな円柱に、蟋蟀(キリギリス)が一匹とまっている。

Ⅷ. 昭和時代

1. 谷崎潤一郎(明治19年[1886]-昭和40年[1965])

『刺青』(明治43年[1910])
それはまだ人々が「愚」と云う貴い徳を持って居て、世の中が今のように激しく軋(キシ)み合わない時分であった。

『細雪』(昭和18年[1943])
「こいさん、頼むわ。―」鏡の中で、廊下からうしろへ這入って来た妙子を見ると、自分で襟を塗りかけていた刷毛(ハケ)を渡して、其方は見ずに、眼の前に映っている長襦袢(ジュバン)姿の、抜き衣紋(エモン)の顔を他人の顔のように見据えながら……。

2. 志賀直哉(明治16年[1883]-昭和46年[1971])

『城の崎にて』(大正6年[1917])
山の手線に跳ね飛ばされて怪我をした、その後養生に、一人で但馬の城崎温泉へ出掛けた。

『暗夜行路』(大正10年[1921])
私が自分の祖父のある事を知ったのは、私の母が産後の病気で死に、その後二月程経って不意に祖父が私の前に現れてきた、その時であった。私の六歳の時であった。

3. 武者小路実篤(明治18年[1885]-昭和51年[1976])

『友情』(大正8年[1919])
野島がはじめて杉子に会ったのは帝劇の二階の正面の廊下だった。野島は脚本家をもって私かに任じてはいたが、芝居を見る事は稀だった。

4. 梶井基次郎(明治34年[1901]-昭和7年[1932])

『檸檬』(大正14年[1925])
えたいの知れない不吉な塊が私の心を始終圧えつけていた。焦燥と云おうか、嫌悪と云おうか―酒を飲んだあとに宿酔(フツカヨイ)があるように、酒を毎日飲んでいると宿酔に相当した時期がやって来る。

5. 川端康成(明治32年[1899]-昭和47年[1972])

『伊豆の踊子』(大正15年[1925])
道がつづら折りになって、いよいよ天城峠に近づいたと思う頃、雨足が杉の密林を白く染めながら、すさまじい早さで麓から私を追ってきた。

『雪国』(昭和10年[1935])
国境の長いトンネルを抜けると雪国であった。夜の底が白くなった。信号所に汽車が止まった。向こう側の座席から娘が立って来て、島村の前のガラス窓を落とした。

6. 井伏鱒二(明治31年[1898]-平成5年[1993])

『山椒魚』(昭和4年[1929])
山椒魚は悲しんだ。彼は彼の棲家である岩屋から外へ出てみようとしたのであるが、頭が出口につかへて外へ出ることができなかつたのである。

『黒い雨』(昭和40年[1965])
この数年来、小畠村の閑間(シズマ)重松は姪の矢須子のことで心に負担を感じて来た。数年来でなくて、今後とも云い知れぬ負担を感じなければならないような気持であった。

7. 太宰治(明治42年[1909]-昭和23年[1948])

『斜陽』(昭和22年[1947])
朝、食堂でスウプを一さじ、すっと吸ってお母さまが、「あ」と幽(カス)かな叫び声をおあげになった。「髪の毛?」スウプに何か、イヤなものでも入っていたのかしら、と思った。

8. 三島由紀夫(大正14年[1925]-昭和45年[1970])

『仮面の告白』(昭和24年[1949])
　永いあいだ、私は自分が生まれたときの光景を見たことがあると言い張っていた。それを言い出すたびに大人たちは笑い、しまいには自分がからかわれているのかと思って、この蒼ざめた子供らしくない子供の顔を、かるい憎しみの色さした目つきで眺めた。

『金閣寺』(昭和31年[1956])
　幼時から父は、私によく、金閣のことを語った。私の生まれたのは、舞鶴から東北の、日本海へ突き出たうらさびしい岬である。父の故郷はそこではなく、舞鶴東郊の志楽である。懇望されて、僧籍に入り、辺鄙な岬の寺の住職になり、その地で妻をもらって、私という子を設けた。

9. 安部公房(大正13年[1924]-平成5年[1993])

『砂の女』(昭和37年[1962])
　八月のある日、男が一人、行方不明になった。休暇を利用して、汽車で半日ばかり海岸に出掛けたきり、消息をたってしまったのだ。捜索願も、新聞広告も、すべて無駄におわった。

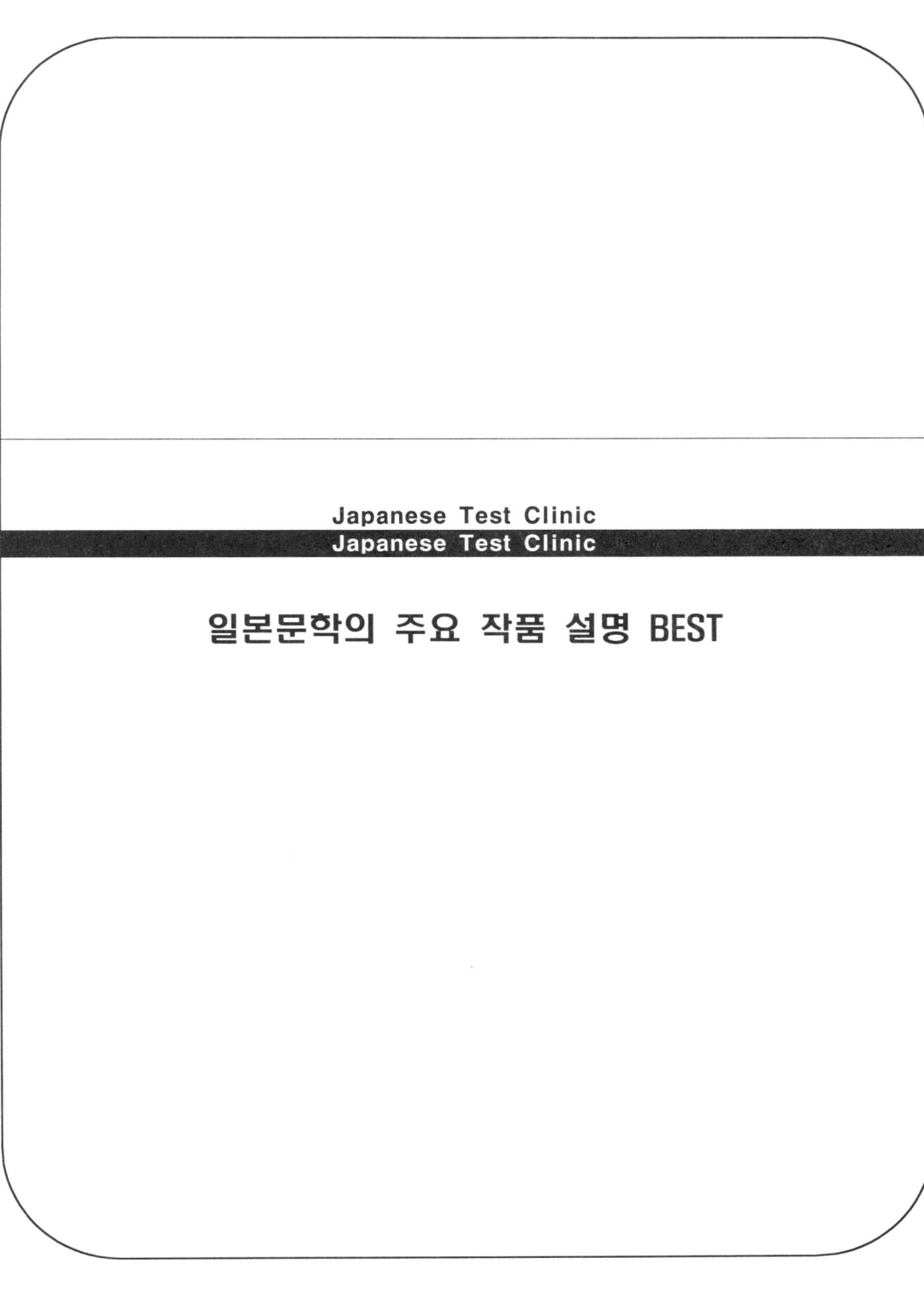

일본문학의 주요 작품 설명 BEST

[1] 赤い蝋燭と人魚(あかいろうそくとにんぎょ)

作者 : 小川未明

　大正10年(1921)、『**東京朝日新聞**』に掲載。
　北の海に住んでいた人魚が、せめて自分の子どもだけは人間の世界で育てたいと、娘を海辺の神社の下に生み落とす。近くのろうそく屋の老夫婦がその娘を拾って育てていると、見せ物師がやってきて大金でその娘を買いたいという。金に目がくらんだ老夫婦は娘を売り、売られた人魚の娘がオリに入れられて船で運ばれる途中、天罰からか、大嵐で船は沈み、町もほろんでいく。

[2] 一握の砂(いちあくのすな)

作者 : 石川啄木

　明治43年(1910)に刊行された、石川啄木の歌集。
　「東海の小島の磯の白砂にわれ泣きぬれて蟹とたはむる」は、巻頭の一首。思郷の歌や北海道時代への追懐詠が多く、啄木の**代表歌集**として広く親しまれている。

[3] 暗夜行路(あんやこうろ)

作者 : 志賀直哉

　志賀直哉唯一の長編小説。大正10年(1921)に雑誌『**改造**』に発表したのが最初。
　出生の秘密を知って苦悩する時任謙作が、結婚後、妻の過ちにも苦しみながら、最終的にはすべてを話そうという気持ちになるまでの苦悩の物語。

[4] 伊豆の踊り子(いずのおどりこ)

作者 : 川端康成

　大正15年(1926)『文芸時代』に連載(れんさい)し、出世作となった。伊豆(いず)の旅に出た高校生の

私は、天城峠(あまぎとうげ)で出会った旅芸人の踊り子にひかれ、一行と下田まで道づれになる。薫(かおる)という名の踊り子は14歳、おとなびて見えるため、私は踊り子の今夜が汚(けが)れるのではないかと眠れぬ夜を過ごす。しかし、翌朝、湯から裸(はだか)で飛び出して手を振る踊り子の子どもっぽさに、私は心に清水を感じて微笑(びしょう)する。・・・・・・少女への思慕(しぼ)を抒情的(じょじょうてき)に書きつづる『伊豆の踊り子』は初期の代表作として知られるが、そこにも作者がみずから「孤児(こじ)根性」とよぶ幼少年期の心の傷が深い影をおとしている。

[5] 田舎教師(いなかきょうし)

作者：田山花袋

　明治42年(1909)刊行。主人公の林清三が、熊谷中学を卒業後、埼玉県羽生在の小学校教員となり、村民や健福寺の住職らとの往来・交友のうちに、社会的な進路への希望も、淡(あわ)い恋愛も失い果てて、日露戦争のさなかに結核(けっかく)で死んでいくという、平凡な人間の平凡な生きざまを淡々(たんたん)たる表現で描写している。

[6] 恩讐の彼方に(おんしゅうのかなたに)

作者：菊池寛

　大正8年(1919)、『中央公論』に発表。主人を殺した市九郎と、仇討(あだう)ちにやってきた主人の遺児・実之助が、身分、仇討ちなどの封建制を超えて成長する物語。青の洞門(どうもん)の由来(ゆらい)を脚色し、ヒューマニズムに富んだ作者の代表作。

[7] 風立ちぬ(かぜたちぬ)

作者：堀 辰雄

　昭和11年(1936)発表。夏の高原にはすでに秋を思わせる涼風(りょうふう)が立ち始めていた。「私」は節子という少女と知り合い、愛し合う。ヴァレリーの「風立ちぬいざ生きめやも」という詩句をつぶやきながら、それが私の心だと思った。二年後の春、「私」は節子と婚約(こんやく)した。彼女はすでに肺結核(はいけっかく)で病床(びょうしょう)にあったが、「私、なんだか急に生きたくなったのね・・・」、「あなたのおかげで・・・」とつぶやく。節子のモデルは、堀辰雄の婚約者だった矢野綾子。綾子は昭和10年暮れに亡くなっている。散文で書かれた最も純粋な詩であるとの定評。

[8] 風の中の子供

作者 : 坪田譲治

　昭和11年(1936)に『東京朝日新聞』に連載。父の関係した会社の内紛(ないふん)が、ついに刑事事件にまで発展していく過程(かてい)のなかで、世間の冷たい風にいやおうなくさらされる善太・三平兄弟の子供らしい反応を生き生きと描写している。

[9] 風の又三郎

作者 : 宮沢賢治

　制作年代は不明。東北の自然から生れた風の又三郎の伝説を素材(そざい)とする。転校してきた高田三郎という少年を風の又三郎と思いこみ、その行動に恐怖(きょうふ)と親しみを感じるという、農村の少年たちの素朴(そぼく)な心理と生活を描き出している。

[10] 城の崎にて

作者 : 志賀直哉

　大正6年(1917)発表。療養(りょうよう)先の城の崎温泉で小動物の生と死をみつめ、命のありようを知る。心境小説の名作として後世に高く評価されている。

[11] 金閣寺(きんかくじ)

作者 : 三島由紀夫

　昭和31年(1956)、『新潮(しんちょう)』に掲載。どもりのために人生から拒(こば)まれていると信じこんだ少年が、鹿苑寺(ろくおんじ)の徒弟(とてい)となり、長じて金閣の美にとりつかれ、その幻影(げんえい)に妨(さまた)げられて女と交わることもできない。やがて金閣の支配から脱(だっ)するために放火を決行するまでの心理過程が、主人公の告白体で格調高い文体で描かれている。1950年の金閣放火事件がモデル。

[12] 銀河鉄道の夜

作者 : 宮沢賢治

　昭和2年(1927)ごろの作で、宮沢賢治の最大長編童話。少年ジョバンニとカムパネルラの二人が、

銀河鉄道で宇宙を旅する幻想的(げんそうてき)な物語。ここで表現されているのは、「みんなのほんとうのさいわい」を求める作者が夢見たユートピアの世界。

[13] 草枕(くさまくら)

作者：夏目漱石

明治39年(1906)、雑誌『新小説』に発表、漱石の初期代表作の1つ。作者が熊本の第五高等学校に在任していた頃に遊んだ小天温泉(作中では那古井)を舞台(ぶたい)に、情緒(じょうちょ)あふれる文体で非人情の世界をえがいている。

[14] 蜘蛛の糸(くものいと)

作者：芥川竜之介

大正7年(1918)、『赤い鳥』に発表された文芸童話。地獄(じごく)に落ちたカンダタが、お釈迦(しゃか)様がさしのべた蜘蛛の糸にすがって、抜け出ようとするが、我欲(がよく)を起こしたために再び地獄に落ちる。

[15] こころ

作者：夏目漱石

大正3年(1914)、朝日新聞に連載。友人の恋人を奪(うば)って、はからずも彼を自殺に追い込んだ「先生」という主人公が、その罪と恥の意識からついに自殺するまでの苦悩(くのう)に満ちた内情が、若い友人の「私」に宛(あ)てた遺書(いしょ)のかたちでつづられている。

[16] 小僧の神様

作者：志賀直哉

大正9年(1920)発表。持ち金が足りなくて、すしを食べるのをあきらめた小僧が、通りすがりの紳士(しんし)に食べさせてもらって感激する。

[17] コタンの口笛

作者 : 石森延男

　昭和32年(1957)刊行。北海道の札幌(さっぽろ)近くのコタン(アイヌ部落)に住むマサとユタカの姉弟が、理由のない差別に負けず強くたくましく生きていく物語。

[18] ごんぎつね

作者 : 新美南吉

　昭和7年(1932)、『赤い鳥』に発表。いたずらなキツネのごんは、百姓(ひゃくしょう)の兵十が苦労してとったウナギを盗(ぬす)む。しかし、兵十の母親が死んだことを知り、ウナギを食べたいと思いながら死んだのではないかと後悔(こうかい)する、償(つぐな)いのため毎日クリやマツタケをそっと兵十にとどけるが、それとは知らない兵十は火縄銃(ひなわじゅう)でごんを撃(う)ってしまう、

[19] 金色夜叉(こんじきやしゃ)

作者 : 尾崎紅葉

　明治30-35年(1897-1902)に読売新聞に連載。高等中学の生徒、間寛一は、お金のために許婚者(いいなずけ)の鴫沢宮をうばわれたことを知り、絶望の果てに冷酷(れいこく)な高利貸(こうりがし)となって、金の力で宮や世間に復讐(ふくしゅう)しようとする。宮は資産家と結婚後、はじめて自分への寛一の強い愛を知り、悔悟(かいご)にくれ、寛一に許しを請(こ)う手紙を書きつづる。一方、寛一もさまざまな体験を経て、また親友の忠告も受けいれ、塩原で情死しようとしていたお静らの純愛にも胸を打たれる。こうして、寛一の心にもようやく宮への同情がめばえ、宮の手紙を読むようになった。作者が病死したため、この小説はここで終わっているが、のち、小栗風葉が『終編金色夜叉』を書き、完結させた。

[20] 細雪(ささめゆき)

作者 : 谷崎潤一郎

　昭和18年(1943)に『中央公論』に一部を発表。大阪・芦屋の薪岡家の美しい4人姉妹がおりなす物語。伝統的な日本美の中に作者の女性観が表れている長編小説。

[21] 山椒魚(さんしょううお)

作者：井伏鱒二

　大正12年(1923)、『世紀』に『幽閉(ゆうへい)』の題名で発表したものを後に改稿(かいこう)。ある山椒魚が岩屋の中でうっかり2年を過ごし、からだが大きくなって出られなくなる。絶望して性格の悪くなった彼は、1匹の蛙(かえる)を岩屋へ閉じ込め、口論と対峙(たいじ)ののち両者ともいたわりのつぶやきをもらす。

[22] 山椒太夫(さんしょうだゆう)

作者：森鴎外

　大正4年(1915)、『中央公論』に発表。筑紫に流された父をたずね、母と共に出かけた安寿(あんじゅ)と厨子王(ずしおう)の姉弟は、越後で人買いにおそわれて、母は佐渡、姉弟は丹後の山椒太夫に売られる。姉は弟を逃がし、入水して死ぬが、弟は都に上り、やがて立身出世して丹後国守に任ぜられる。そして佐渡に渡り、老母に再会する。史料にしばられない「歴史離れ」の手法による作品。かれんで凛(りん)とした強さの安寿は、鴎外作品中、もっとも魅力(みりょく)ある女性像の一人。

[23] 三四郎(さんしろう)

作者：夏目漱石

　明治41年(1908)に東京朝日新聞に連載開始。九州から上京した大学生・小川三四郎の青春を描き、当時の文明社会を批判した作品。

[24] 邪宗門(じゃしゅうもん)

作者：北原白秋

　明治42年(1909)に発表された、北原白秋の第一詩集。象徴的な言葉で、官能美や異国情緒(いこくじょうちょ)など、新鮮な感覚をうたっている。

[25] 次郎物語(じろうものがたり)

作者：下村湖人

　作者の自伝的要素を含む作品。昭和11年に連載開始、出版されると好評を得たため続編を執筆

(しっぴつ)したが、作者の死により未完となった。生まれてすぐに里子に出された次郎という少年の、精神の成長がたどられており、山本有三の『路傍の石』と並んで少年向き教養小説の双璧(そうへき)とされている。

[26] しろばんば

作者：井上 靖

　昭和37年(1962)発表。伊豆の天城山ろくの、おぬいばあさんのもとにあずけられた洪作少年が、たくましく成長していく物語。作者の自伝小説。

[27] 真実一路

作者：山本有三

　昭和10年(1935)、雑誌『主婦之友』に掲載。義夫は姉しず子、父義平との3人暮らし。母のいない家庭はどこか満たされないものがあり、子ども心に大人の嘘(うそ)に反発していく。しず子は婚約の破談から父と母の秘密を知る。しず子は母の愛人の子だったが、愛人が急死して出産前に義平に嫁(とつ)ぎ、義平はしず子を自分の子として育ててきた。母は義平をきらって家を出ていた。義平には儀平の、母には母の愛と真実があった。義夫もしず子も各々真実に生きようとしているのに、みな不幸にさいなまれている。それでも真実一路に生きたいと思う。・・・・・・

[28] 清兵衛と瓢箪(ひょうたん)

作者：志賀直哉

　大正2年(1913)発表。ひょうたんが好きでたまらない12歳の少年・清兵衛だが、周囲の大人はちっとも理解してくれない。ユーモラスな味わいの名品。

[29] 高瀬舟

作者：森鴎外

　大正5年(1916)、『中央公論』に発表。江戸の随筆『翁草』に取材した歴史小説。安楽死(あんらくし)をさせたことで弟殺しの罪に問われ、高瀬舟で島流しにされる喜助と、それを護送する同心の物語。同心は、喜助の安心立命の境地に感動し、安楽死の問題に疑問をもつ。

[30] たけくらべ

作者:樋口一葉

　　　明治28-29年(1895-96)、『文学界』に発表。吉原の芸者を姉にもつ勝気な少女美登利が、信如少年に想いをよせていくさまを、流れるような美しい文章で綴(つづ)った作品。少年少女のまだ自覚できない春のめざめの微妙(びみょう)な心理を、暗示的に描いている。

[31] 知恵子抄(ちえこしょう)

作者:高村光太郎

　昭和16年(1941)に刊行された高村光太郎の詩集。大正3年に長沼智恵子と結婚してから、昭和13年彼女が死に至るまでの愛をうたった詩文を集めたもの。『あどけない話』の「智恵子は東京に空が無いといふ」は、有名。

[32] 津軽(つがる)

作者:太宰　治

　昭和19年(1944)に、津軽半島を一周した太宰治の紀行文。懐(なつか)しい故郷と素朴な人情、そして旅の最後に訪れた乳母たけとの再会・・・・・・。太宰の最高傑作との評価も高い。

[33] 杜子春(とししゅん)

作者:芥川竜之介

　大正9年(1920)の作品。自分の浪費癖(ろうひぐせ)に嫌気(いやけ)がさした杜子春は、いっそ仙人になりたいと思うが、両親への愛が彼を目覚めさせる。

[34] トロッコ

作者:芥川竜之介

　主人公の良平は、ある日、かねてあこがれていたトロッコに乗ることができたが、帰り道は一人で帰らなければならなくなった。・・・・・・

[35] 二十四の瞳(にじゅうしのひとみ)

作者:壷井栄

　昭和26年(1951)年の作品。瀬戸内海の小豆島(しょうどしま)に生まれた大石先生が、女教師として岬の分校に赴任。そこで受け持った12人の子どもたちを、太平洋戦争の嵐(あらし)の波は容赦(ようしゃ)なく翻弄(ほんろう)し、ある女の子は紅灯(こうとう)の巷(ちまた)へ、ある男の子は戦場へ連れ去られる。作者の戦争に対する強い抗議(こうぎ)が、この作品をたんなる感傷に終わらせていない。

[36] 野菊の墓(のぎくのはか)

作者:伊藤左千夫

　明治39年(1906)、『ホトトギス』に発表。千葉県の旧家の子ども政夫少年は、家事の手伝いにきた2歳年上の従姉の民子と親しくなるが、周囲の邪魔(じゃま)立てにあう。ある日、二人は綿取りに出かけて二人だけの時間を過ごすが、帰りが遅(おそ)くなったため、民子は家へ帰される。民子はしいられて嫁にいき、流産をしたあと死ぬ。死んだ民子の手には、紅絹(もみ)のきれに包んだ政夫の写真と手紙が堅(かた)く握(にぎ)られていた。民子の墓には、好きだった野菊の花が咲いていた。

[37] 破戒(はかい)

作者:島崎藤村

　島崎藤村の最初の長編小説。被差別部落(ひさべつぶらく)出身の青年教師、瀬川丑松(せがわうしまつ)の苦悩(くのう)と告白をえがいた作品で、明治39年(1906)に自費出版し、小説家としての地位を確立した。作者はのちに、「めざめたる者の悲しみ」という言葉で主題を要約した。

[38] 走れメロス

作者:太宰 治

　昭和15年(1940)発表。暴君(ぼうくん)ディオニスに死刑をいいわたされ、3日の日限で妹の結婚式に出たメロス。だが、身代わりの親友を助けるために、約束の日の日没までに刑場にもどらなくてはならない。メロスは走った。濁流(だくりゅう)を泳ぎ、山賊(さんぞく)と戦い、矢のように走った・・・・・・。真の友情を描いた名作。

[39] 鼻

作者：芥川竜之介

　大正5年(1916)、『新思潮』に発表。出典は『今昔物語』の説話。池尾の禅智内供(ぜんちないぐ)は、人並みはずれた長い鼻の持ち主で、鼻ゆえに傷つく自尊心で苦しんでいた。さまざまな手を尽くした末、ようやく鼻を縮めることに成功するが、よけい人々の冷笑を買う。夏目漱石の推賞を受けて、作者の出世作となった。

[40] ビルマの竪琴(たてごと)

作者：竹山道雄

　昭和22年(1947)、『赤とんぼ』に連載。第二次世界大戦下のビルマ戦線で戦っていた日本軍に、音楽の好きな水島という上等兵がいた。戦闘中も、敗戦後に捕虜(ほりょ)となってからも、彼はビルマ人の竪琴をまねた楽器を奏(かな)でて仲間をはげましていた。やがて帰国のときがきたが、彼は一介の僧となり、戦争で死んだ人々の霊(れい)を弔(とむら)うためにビルマに残る。

[41] 富嶽百景(ふがくひゃっけい)

作者：太宰 治

　昭和14年(1939)発表。太宰治が、御坂峠(みさかとうげ)の天下茶屋(てんがちゃや)を訪ね、富士とともに暮らした時期を題材にした小説。御坂峠には「富士には月見草がよく似合ふ」の文学碑が立っている。

[42] 坊っちゃん

作者：夏目漱石

　明治39年(1906)、雑誌『ホトトギス』に発表した、漱石の初期代表作の1つ。松山中学時代の体験をふまえ、江戸っ子の正義感をユーモアをまじえて描いている。

[43] みだれ髪

作者 : 与謝野晶子

　明治34年(1901)に発表した、与謝野晶子の第一歌集。与謝野鉄幹との1年間の灼熱(しゃくねつ)の恋愛が基盤(きばん)となり、青春を称(たた)え、情熱のあふれた作品が多い。

[44] 武蔵野

作者 : 国木田独歩

　明治31年(1898)、『**国民之友**』に『今の武蔵野』と題して発表。さわやかな文体で、明治30年ごろの東京郊外の自然を描いたもの。

[45] 門

作者 : 夏目漱石

　明治43年(1910)、東京朝日新聞に連載。主人公の宗助は、もと友人の妻だったお米と二人、世間の目を避(さ)けるようにひっそりと暮らしている。彼はその友人の上京を知り、恐れと不安から参禅(さんぜん)を思いたって、禅寺の門をたたくが結局安心は得られずに帰ってくる。友人は遠方に去り、やがて春の訪れとともに二人の生活も小康(しょうこう)をとりもどすが、宗助はまたすぐに冬がやってくると思わずにはいられない。

[46] 屋根の上のサワン

作者 : 井伏鱒二

　昭和4年(1929)発表。傷ついた雁(かり)のサワンと作者の愛情の物語。

[47] 夕鶴

作者 : 木下順二

　昭和24年(1949)、『婦人公論』に発表した、一幕戯曲。一面、雪におおわれた小さなあばら家で、お人よしの与ひょうと、美しい女房つうが幸せに暮らしている。つうは、与ひょうが助けた鶴の化身で、与ひょうのためにひそかに羽をぬいて高価なツルの千羽織(せんばおり)を織っていた。し

かし与ひょうは、金儲けをたくらむ運ずや惣どにそそのかされ、さらにつうに織物を織らせるが、約束を破ってつうの機織(はたお)りの姿をのぞいてしまう。最後まで織り終えてやせ細ったつうは、もとの空に飛び立っていく。長らく民衆に語り伝えられてきた民話に取材し、舞台化した作者の代表作。

[48] 雪国

作者：川端康成

　昭和10年(1935)、『文芸春秋』に掲載したのが最初。無為徒食(むいとしょく)の島村は、雪国の温泉町の芸者駒子にひかれて通う。駒子は病気である許婚者(いいなずけ)の療養費稼ぎのために芸者となったが、許婚者を愛してはいなかった。死に近い許婚者を愛するのは妹葉子だった。悲運にめげず、純粋に生きている駒子への、島村の愛は深まるが、美的なものをそこなうことをおそれ、駒子との生活的な関係をもとうとはしない。トンネルの向こうの雪国という非現実の世界に、無償(むしょう)の美を結晶させたこの作品は、川端文学の最高傑作といわれる。

[49] 夜明け前

作者：島崎藤村

　昭和4年(1929)4月-翌年10月『中央公論』に発表。作者の故郷、木曾・馬籠宿をおもな舞台に、父正樹(小説では青山半蔵)の生涯をたどりながら、幕末維新期のあわただしい時代の相を克明(こくめい)に描いた歴史小説。

[50] 羅生門(らしょうもん)

作者：芥川竜之介

　大正4年(1915)、『帝国文学』に発表。『今昔物語』に収められている説話が典拠。時は平安末期。荒廃(こうはい)した京都の、墓場と化した羅生門が舞台。蛇(へび)の切り身を干し魚と偽(いつわ)って売っていた女、その女の死体から髪の毛を抜いてかつらにする老婆(ろうば)、主家を追われ、その老婆の着物をはいで逃走する下人などが登場し、こうしなければ飢(う)え死にするという極限下の悪の世界が描かれている。

[51] 路傍の石(ろぼうのいし)

作者 : 山本有三

　昭和12年(1937)、朝日新聞に連載されたのが最初。少年、愛川吾一は貧しい家庭に育ち、小学校卒業後、呉服屋へ奉公(ほうこう)に出される。父は武士だった昔の習慣から働くことをきらい、母は封筒貼(ふうとうは)りや呉服屋の仕立物(したてもの)をして生計をたてていた。吾一は中学進学を望むが、母の苦労を見てあきらめる。職を転々とする生活を通して社会の矛盾(むじゅん)を感じ、悩み、成長していく。

[52] 若菜集(わかなしゅう)

作者 : 島崎藤村

　明治30年(1897)に発表された、島崎藤村の処女詩集。生活での苦しみを、感情豊かにうたっている。

[53] 吾輩は猫である(わがはいはねこである)

作者 : 夏目漱石

　夏目漱石の処女作。高浜虚子のすすめで、明治38年(1905)1月から翌年8月まで雑誌『ホトトギス』に連載。「吾輩」である一匹の名もない猫が人間社会を批判する新奇な形式で、全体にあふれている風刺(ふうし)やユーモアが大きな反響を呼んだ。作者自身、「趣向(しゅこう)もなく、構造もなく、尾頭の心もとなき海鼠(なまこ)のやうな文章」と言っているが、それが漱石の独創でもあった。

Japanese Test Clinic
Japanese Test Clinic

자가진단테스트문제

자가진단테스트문제 [step-1]

1. 奈良時代に元命天皇の命令で、太安万侶が整理・記録した歴史書は何ですか？

2. 奈良時代に舎人親王らが編集した、神代から持統天皇までの日本の歴史書は何ですか？

3. 奈良時代の日本各地の地理・産物や、「浦島太郎」などの伝説を記録した書物は何ですか。

4. 奈良時代の約4500首の長歌・短歌などがおさめられている、日本最古の歌集は何ですか？

5. 前問の歌集の編者とされている歌人はだれですか？

6. 日本で最も古い物語で、かなを使った最初の文学といわれる作品は何ですか？

7. 前問の物語の主人公はだれですか？

8. 平安時代に、醍醐天皇の命令によって紀貫之らが編集した最初の勅撰和歌集は何ですか？

9. 平安時代に紀貫之が著し、かな文による日記のさきがけとなった日記は何ですか？

10. 平安女流文学の代表作とされる「枕草子」の作者はだれですか？

11. 「枕草子」の属する文学ジャンルは、物語・随筆・歌集・説話のうちどれですか？

12. 「光源氏」という貴族を主人公に、平安時代の貴族の生活をえがいた五十四巻からなる長編物語は何ですか？

13. 前問の物語の作者で、平安時代の代表的女流文学者はだれですか？

14. 「今は昔…」の書き出しで有名な、インド・中国・日本の説話が1千編以上集められている、平安時代の説話集は何ですか？

15. 平安時代に著された「大鏡」の属する文学ジャンルは何ですか？

16. 菅原孝標の女(むすめ)作の日記は何ですか？

17. 「山家集」はだれの歌を集めた歌集ですか？

18. 後鳥羽上皇の命令でつくられた鎌倉時代最初の勅撰和歌集は何ですか？

19. 前問の和歌集を編集し、「小倉百人一首」をえらんだ鎌倉時代の代表的歌人はだれですか？

20. 鎌倉時代に鴨長明が自分の体験した社会のできごとなどをつづった随筆は何ですか？

21. 「金槐和歌集」はだれの歌を集めた歌集ですか？

22. 「こぶとりじいさん」「舌切りすずめ」などをおさめた鎌倉時代の説話集は何ですか？

23. 平家一門が源氏の人々によってほろぼされるまでをえがいた軍記物語は何ですか？

24. 前問の物語をある楽器を用いて語る人々がいたが、その人々は何と呼ばれていますか？

25. 室町時代に宗祇が大成した、和歌の上の句と下の句をつなげていく遊びは何と言いますか？

26. 平安時代の「枕草子」とならぶ随筆で、鎌倉時代に吉田兼好が書いた作品は何ですか？

27. 「南北朝」の争いを中心にあつかった室町時代の軍記物語は何ですか？

28. 世阿弥が室町時代に完成した芸能は何ですか？

29. 「末広がり」「ぶす」などの作品で有名な、こっけいな劇のことを何と言いますか？

30. 江戸時代に「世間胸算用」など、町人を主人公にした文学を確立した作家は誰ですか？

31. 「しずかさや岩にしみ入るせみの声」の俳句の作者は誰ですか？

32. 前問の人物が東北地方などの旅で書きつづった紀行文は何ですか？

33. 江戸時代に「国性爺合戦」「曾根崎心中」など数多くの優れた脚本を著した浄瑠璃の作者は誰ですか？

34. 今でいう怪談のような話が書かれている「雨月物語」の作者は誰ですか？

35. 「仮名手本忠臣蔵」はどういう種類の劇の脚本ですか？

36. 松尾芭蕉・小林一茶とならんで有名な江戸時代の俳人は誰ですか？

37. 随筆「玉勝間」や古典研究書「古事記伝」を著した、江戸後期の国学者は誰ですか？

38. 二人のユーモラスな旅の様子をえがいた十返舎一九の作品は何ですか？

39. 曲亭馬琴作で、八犬士が活躍する98巻106冊からなる長編小説は何ですか？

40. 身の回りのことを俳句を交ぜて日記ふうに書きつづった小林一茶の作品は何ですか？

41. 「東海道四谷怪談」を著した歌舞伎脚本の作家は何ですか？

42. 徳川光圀が編さんを開始した史書は何ですか？

43. 福沢諭吉が著した、「天は人の上に人を造らず」という一節から始まる啓蒙書は何ですか？

44. 明治時代に坪内逍遥が著し、日本文学の近代化をうったえた文学論は何ですか？

45. 近代小説の始まりとされる「浮雲」の作者は誰ですか？

46. 「のっそり十兵衛」が主人公の幸田露伴の名作は誰ですか？

47. 東京の下町に住む少年や少女たちの世界をえがいた樋口一葉の作品は何ですか？

48. 日本の近代詩の始まりといわれる島崎藤村の第一詩集は何ですか？

49. 明治時代の代表作家で、「金色夜叉」の作者は何ですか？

50. 歌集「みだれ髪」の作者で、近代女流歌人の第一人者といわれる歌人は誰ですか？

51. 短歌や俳句の革新をとなえた、明治時代の指導的歌人であり俳人でもある人物は誰ですか？

52. 小泉八雲の作で、琵琶の名人を主人公にした物語は誰ですか？

53. 夏目漱石の最初の小説で、動物の目を通して社会を風刺した作品は誰ですか？

54. 日本の近代詩に大きな影響を与えた、上田敏の訳した詩集は誰ですか？

55. 社会問題を扱った小説「破戒」を著して、小説家としての地位を確立したのは誰ですか？

56. 主人公の正義感から引起こす事件をユーモラスにえがいた夏目漱石の作品は何ですか？

57. 生活感情をありのままに歌った、石川啄木の最初の歌集は何ですか？

58. 小説「野菊の墓」の作者で、アララギ派の歌人でもある人物は誰ですか？

59. 小説「蒲団」を著し、明治末期の文学に大きな影響を与えた作家は誰ですか？

60. 詩集「邪宗門」の著者で、有名な童謡も数多く残している詩人は誰ですか？

61. 斎藤茂吉の作で、近代短歌の代表作といわれる歌集は何ですか？

62. ひょうたんが好きな少年を主人公にした「清兵衛とひょうたん」の作者は誰ですか？

63. 詩集「道程」を書いた作者は誰ですか？

64. 前問の作者による、妻との愛のはじまりから死までの30年間にわたる作品を集めた詩集は何ですか？

65. 森鴎外の作で、安寿と厨子王の姉弟を主人公にした、伝説に基づいて書かれた作品は何ですか？

66. 芥川竜之介の出世作といわれる、世間のうわさを気にする僧を主人公にした作品は何ですか？

67. 弟の自殺を助けたという罪人の気持ちをえがいた森鴎外の歴史小説は何ですか？

68. 芥川竜之介作の、地獄に落ちた人の姿を通して人間の心理をえがいた小説は何ですか？

69. 芥川竜之介作の、仙人になれなかった男を主人公とする中国に取材した小説は何ですか？

70. 近代小説の代表作品といわれる「暗夜行路」の著者は誰ですか？

71. 雑誌「赤い鳥」を発行した児童文学者は誰ですか？

72. 「風の又三郎」「銀河鉄道の夜」などの童話の作者は誰ですか？

73. 冒頭で、天城峠が舞台になる川端康成の青春小説は何ですか？

74. 木曾の馬篭を舞台に、明治維新後の近代日本の姿をえがいた島崎藤村の小説は何ですか？

75. 詩集「月に吠える」の作者で、口語自由詩を完成させたのは誰ですか？

76. 主人公の吾一少年の成長をえがいた山本有三の小説は何ですか？

77. 乱暴な王に対する青年メロスを主人公にした「走れメロス」の著者は誰ですか？

78. 「ごんぎつね」の作者は誰ですか？

79. 生まれてすぐ里子に出された少年の生い立ちを主題にした下村湖人の小説は何ですか？

80. 四姉妹の生活を中心にえがいた谷崎潤一郎の昭和の名作は何ですか？

81. 傷ついた雁（かり）と作者の愛情をえがいた「屋根の上のサワン」の作者は誰ですか？

82. 佐渡の民謡に取材した、木下順二の戯曲は何ですか？

83. 小豆島の分教場の先生と生徒の交流をえがいた壷井栄の作品は何ですか？

84. 水島上等兵の生きざまをえがいた「ビルマの竪琴」の作者は誰ですか？

85. 金閣寺の美にとりつかれた青年の心理をえがいた「金閣寺」の作者は誰ですか？

86. フランスのユゴーの作品で、ジャン＝バルジャンを主人公とする小説は何ですか？

87. 「ベニスの商人」や「ハムレット」などの作品を著した作家は誰ですか？

88. ユダヤ人少女アンネ＝フランクが、ナチスの迫害をのがれて書いた作品は何ですか？

89. 「マッチ売りの少女」「人魚姫」などの童話の作家は誰ですか？

90. 「白雪姫」「赤ずきん」などがおさめられている作品は何ですか？

91. 「小公子」「小公女」の作者は誰ですか？

92. メーテルリンク作で、チルチルとミチルを主人公とする作品は？

93. ロシアの作品「イワンのばか」の作者は誰ですか？

94. 다음의 등장인물이 나오는 작품명을 쓰시오.

　① 与ひょう・つう
　② おれ・山嵐・赤シャツ
　③ 安寿(あんじゅ)・厨子王(ずしおう)
　④ 善太・三平
　⑤ カムパネルラ・ジョバンニ

해답

(1) 古事記 (2) 日本書紀 (3) 風土記 (4) 万葉集 (5) 大伴家持 (6) 竹取物語 (7) かぐや姫 (8) 古今和歌集 (9) 土佐日記 (10) 清少納言 (11) 随筆 (12) 源氏物語 (13) 紫式部 (14) 今昔物語集 (15) 歴史物語 (16) 更級日記 (17) 西行 (18) 新古今和歌集 (19) 藤原定家 (20) 方丈記 (21) 源実朝 (22) 宇治拾遺物語 (23) 平家物語 (24) 琵琶法師 (25) 連歌 (26) 徒然草 (27) 太平記 (28) 能 (29) 狂言 (30) 井原西鶴 (31) 松尾芭蕉 (32) 奥の細道 (33) 近松門左衛門 (34) 上田秋成 (35) 歌舞伎 (36) 与謝蕪村 (37) 本居宣長 (38) 東海道中膝栗毛 (39) 南総里見八犬伝 (40) おらが春 (41) 鶴屋南北 (42) 大日本史 (43) 学問のすすめ (44) 小説神髄 (45) 二葉亭四迷 (46) 五重塔 (47) たけくらべ (48) 若菜集 (49) 尾崎紅葉 (50) 与謝野晶子 (51) 正岡子規 (52) 耳なし芳一 (53) 吾輩は猫である (54) 海潮音 (55) 島崎藤村 (56) 坊っちゃん (57) 一握の砂 (58) 伊藤左千夫 (59) 田山花袋 (60) 北原白秋 (61) 赤光 (62) 志賀直哉 (63) 高村光太郎 (64) 智恵子抄 (65) 山椒大夫 (66) 鼻 (67) 高瀬舟 (68) くもの糸 (69) 杜子春 (70) 志賀直哉 (71) 鈴木三重吉 (72) 宮沢賢治 (73) 伊豆の踊子 (74) 夜明け前 (75) 萩原朔太郎 (76) 路傍の石 (77) 太宰治 (78) 新美南吉 (79) 次郎物語 (80) 細雪 (81) 井伏鱒二 (82) 夕鶴 (83) 二十四の瞳 (84) 竹山道雄 (85) 三島由紀夫 (86) レ＝ミゼラブル (87) シェークスピア (88) アンネの日記 (89) アンデルセン (90) グリム童話集 (91) バーネット (92) 青い鳥 (93) トルストイ (94)①夕鶴 ②坊っちゃん ③山椒太夫 ④風の中の子供 ⑤銀河鉄道の夜

자가진단테스트문제 [step-2]

※ 다음 물음에 각각 히라가나 또는 한자로 답하시오.

1. 『古今和歌集』は、何時代の何世紀ですか。

   平安時代, 10世紀

2. 『古今和歌集』の撰者をひとりあげなさい。

   紀貫之

3. また、その人が書いた『古今和歌集』の序文を何といいますか。

   仮名序

4. またその人が書いた日記は何ですか。

   土佐日記

5. 『古今和歌集』の六歌仙のひとりで、『伊勢物語』の主人公とされるのは誰ですか。

   在原業平(ありわらのなりひら)

6. 『古今和歌集』の六歌仙のひとりで、美人として有名な女性は誰ですか。

   小野小町(おののこまち)

7. 藤原俊成が撰者である平安最後の勅撰和歌集は何ですか。

   『千載和歌集』

8. 西行の私歌集は何ですか？

   『山家集(さんかしゅう)』

9. 一一世紀に藤原公任が作った和歌と漢詩の歌詞集は何ですか。

   『和漢朗詠集(わかんろうえいしゅう)』

10. 一二世紀後半に後白河法皇が今様を集めたのは何ですか。

    『梁塵秘抄(りょうじんひしょう)』

11. 『新古今和歌集』は、何時代、何世紀に作られましたか。

    鎌倉時代，13世紀

12. 『新古今和歌集』の撰者は誰ですか。

    『梁塵秘抄(りょうじんひしょう)』

13. 『新古今和歌集』の代表的歌人で、撰者の父親である人は誰ですか。

    藤原定家(ていか・さだいえ)

14. 『新古今和歌集』の代表的歌人で、平安末期に私歌集『山家集』を作った人は誰ですか。

    藤原俊成(しゅんぜい・としなり)

15. 『金槐和歌集』は誰がつくりましたか。

    源実朝(みなもとのさねとも)

17. 南北朝時代に、連歌の地位を確立した、連歌集は、また、その撰者は誰ですか。

    『菟玖波集(つくばしゅう)』, 二条良基(にじょうよしもと)

18. 室町時代に、連歌を完成させた連歌集は何ですか、また、その撰者は誰ですか。

『新撰菟玖波集(しんせんつくばしゅう)』, **飯尾宗祇 くいいおそうぎ**

19. その、撰者が弟子とともに行ったのは？

『水無瀬三吟百韻(みなせさんぎんひゃくいん)』

20. 室町時代に、俳諧連歌を成立させた連歌集は、また、その撰者は誰ですか。

『新撰犬筑波集(しんせんいぬつくばしゅう)』, 山崎宗鑑(やまざきそうかん)

21. 『万葉集』は何の時代に書かれましたか。

奈良時代

22. 『万葉集』の男性的な作風をひとことで何と言いますか。

「ますらをぶり」

23. 『万葉集』の技法を二つ言いなさい。

枕詞(まくらことば), 序詞(じょことば)

24. 『万葉集』の撰者は誰ですか？

大伴家持(おおとものやかもち)

25. 『万葉集』の代表的な歌人を四人言ってください。

額田王(ぬかたのおおきみ), 柿本人麻呂(かきのもとのひとまろ), 大伴旅人(おおとものたびと), 山上憶良(やまのうえのおくら)

26. 『古今和歌集』は何の時代に書かれましたか。また、何世紀ですか。

平安時代, 10世紀

27. 『古今和歌集』の女性的な作風をひとことで何と言いますか。

   「たをやめぶり」

28. 『古今和歌集』の技法を二つ言いなさい。

   掛詞(かけことば), 縁語(えんご)

29. 『古今和歌集』の撰者は誰ですか。

   紀貫之(きのつらゆき)

30. 『古今和歌集』の代表的な歌人を二人言いなさい。

   在原業平(ありわらのにりひら), 小野小町(おののこまち)

31. 『新古今和歌集』は何の時代につくられましたか。また、何世紀ですか。

   鎌倉時代, 13世紀

32. 『新古今和歌集』の技法を二つ言いなさい。

   本歌取(ほんかどり), 体言止め

33. 『新古今和歌集』の撰者は誰ですか。

   藤原定家(ていか・さだいえ)

34. 『新古今和歌集』の代表的な歌人を二人言いなさい。

   藤原俊成(しゅんぜい・としなり), 西行(さいぎょう)

35. 『竹取物語』は何世紀のいつごろですか。

   10世紀初

36. 『竹取物語』のジャンルは何ですか。

伝奇物語, 作り物語

37. 『竹取物語』と同じジャンルの作品を二つ、できた順に言いなさい。

一〇世紀後半,『宇津保物語(うつほものがたり)』
一〇世紀末,『落窪物語(おちくぼものがたり)』

38. 『伊勢物語』は何百年代のいつごろですか。

900年代 前半

39. 『伊勢物語』の主人公は誰ですか。

在原業平(ありわらのなりひら)

40. 『伊勢物語』のジャンルは何ですか。

歌物語(うたものがたり)

41. 『伊勢物語』と同じジャンルの作品を二つ、できた順に言いなさい。

一〇世紀 중반『大和物語(やまとものがたり)』
一〇世紀 중반『平中物語(へいちゅうものがたり)』

42. 『竹取物語』・『伊勢物語』と同時期にできた和歌集は何ですか。

古今和歌集(こきわかしゅう)

43. 『源氏物語』以前の伝奇物語を三つ、できた順に言いなさい。

伝奇物語:『竹取物語』→『宇津保物語』→『落窪物語』

44. 『源氏物語』以前の歌物語を三つ、できた順に言いなさい。

歌物語:『伊勢物語』→『大和物語』→『平中物語』

45. 『源氏物語』以前の日記文学を二つ、できた順に言いなさい。

> 日記:『土佐日記』→『蜻蛉日記』

46. 『源氏物語』と同時期に書かれた日記文学を二つ言いなさい。

> 『和泉式部日記(いずみしきぶにっき)』,『紫式部日記(むらさきしきぶにっき)』

47. 『源氏物語』と同時期に書かれた随筆を一つ言いなさい。

> 『枕草子(まくらのそうし)』

48. 『源氏物語』が書かれたのは、ほぼ何年ですか。

> 1000年

49. 『源氏物語』の作者は誰ですか。

> 紫式部(むらさきしきぶ)

50. 『源氏物語』は全部で何帖ですか。

> 五十四帖

51. 『源氏物語』の最後の十帖を何といいますか。

> 「宇治十帖(うじじゅうじょう)」

52. 『源氏物語』の本質をひとことで何といいますか?

> 「もののあはれ」

53. 『源氏物語』の影響下に書かれた作り物語を五つ言いなさい。

> 『浜松中納言物語(はままつちゅうなごんものがたり)』,『更級日記(さらしなにっき)』,『夜半の寝覚(よわのねざめ)』,『堤中納言物語(つつみちゅうなごんものがたり)』,『狭衣物語(さごろもものがたり)』,『とりかへばや物語』

54. 『源氏物語』にあこがれた少女の日記は何ですか。

> 『更級日記(さらしなにっき)』

55. 『源氏物語』の影響を受けた江戸時代の作品を二つ言いなさい。

> 井原西鶴(いはらさいかく)『好色一代男(こうしょくいちだいおとこ)』,
> 柳亭種彦(りゅうていたねひこ)의『偐紫田舎源氏〈にせむらさきいなかげんじ〉』

56. 『源氏物語』に関する本居宣長の研究書の題名は何ですか。

> 『源氏物語玉の小櫛(げんじものがたりたまのおぐし)』

57. 『源氏物語』に影響を受けた近代の作家を二人言いなさい。

> 樋口一葉(ひぐちいちよう), 谷崎潤一郎(たにざきじゅんいちろう)

58. 『土佐日記』が書かれたのは何世紀ですか。

> 10世紀

59. 『土佐日記』を書いたのは誰ですか。

> 紀貫之(きのつらゆき)

60. 『蜻蛉日記』が書かれたのは何世紀ですか。

> 10世紀

61. 『蜻蛉日記』を書いたのは誰ですか。

> 藤原道綱母(ふじわらみちつなのはは)

62. 『源氏物語』と同時期に書かれた日記を二つ言いなさい。

> 『和泉式部日記(いずみしきぶにっき)』,『紫式部日記(むらさきしきぶにっき)』

63. 『源氏物語』にあこがれた少女の日記の題名は何ですか。

> 『更級日記(さらしなにっき)』

64. そして、その作者は誰ですか。

> 菅原孝標女(すがわらたかすえのむすめ)

65. 『十六夜日記』の作者は誰ですか。

> 阿仏尼(あぶつに)

66. 藤原道長を賛美している歴史物語は、さて、何ですか。

> 『栄華物語(えいがものがたり)』

67. 藤原道長を批判的に描いている歴史物語は何ですか。

> 『大鏡(おおかがみ)』

68. 「四鏡」を言いなさい。

> 『大鏡』,『今鏡』,『水鏡』,『増鏡』

69. 慈円が書いた歴史書の題名は何ですか。

> 『愚管抄(ぐかんしょう)』

70. 平安時代末期にできた説話集を一つ言いなさい。

> 『今昔物語集(こんじゃくものがたりしゅう)』

71. 鎌倉時代の説話集を五つ言いなさい(順番はどうでもいい)。

> 『発心集(ほっしんしゅう)』,『宇治拾遺物語(うじしゅういものがたり)』,『十訓抄(じっきんしょう)』,『古今著聞集(ここんちょもんじゅう)』,『沙石集(しゃせきしゅう)』

72. 鴨長明の書いた説話集、71問の五つの中のひとつなわけですが、何ですか。

> 『発心集(ほっしんしゅう)』

73. 平安時代の初期に作られた例外的な説話集は何ですか？

> 『日本霊異記(にほんりょういき)』

74. 『平家物語』に先立ってできた軍記物語を二つ言いなさい。

> 『保元物語〈ほうげんものがたり〉』,『平治物語〈へいじものがたり〉』

75. 『平家物語』に流れている思想を二つ言いなさい。

> 無常観(むじょうかん),因果応報(いんがおうほう)

76. 『平家物語』の文体は何ですか。

> 和漢混交文(わかんこんこうぶん)

78. 『平家物語』を平曲として語ったのはどういう人ですか。

> 琵琶法師(びわほうし)

79. 南北朝の争乱を描いた軍記物語は何ですか。

> 『太平記(たいへいき)』

80. 室町時代に書かれた英雄伝説的な軍記物語を二つ言いなさい。

> 『義経記(ぎけいき)』,『曾我物語(そがものがたり)』

81. 平安時代に書かれた例外的な軍記物語を二つ言いなさい。

> 『将門記(しょうもんき)』,『陸奥話記(むつわき)』

82. 『枕草子』の筆者は誰ですか。

    清少納言(せいしょうなごん)

83. 『枕草子』が書かれたのは、ほぼ何年ですか。

    ほぼ1000年

84. 『枕草子』の本質をひとことで言うと、何の文学といえますか。

    をかし

85. 『方丈記』が書かれたのは、何年ですか。

    1212年

86. 『方丈記』の筆者は誰ですか。

    鴨長明(かものちょうめい)

87. 『方丈記』の思想をひとことで何といいますか。

    無常観

88. 『徒然草』の筆者は誰ですか。

    吉田兼好(よしだけんこう)

89. 『徒然草』は何世紀に書かれましたか。

    14世紀

90. 『玉勝間』の筆者は誰ですか。

    本居宣長(もとおりのりなが)

91. 『玉勝間』が書かれたのは、何時代ですか。

> 江戸時代

92. 世阿弥が書いた能楽論の題名はですか。

> 『風姿花伝(ふうしかでん)』『花伝書(かでんしょ)』

93. 近松門左衛門が書いた浄瑠璃の脚本を四つ言いなさい。

> 『曾根崎心中(そねざきしんじゅう)』,『冥途の飛脚(めいどのひきゃく)』,『心中天の網島(しんじゅうてんのあみしま)』,『国性爺合戦(こくせんやかっせん)』

94. 鶴屋南北が書いた歌舞伎の脚本を一つ言いなさい。

> 『東海道四谷怪談(とうかいどうよつやかいだん)』

95. 松尾芭蕉以前の俳諧の派を、二つ、時代の順に言いなさい。

> 貞門俳諧(ていもんはいかい), 談林俳諧(だんりんはいかい)

96. 松尾芭蕉は江戸時代のなかのいつの人ですか。

> 元禄(げんろく)時代

97. 松尾芭蕉の弟子、つまり蕉門に属する人を三人言いなさい。

> 向井去来(むかいきょらい), 榎本其角(えのもときかく), 服部土芳(はっとりとほう), 服部嵐雪(はっとりらんせつ), 野沢凡兆(のざわぼんちょう)

98. 松尾芭蕉の紀行文を三つ言いなさい。

> 『奥の細道(おくのほそみち)』,『野ざらし紀行(のざらしきこう)』,『笈の小文(おいのこぶみ)』,『更科紀行(さらしなきこう)』

99. 天明期に活躍した俳人の名は何ですか。

> 与謝蕪村(よさぶそん)

100. 小林一茶の句集は何ですか。

『おらが春』

101. 井原西鶴の浮世草子の作品を、四つ、言いなさい。

『好色一代男(こうしょくいちだいおとこ)』、『好色一代女(こうしょくいちだいおんな)』、『好色五人女(こうしょくごにんおんな)』、『日本永代蔵(にほんえいたいぐら)』、『世間胸算用(せけんむねざんよう)』、『武家義理物語(ぶけぎりものがたり)』、『武道伝来記(ぶどうでんらいき)』、『西鶴諸国咄(さいかくしょこくばなし)』、『本朝二十不孝(ほんちょうにじゅうふこう)』

102. 井原西鶴は、何期に活躍した人ですか。

元禄期

103. 上田秋成の読本の作品を、一つ、言いなさい。

『雨月物語(うげつものがたり)』、『春雨物語(はるさめものがたり)』

104. 滝沢馬琴の読本の作品を、二つ、言いなさい。

『椿説弓張月(ちんせつゆみはりづき)』、『南総里見八犬伝(なんそうさとみはっけんでん)』

105. 滝沢馬琴は、何期に活躍した人ですか。

化政期

106. 十返舎一九の滑稽本の作品を、一つ、言いなさい。

『東海道中膝栗毛(とうかいどうちゅうひざくりげ)』

107. 日本に近代文学が生まれるのは、ズバリ、明治何十年頃ですか。

20年頃

108. 坪内逍遥、二葉亭四迷の「現実をありのままに写す」という考え方は何主義ですか。

写実主義(しゃじつしゅぎ)

109. 坪内逍遥の書いた評論を一つ言いなさい。

『小説神髄(しょうせつしんずい)』

110. 二葉亭四迷の書いた小説を一つ言いなさい。

『浮雲(うきぐも)』

111. 尾崎紅葉の小説を二つ言いなさい。

『浮雲(うきぐも)』

112. 尾崎紅葉がボスである文学グループは何ですか。

硯友社(けんゆうしゃ)

113. 幸田露伴の小説を一つ言いなさい。

『五重塔(ごじゅうのとう)』

114. 福沢諭吉が『学問ノススメ』を書いたのは、明治二〇年より前ですか後ですか。

前です

115. 浪漫主義の文学者を八人言いなさい。

森鴎外(もりおうがい), 北村透谷(きたむらとうこく), 樋口一葉(ひぐちいちよう), 泉鏡花(いずみきょうか), 国木田独歩(くにきだどっぽ), 徳富蘆花(とくとみろか), 島崎藤村(しまざきとうそん), 与謝野晶子(よさのあきこ)

116. 森鴎外が明治二三年に書いた浪漫主義的小説は何ですか。

『舞姫(まいひめ)』

117. 北村透谷の評論を三つ言いなさい。

『内部生命論(ないぶせいめいろん)』, 『厭世詩家と女性(えんせいしかとじょせい)』,『人生に相渉るとは何の謂ぞ(じんせいにあいわたるとはなんのいいぞ)』

118. 樋口一葉の小説を二つ言いなさい。

『たけくらべ』,『にごりえ』

119. 泉鏡花の小説を三つ言いなさい。

『高野聖(こうやひじり)』,『婦系図(おんなけいず)』,『歌行灯(うたあんどん)』

120. 国木田独歩の小説を一つ言いなさい。

『武蔵野(むさしの)』

121. 徳富蘆花の小説も一つ言いなさい。

『不如帰(ほととぎす)』

122. 島崎藤村の浪漫主義的な詩集は何ですか。

『若菜集(わかなしゅう)』

123. 与謝野晶子の詩集を一つ言いなさい。

『みだれ髪(みだれがみ)』

124. 上田敏の訳詩集の題名は何ですか。

『海潮音(かいちょうおん)』

126. 浪漫主義の次に現れるのは何主義ですか？

自然主義(しぜんしゅぎ)

127. 自然主義の文学者を全部で六人言いなさい。

島崎藤村(しまざきとうそん), 田山花袋(たやまかたい), 徳田秋声(とくだしゅうせい), 正宗白鳥(まさむねはくちょう), 岩野泡鳴(いわのほうめい), 石川啄木(いしかわたくぼく)

128. 島崎藤村と田山花袋の、自然主義の代表的作品をそれぞれ言いなさい。

『破戒』,『蒲団(ふとん)』

129. 島崎藤村が書いた自然主義の小説を五つ言いなさい。

『破戒』,『春(はる)』,『家(いえ)』,『夜明け前(よあけまえ)』,『新生(しんせい)』

130. 島崎藤村が書いた浪漫主義の詩集は何ですか。

『若菜集(わかなしゅう)』

131. 田山花袋の自然主義の小説を二つ言いなさい。

『蒲団』『田舎教師(いなかきょうし)』

132. 徳田秋声の小説を二つ言いなさい。

『新所帯(あらじょたい)』,『黴(かび)』

133. 正宗白鳥の小説を一つ言いなさい

『何処へ〈どこへ〉』

134. 石川啄木の歌集を二つ言いなさい。

『一握の砂(いちあくのすな)』,『悲しき玩具(かなしきがんぐ)』

135. ついでに正岡子規ですが、子規が「写生」を主張した書は何ですか。

『歌よみに与ふる書(うたよみにあたうるしょ)』

136. 正岡子規が作った俳句の雑誌は何ですか。

『ホトトギス』

137. 正岡子規の随筆を一つ言いなさい。

『病牀六尺(びょうしょうろくしゃく)』

138. 永井荷風の作品を六つ挙げなさい。

『あめりか物語(あめりかものがたり)』、『ふらんす物語(ふらんすものがたり)』、
『冷笑(れいしょう)』、『すみだ川(すみだがわ)』、『腕くらべ(うでくらべ)』、
『ボク東綺譚(ぼくとうきたん)』

139. 永井荷風は何派ですか。

耽美派(たんびは)

140. 谷崎潤一郎の作品を五つ挙げなさい。

『刺青(しせい)』、『痴人の愛(ちじんのあい)』、『春琴抄(しゅんきんしょう)』、『細雪(ささめゆき)』、『鍵(かぎ)』

141. 谷崎潤一郎は何派ですか。

耽美派(たんびは)

142. 北原白秋の詩集を一つ言いなさい。

『邪宗門(じゃしゅうもん)』

143. 武者小路実篤の作品を三つ言いなさい。

『友情(ゆうじょう)』、『お目出たき人(おめでたきひと)』、『その妹(そのいもうと)』

144. 武者小路実篤は何派ですか。

白樺派(しらかばは)

145. 志賀直哉の作品を三つ言いなさい。

『和解(わかい)』,『大津順吉(おおつじゅんきち)』,『暗夜行路(あんやこうろ)』

146. 志賀直哉って何派ですか。

白樺派(しらかばは)

147. 有島武郎の作品を二つ挙げなさい。

『或る女(あるおんな)』,『惜しみなく愛は奪う(おしみなくあいはうばう)』

148. 有島武郎は何派ですか。

白樺派(しらかばは)

149. 高村光太郎の詩集を二つ言いなさい。

『道程(どうてい)』,『智恵子抄(ちえこしょう)』

150. 芥川竜之介の作品を九つ言いなさい。

『羅生門(らしょうもん)』,『戯作三昧(げさくざんまい)』,『河童(かっぱ)』,『歯車(はぐるま)』,『鼻(はな)』,『トロッコ』,『杜子春(とししゅん)』,『地獄変(じごくへん)』,『芋粥(いもがゆ)』

151. 芥川竜之介は何派ですか。

理知派(りちは)

152. 芥川竜之介と菊池寛のことを、その雑誌名から特に何派といいますか。

新思潮派(しんしちょうは)

153. 芥川竜之介・菊池寛や佐藤春夫・室生犀星をひとまとめにゆうと何派で何主義ですか。

理知派(りちは),新現実主義(しんげんじつしゅぎ)

154. 萩原朔太郎の詩集を二つあげなさい。

『月に吠える(つきにほえる)』,『青猫(あおねこ)』

155. 伊藤左千夫・長塚節・斉藤茂吉は何派ですか。

アララギ派

156. 伊藤左千夫の小説を一つ言いなさい。

『野菊の墓(のぎくのはか)』

157. 長塚節の小説を一つ言いなさい。

『土(つち)』

158. 斉藤茂吉の歌集は何ですか。

『赤光(しゃっこう)』,『あらたま』

159. 小林多喜二をはじめ宮本百合子・葉山嘉樹・徳永直・中野重治らの文学を何文学といいますか。

プロレタリア文学

160. 小林多喜二の作品を一つ言いなさい。

『蟹工船(かにこうせん)』

161. 横光利一は何派ですか。

新感覚派(しんかんかくは)

162. 横光利一の小説を四つ挙げなさい。

『日輪(にちりん)』,『春は馬車に乗って(はるはばしゃにのって)』,『機械(きかい)』,『旅愁(りょしゅう)』

163. それじゃあ、川端康成は何派ですか。

> 新感覚派(しんかんかくは)

164. 川端康成の小説を五つ挙げなさい。

> 『伊豆の踊り子(いずのおどりこ)』,『雪国(ゆきぐに)』,『禽獣(きんじゅう)』,『千羽鶴(せんばづる)』,『山の音(やまのおと)』

165. 井伏鱒二の小説を三つ言いなさい。

> 『山椒魚(さんしょううお)』,『黒い雨(くろいあめ)』,『屋根の上のサワン(やねのうえのさわん)』

166. 梶井基次郎の小説を一つ言いなさい。

> 『檸檬(れもん)』

167. 井伏鱒二や梶井基次郎を何派といいますか。

> 新興芸術派

168. 堀辰雄は何主義ですか

> 新心理主義

169. 堀辰雄の小説を四つ言いなさい。

> 『風立ちぬ(かぜたちぬ)』,『聖家族(せいかぞく)』,『美しい村(うつくしいむら)』,『かげろふの日記(かげろうのにっき)』

170. 中島敦の小説を二つ言いなさい。

> 『山月記(さんげつき)』,『李陵(りりょう)』

171. 太宰治や坂口安吾を何派といいますか。

> **無頼派(ぶらいは)** 또는 **新戯作派(しんげさくは)**

172. 太宰治の小説を六つ言いなさい。

> 『晩年(ばんねん)』, 『道化の華(どうけのはな)』, 『富嶽百景(ふがくひゃっけい)』, 『走れメロス(はしれめろす)』, 『斜陽(しゃよう)』, 『人間失格(にんげんしっかく)』

173. 大岡昇平の小説を三つ言いなさい。

> 『俘虜記(ふりょき)』, 『野火(のび)』, 『武蔵野夫人(むさしのふじん)』

174. 三島由紀夫の小説を四つ言いなさい。

> 『仮面の告白(かめんのこくはく)』, 『潮騒(しおさい)』, 『金閣寺(きんかくじ)』, 『豊饒の海(ほうじょうのうみ)』

175. 小林秀雄の評論を四つ言いなさい。

> 『無常といふこと(むじょうということ)』, 『様々なる意匠(さまざまなるいしょう)』, 『考へるヒント(かんがえるひんと)』, 『本居宣長(もとおりのりなが)』

자가진단테스트문제 [step-3]

※ 다음 물음에 각각 히라가나 또는 한자로 답하시오.

1. 大伴家持が編者と伝えられ、歌数約4,500首からなる現存する日本最古の歌集は何ですか。

2. 日本で最も古い物語で、かなを使った最初の文学といわれる作品は何ですか。

3. 平安時代に、醍醐天皇の命令によって紀貫之らが編集した最初の勅撰和歌集は何ですか。

4. 宮廷生活の中で、折にふれて感じたことを個性豊かに書きつづり、『源氏物語』と並んで平安文学の双璧とされる作品とその作者は？

5. 平安時代に紀貫之が著し、かな文による日記のさきがけとなった日記は何ですか。

6. 天竺(インド)・震旦(中国)・本朝(日本)の説話約1000編を集成した日本最大の古説話集は何ですか。

7. 鎌倉時代には宮廷女流日記が流行したが、その代表作『十六夜(いざよい)日記』の作者は誰ですか。

8. 後鳥羽上皇の命令でつくられた鎌倉時代最初の勅撰和歌集は何ですか。

9. 鎌倉時代に鴨長明が自分の体験した社会のできごとなどをつづった随筆は何ですか。

10. 『金槐和歌集』は誰の歌を集めた歌集か何ですか。

11. 平安時代の『枕草子』とならぶ随筆で、鎌倉時代に吉田兼好が書いた作品は何ですか。

12. 室町時代に宗祇が大成した、和歌の上の句と下の句をつなげていく遊びは何ですか。

13. 「南北朝」の争いを中心に扱った室町時代の軍記物語は何ですか。

14. 江戸時代に『世間胸算用』『好色一代男』など、町人を主人公にした文学を確立した作家は？

15. 元禄文化が栄えたころ、大坂で浄瑠璃や歌舞伎の台本を書き、義理人情にしばられた町人や武士の世界を描いた作家は？

16. 歌人でもある上田秋成が、わが国の古典や中国の小説に題材をとってまとめた怪異小説の傑作は何ですか。

17. 江戸っ子の弥次郎兵衛と喜多八の2人が、数々の失敗や滑稽を繰り返しながら東海道を下る珍道中を描いた十返舎一九の作品は何ですか。

18. 滝沢(曲亭)馬琴が、中国の『水滸伝』の構想を模倣して書いた雄大な作品は何ですか。

19. 「しずかさや岩にしみ入るせみの声」の俳句の作者は誰ですか。

20. 「目出度さもちう位なりおらが春」と詠んだ孤独と逆境の俳人は誰ですか。

21. 「菜の花や月は東に日は西に」と詠んだ、画人としても知られる俳人は誰ですか。

22. 「東海道四谷怪談」を著した歌舞伎脚本の作家は誰ですか。

23. 『小説神髄』で「小説の主脳は人情なり、世態風俗これに次ぐ」と説いて写実主義を提唱した明治の文学者は？

24. 言文一致体で書かれ、日本の近代写実小説の先駆とされる二葉亭四迷の作品は何ですか。

25. 名人肌の大工"のっそり十兵衛"が、義理を捨てて仕事に精魂こめる職人気質を描いた幸田露伴の名作は何ですか。

26. 東京の下町に住む少年や少女たちの世界を描いた樋口一葉の作品は何ですか。

27. 日本の近代詩の始まりといわれる島崎藤村の第一詩集は何ですか。

28. 田山花袋の『蒲団』と並んで、自然主義文学の礎石となった島崎藤村の長編小説は何ですか。

29. 狂乱する踊り子エリスを棄てて帰国の途につく豊太郎の胸中は……。明治新文学の発生期を画する清新さと浪漫的色彩の濃い『舞姫』の作者は誰ですか。

30. 白樺派に属し、『カインの末裔』『或る女』によって文名を上げた作家は誰ですか。

31. 生活感情をありのままに歌った、石川啄木の最初の歌集は何ですか。

32. 小説「野菊の墓」の作者で、アララギ派の歌人でもある人物は誰ですか。

33. 谷崎潤一郎の耽美主義の到達点を示すといわれる大阪船場の没落豪商の美しい四人姉妹の物語は何ですか。

34. 主人公時任謙作が、前編では出生の秘密に悩み、後編では妻の過失に悩みながらも、それを克服して人間的成長を遂げるという志賀直哉唯一の長編小説は何ですか。

35. 詩集「邪宗門」の著者で、有名な童謡も数多く残している詩人は誰ですか。

36. 斎藤茂吉の作で、近代短歌の代表作といわれる歌集は何ですか。

37. 芥川竜之介の出世作といわれる、世間のうわさを気にする僧を主人公にした作品は何ですか。

38. 資本主義の矛盾を、北洋の蟹工船で働く労働者集団を通して鋭くついた『蟹工船』の作者は誰ですか。

39. 弟の自殺を助けたという罪人の気持ちをえがいた森鴎外の歴史小説は何ですか。

40. 「智恵子は東京に空が無いといふ、ほんとの空が見たいといふ」と、亡き妻の半生をうたった詩集『智恵子抄』の作者は誰ですか。

41. 処女歌集『みだれ髪』で女性の官能と情熱を大胆にうたい、大きな反響を呼んだ歌人は誰ですか。

42. 『風の又三郎』『銀河鉄道の夜』などの童話の作者は誰ですか。

43. 芥川竜之介作の、仙人になれなかった男を主人公とする中国に取材した小説は何ですか。

44. 冒頭で、天城峠が舞台になる川端康成の青春小説は何ですか。

45. 第二次世界大戦後の時勢の変化を4人の主人公の滅亡の姿の中にとらえ、"斜陽族"という流行語まで生んだ『斜陽』の作者は？

46. 生まれてすぐ里子に出された少年の生い立ちを主題にした下村湖人の小説は何ですか。

47. 佐渡の民謡に取材した、木下順二の戯曲は何ですか。

48. 金閣寺の美にとりつかれた青年の心理を描いた『金閣寺』の作者は誰ですか。

49. 水島上等兵の生きざまを描いた『ビルマの竪琴』の作者は誰ですか。

50. 広島の被爆悲劇をテーマにして話題を集めた井伏鱒二の作品は何ですか。

※ 다음의 문장으로 시작되는 작품명을 히라가나(ひらがな) 또는 한자(漢字)로 쓰시오.

51. 春はあけぼの。やうやうしろくなりゆく山ぎは、すこしあかりて、紫だちたる雲のほそくたなびきたる。

52. ゆく河の流れは絶えずして、しかももとの水にあらず。

53. 月日は百代の過客にして、行かふ年も又旅人也。

54. 祇園精舎の鐘の声、諸行無常の響きあり。娑羅双樹の花の色、盛者必衰の理をあらわす。

55. 男もすなる日記といふものを、女もしてみむとて、するなり。

56. つれづれなるままに、日くらし、硯にくかひて、心にうつりゆくよしなし事を、そこはかとなく書きつくれば、あやしうこそものぐるほしけれ。

57. 山路を登りながら、かう考えた。智に働けば角が立つ。情に棹させば流される。意地を通せば窮屈だ。兎角(とかく)に人の世は住みにくい。

58. 越後の春日を経て今津へ出る道を、珍しい旅人の一群(ひとむれ)が歩いている。母は三十歳をこえたばかりの女で、二人の子供を連れている。姉は十四、弟は十二である。それに四十位の

女中が一人附いて、草臥(くたび)れた同胞(はらから)二人を、「もうじきお宿におつきなさいます」といって励まして歩かせようとする。

59. 木曾路はすべて山の中である。

60. 国境の長いトンネルを抜けると雪国であった。夜の底が白くなった。信号所に汽車が止まった。

61. 十年ひとむかしというならば、この物語の発端はいまからふたむかし半もまえのことになる。世の中のできごとはといえば、選挙の規則があらたまって、普通選挙法というのがうまれ、二月にその第一回の選挙がおこなわれた、2ケ月後のことになる。昭和三年四月四日、農山漁村の名がぜんぶあてはまるような瀬戸内海べりの一寒村へ、わかい女の先生が赴任してきた。

62. 或(ある)日の事でございます。御釈迦様は極楽の蓮池のふちを、独りでぶらぶら御歩きになっていらっしゃいました。池の中に咲いている蓮の花は、みんな玉のようにまっ白で、そのまん中にある金色の蕊(ずい)からは、何ともいえない好い匂が、絶間なくあたりへ溢れて居ります。極楽は丁度朝なのでございましょう。

63. そのとき、吾一は学校から帰ったばかりだった。はかまをぬいでいるところへ、おとっつあんが、ひょっこり帰ってきた。おとっつあんは、彼に銅貨を一つ渡して、焼きイモを買ってこい、と言った。よっぽど腹がすいているらしく、いやにせかせかしていた。吾一は、急いで路地を駆け出して行った。

64. 四里の道は長かった。其間に青縞の市の立つ羽生の町があった。

65. 道がつづら折りになって、いよいよ天城峠に近づいたと思う頃雨脚が杉の密林を白く染めながら、すさまじい早さで……

66. 廻(まわ)れば大門の見かへり柳いと長けれど、お歯ぐろ溝(どぶ)に澄火うつる三階の騒ぎも手に取る如く。明暮れなしの往(ゆ)き来には……。

67. 親ゆずりの無鉄砲で子供のときから損ばかりしている。小学校にいる時分、学校の二階から飛び降りて、一週間ほど腰を抜かしたことがある。

68. いづれの御時にか、女御更衣あまたさぶらひたまひける中に、いとやむごとなき際にはあらぬが、すぐれて時めきたまふありけり。

69. 幼時から父は、私によく、金閣のことを語った。

70. 或日の暮方のことである。一人の下人が羅生門の下で雨やみを待ってゐた。広い門の下には、この男の外に誰もゐない。

※ 다음 고전문학 작품명 및 인물을 한자를 히라가나(ひらがな)로 쓰시오.

71. 蜻蛉日記

72. 旋頭歌

73. 狭衣物語

74. 更級日記

75. 十六夜日記

76. 閑吟集

77. 御伽草子

78. 宇治拾遺物語

79. 洒落本

80. 平田篤胤

81. 荻生徂徠

82. 犬子集

83. 野晒紀行

84. 国性爺合戦

85. 不如帰

86. 高山樗牛

87. 虞美人草

88. 戯作三昧

89. 室生犀星

90. 檸檬

91. 赤光

92. 河東碧梧桐

93. 飯田蛇笏

94. 春琴抄

95. 倫敦塔

96. 俘虜記

97. 井伏鱒二

98. 水原秋桜子

자가진단테스트문제 [step-3] 정답

정답

1 万葉集	2 竹取物語	3 古今和歌集	4 枕草子・清少納言
5 土佐日記	6 今昔物語集	7 阿仏尼	8 新古今和歌集
9 方丈記	10 源実朝	11 徒然草	12 連歌
13 太平記	14 井原西鶴	15 近松門左衛門	16 雨月物語
17 東海道中膝栗毛	18 南総里見八犬伝	19 松尾芭蕉	20 小林一茶
21 与謝蕪村	22 鶴屋南北	23 坪内逍遥	24 浮雲
25 五重塔	26 たけくらべ	27 若菜集	28 破戒
29 森鴎外	30 有島武郎	31 一握の砂	32 伊藤左千夫
33 細雪	34 暗夜行路	35 北原白秋	36 赤光
37 鼻	38 小林多喜二	39 高瀬舟	40 高村光太郎
41 与謝野晶子	42 宮沢賢治	43 杜子春	44 伊豆の踊り子
45 太宰治	46 次郎物語	47 鶴	48 三島由紀夫
49 竹山道雄	50 黒い雨	51 枕草子(作者:清少納言)	52 方丈記(鴨長明)
53 奥の細道(松尾芭蕉)	54 平家物語(作者不詳)	55 土佐日記(紀貫之)	56 徒然草(吉田兼好)
57 草枕(夏目漱石)	58 山椒太夫(森鴎外)	59 夜明け前(島崎藤村)	60 雪国(川端康成)
61 二十四の瞳(壺井栄)	62 くもの糸(芥川竜之介)	63 路傍の石(山本有三)	64 田舎教師(田山花袋)
65 伊豆の踊り子(川端康成)	66 たけくらべ(樋口一葉)	67 坊っちゃん(夏目漱石)	68 源氏物語(紫式部)
69 金閣(三島由紀夫)	70 羅生門(芥川竜之介)	71 かげろうにっき	72 せどうか
73 さごろもものがたり	74 さらしなにっき	75 いざよいにっき	76 かんぎんしゅう
77 おとぎぞうし	78 うじしゅういものがたり	79 しゃれぼん	80 ひらたあつたね
81 おぎゅうそらい	82 えのこしゅう	83 のざらしきこう	84 こくせんやかっせん
85 ほととぎす	86 たかやまちょぎゅう	87 ぐびじんそう	88 げさくざんまい
89 むろうさいせい	90 れもん	91 しゃっこう	92 かわひがしへきごとう
93 いいだだこつ	94 しゅんきんしょう	95 ろんどんとう	96 ふりょき
97 いぶせますじ	98 みずはらしゅうおうし		

자가진단테스트문제 [step-4]

※ 다음 물음에 알맞은 작품명과 작자명을 한자 또는 히라가나로 쓰시오.

1. あすのために現在を力強く生きる鮎太の半生を描いた作者の自伝的小説の作品名と作者名を書きなさい。

2. 野性的な娘杏っ子の生き方を中心に作者の生涯を回想しながら人生の真実を求めた小説の作品名と作者を書きなさい。

3. 三行書きの平易な言葉で生活の辛苦を歌い、情感あふれる世界を築き上げた短歌551首を収めた歌集の作品名と作者名を書きなさい。

4. 伊豆の山中を一人旅する高校生と旅芸人の可憐な少女との出会いを叙情的に描いた作品名と作者名を書きなさい。

5. 望みは叶えられぬうちが花なのだという主題を今昔物語の話を借りて構成した短編の作品名と作者名を書きなさい。

6. 逆境にも挫けず、傑作を生み出した青年画家の芸術家としての精神の成長を描いた短編の作品名と作者名を書きなさい。

7. 昭和10年代のくらい社会を背景にひとりの貧しい大学生の苦悩や不安を描いた作者の代表作と作者名を書きなさい。

8. 仙台・平泉・新潟・敦賀・大垣を旅した時の俳句の題目と作者名を書きなさい。

9. 仇を討つ者と討たれる者とが共に人間愛に目覚める感動的な物語の作品名と作者名を書きなさい。

10. 考え深い善太とやんちゃな三平兄弟を中心に子供の世界を描き、大人の心にも感動を与える傑作の作品名と作者名を書きなさい。

11. 事故で死を目前に見た作者の気持ちが蜂やネズミの死の場面に託されて的確に描かれた短編の作品名と作者名を書きなさい。

12. 理想(馬鈴薯)と現実(牛肉)とについて語る青年たちの会話で構成された独歩中期の代表作と作者名を書きなさい。

13. 少年ジョバンニが友達と銀河鉄道の旅に出る痛切な美しさに満ちた作品名と作者名を書きなさい。

14. 戦争中に生きた学生の苦しみを描いた作品名と作者名を書きなさい。

15. 1200余編の説話を集めた日本最大の説話集の作品名と作者名を書きなさい。

16. 中学時代に風変わりな劣等生だった作者の細やかな感覚が表現されたユニークな短編の作品名と作者名を書きなさい。

17. 簡潔な雅俗折衷体で描かれた珍談・奇談集の作品名と作者名を書きなさい。

18. 犯した犯罪によって死刑になる父の身代わりになる決意をする16歳の娘の話の作品名と作者名を書きなさい。

19. 蒔岡家の美しい四姉妹を中心に絵巻物のように繰り広げられる谷崎の代表的長編小説の作品名と作者名を書きなさい。

20. 詩人になりそこなって虎になった憐れな男の物語の中に人間の生き方や芸術の問題を提示している作品名と作者名を書きなさい。

21. 谷川の岩屋に閉じ込められた怪魚山椒魚の嘆きを諷刺をこめてユーモラスに描いた擬人体の短編の作品名と作者名を書きなさい。

22. 父の行方をたずねて母とともに旅立った安寿と厨子王姉妹が人買いに売られる悲しい物語の作品名と作者名を書きなさい。

23. 磯の香と明るい太陽に包まれた南海の小島を舞台に若者と船主の健康な愛を描いた作品名と作者名を書きなさい。

24. 伊豆湯が島を舞台に洪作少年が憂い多い大人の世界に目覚めていく姿を描く自伝小説の作品名と作者名を書きなさい。。

25. 戦時中の日本の軍隊を下級兵士の目を通して批判的に眺めた長編小説の作品名と作者名を書きなさい。

26. 小学生の純粋な美への憧れが父や教師には理解されないことを皮肉をこめて描いた作品の作品名と作者名を書きなさい。

27. 太平洋戦争での日本の戦艦大和の運命を描いた記録文学的作品の作品名と作者名を書きなさい。

28. 仏教思想を背景にした人生や社会に関する感想・評論・考証の集成の作品名と作者名を書きなさい。

29. 自然に憧れて旅にさすらう身の寂しさを流麗な調べにのせた詩集「若菜集」「落梅集」の作品名と作者名を書きなさい。

30. 自己を深く見つめ、事実を追求することで人道的詩人へと発展していく光太郎の第一詩集の作品名と作者名を書きなさい。

31. 船医としてマグロ船に乗り込んで世界を回って見聞したことを文明批評を織りこんでつづった航海記の作品名と作者名を書きなさい。

32. 島送りの罪人であるにも関わらず、人間的に立派な喜助と彼に深い感銘を覚える役人を描く作品名と作者名を書きなさい。

33. 17世紀初めにキリシタン禁制の日本に来たポルトガルの司祭の歴史小説の作品名と作者名を書きなさい。

34. 光源氏と薫を中心として75年にわたる貴族社会の愛の諸相を描いた作品名と作者名を書きなさい。

35. 主人公丑松を通して同和問題を描いた長編小説の作品名と作者名を書きなさい。

36. 金を賭けて王との約束を守ったメロスの信実に生きる姿をドラマチックに描いた短編の作品名と作者名を書きなさい。

37. 偽りや金銭的な欲望が渦巻く現代社会にあって、真の人間性とは何かを追及した作品名と作者名を書きなさい。

38. 長過ぎる鼻を持った僧の中に人間の弱さを発見し、巧みな手法で短編にまとめ上げた作者の出世作の作品名と作者名を書きなさい。

39. 平家の勃興・繁栄、源氏との合戦・衰亡のありさまを描いた一大叙事詩の作品名と作者名を書きなさい。

40. 無鉄砲だが正義感に燃える江戸っ子教師の活躍を歯切れの良い文章で描いた漱石初期の傑作の作品名と作者名を書きなさい。

41. 女中や女給となって各地を放浪しながらも向上心を失わぬ女の庶民的な哀歓が詩的情調で描かれる。

42. 宮廷の日常生活の経験や感想を述べた日本最古の随筆集の作品名と作者名を書きなさい。

43. 四季折々の自然美を武蔵野に見出し、近代的な写実主義で描き尽くした独歩不朽の名作の作品名と作者名を書きなさい。

44. 恋愛と友情・失恋。若い読者の心を知的に高める白樺派的恋愛小説の代表的作品の作品名と作者名を書きなさい。

45. 人の心の真実にこがれて美しい女性に化身した鶴が人の心の醜さに失意して去って行く民話劇の作品名と作者名を書きなさい。

46. 今昔物語にヒントを得た王朝物で、人間の利己心を鋭くえぐるの作品名と作者名を書きなさい。

47. 逆境の人生に力強く立ち向かう吾一少年の姿を通じて読者に生きる勇気を与える長編の作品名と作者名を書きなさい。

48. 早熟な女学生と理知的な女教師の間で煮えきらぬ男教師の青春心理の葛藤を描いた作品名と作者名を書きなさい。

49. ユーモアと皮肉にあふれた長編の作品名と作者名を書きなさい。

50. 私の過去を辿りながら一貫して社会に対する鋭い目を光らせる作品名と作者名を書きなさい。

정답

1. あすなろ物語, 井上靖
2. 杏っ子, 室生犀星
3. 一握の砂, 石川啄木
4. 伊豆の踊子, 川端康成
5. 芋粥, 芥川竜之介
6. 生まれ出づる悩み, 有島武郎
7. 絵本, 田宮虎彦
8. 奥の細道, 松尾芭蕉
9. 恩讐の彼方に, 菊池寛
10. 風の中の子供, 坪田譲治
11. 城の崎にて, 志賀直哉
12. 牛肉と馬鈴薯, 国木田独歩
13. 銀河鉄道の夜, 宮沢賢治
14. 雲の墓標, 阿川弘之
15. 今昔物語, 宇治大納言源隆国編者
16. サーカスの馬, 安岡章太郎
17. 西鶴諸国咄, 井原西鶴
18. 最後の一句, 森鴎外
19. 細雪, 谷崎潤一郎
20. 山月記, 中島敦
21. 山椒魚, 井伏鱒二
22. 山椒太夫, 森鴎外
23. 潮騒, 三島由紀夫
24. しろばんば, 井上靖
25. 真空地帯, 野間宏
26. 清兵衛と瓢箪, 志賀直哉
27. 戦艦大和の最後, 吉村昭
28. 徒然草, 吉田兼好
29. 藤村詩集, 島崎藤村
30. 道程, 高村光太郎
31. どくとるマンボウ航海記, 北杜夫
32. 高瀬舟, 森鴎外
33. 沈黙, 遠藤周作
34. 源氏物語, 紫式部
35. 破戒, 島崎藤村
36. 走れメロス, 太宰治
37. 裸の王様, 開高健
38. 鼻, 芥川竜之介
39. 平家物語, 信濃前司行長？
40. 坊ちゃん, 夏目漱石
41. 放浪記, 林芙美子
42. 枕草子, 清少納言
43. 武蔵野, 国木田独歩
44. 友情, 武者小路実篤
45. 夕鶴, 木下順二
46. 羅生門, 芥川竜之介
47. 路傍の石, 山本有三
48. 若い人, 石坂洋次郎
49. 吾輩は猫である, 夏目漱石
50. 私ひとりの私, 石川達三

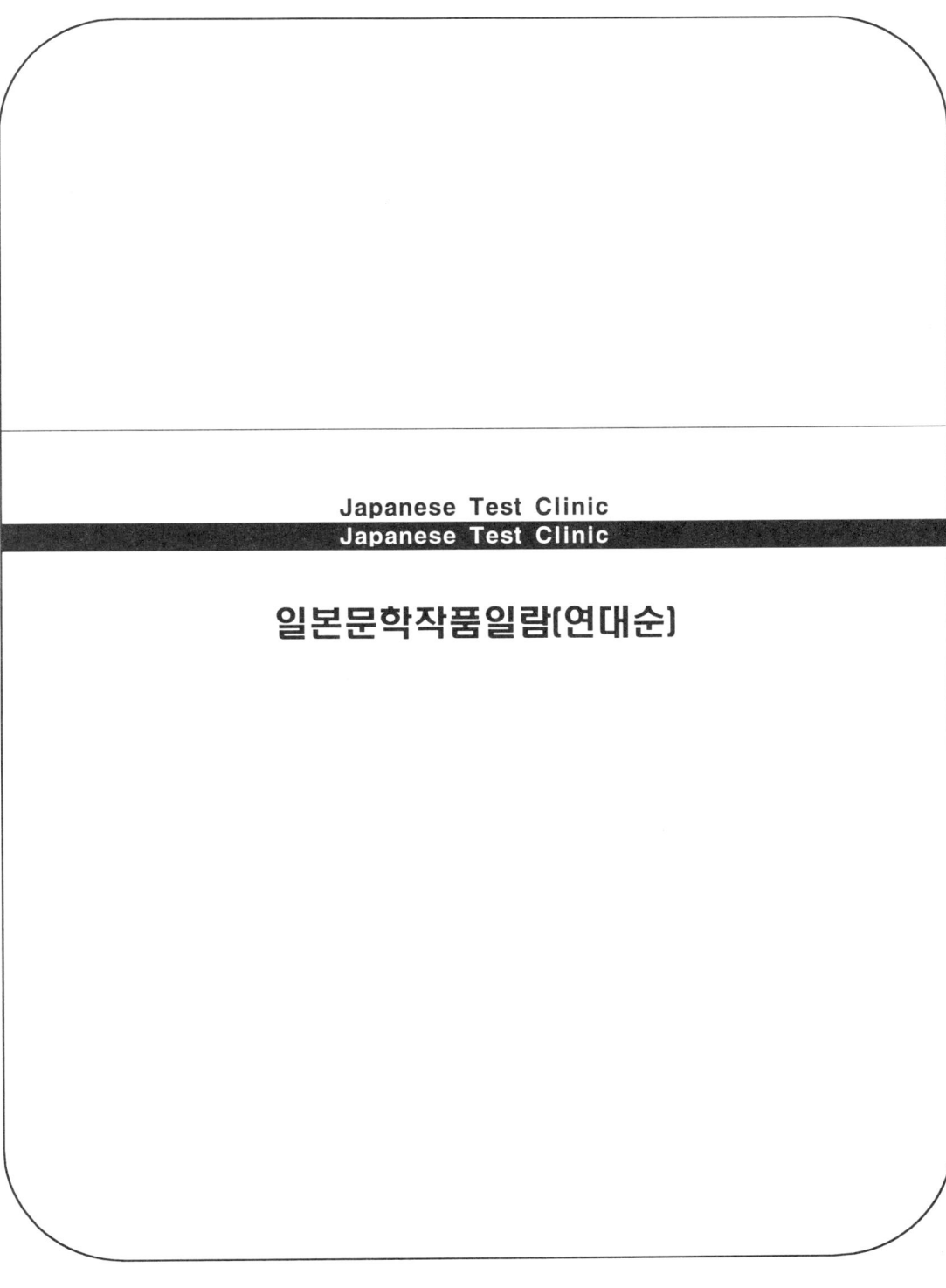

Japanese Test Clinic
Japanese Test Clinic

일본문학작품일람(연대순)

일본문학작품일람(연대순)

上代文学

712年『古事記』稗田阿礼・太安万侶/ 神話
713年頃『風土記』/ 地方誌
720年『日本書紀』舎人親王/ 神話、歴史
751年『懐風藻』未詳 /漢詩集
759年以前『万葉集』大伴家持ら/ 和歌集
758-822年頃『日本現報善悪霊異記(日本霊異記)』景戒/ 説話

中古文学

797年『続日本紀』藤原継縄・菅原真道ら/ 歴史
905年『古今和歌集 醍醐天皇勅令』紀貫之・紀友則ら/ 勅撰和歌集
910年以前『竹取物語』未詳/ 物語
935年頃『土佐日記』紀貫之/ 日記
940年『将門記』未詳/ 軍記
951年『後撰和歌集』村上天皇勅令 /清原元輔・源順ら/ 勅撰和歌集
851年頃『大和物語』未詳/ 物語
956年以後『伊勢物語』未詳/ 物語
965年頃『平中物語』未詳/ 物語
974年以後『蜻蛉日記』右大将道綱母/ 日記
984年以前『宇津保物語』未詳/ 物語
984年『三宝絵』源為憲/ 説話
985年『往生要集』源信/ 仏教
989年頃『落窪物語』未詳/ 物語
1000年頃『枕草子』清少納言/ 随筆
1004年以後『和泉式部日記』和泉式部/ 日記

1005年 『拾遺和歌集』花山院勅令/ 勅撰和歌集
1008年頃 『源氏物語』紫式部/ 物語
1010年頃 『和漢朗詠集』/ 歌集
1010年以後 『紫式部日記』紫式部/ 日記
1028年以後 『栄華物語』赤染衛門/ 歴史物語
1057年頃 『浜松中納言物語』未詳/ 物語
1059年以後 『更級日記』菅原孝標女/ 日記
1060年以前 『夜の寝覚』未詳/ 物語
1063年頃 『陸奥話記』未詳/ 軍記
1066年以前 『本朝文粋』藤原明衡/ 漢詩文
1080年頃 『狭衣物語』六条斎院宣旨源頼国女/ 物語
1086年 『後拾遺和歌集』白河天皇勅令/ 藤原通俊/ 勅撰和歌集
1104年頃 『江談抄』大江匡房/ 説話
1108年以後 『讃岐典侍日記』讃岐典侍藤原長子/ 日記
1115年頃 『俊頼髄脳』源俊頼/ 歌学
1119年頃 『新撰朗詠集』藤原基俊/ 歌謡
1120年頃 『大鏡』未詳/ 歴史物語
1120年頃 『今昔物語集』未詳/ 説話
1127年頃 『金葉和歌集』源俊頼/ 勅撰和歌集
1151年 『詞花和歌集』藤原顕輔/ 勅撰和歌集
1170年 『今鏡』藤原為経/ 歴史物語
1179年頃 『宝物集』平康頼/ 説話
1180年以前 『とりかへばや物語』未詳/ 物語
1184年 『梁塵秘抄』後白河天皇/ 歌謡
1188年 『千載和歌集』後白河法皇勅令/ 藤原俊成/ 勅撰和歌集

中世文学

1190年以前 『山家集』西行/ 私家集
1197年 『古来風体抄』藤原俊成/ 歌論書
1201年以前 『無名草子』藤原俊成女(？)/ 物語評論
1204年 『長秋詠藻』藤原俊成/ 和歌
1205年 『新古今和歌集』後鳥羽院勅令/ 藤原定家・源通具ら/ 勅撰和歌集
1209年 『近代秀歌』藤原定家/ 歌論書
1212年 『方丈記』鴨長明/ 随筆

1212年頃『無名抄』鴨長明/ 歌論書
1213年『金槐和歌集』源実朝/ 和歌
1215年以前『古事談』源顕兼/ 説話
1216年以前『発心集』鴨長明/ 説話
1219年以前『保元物語』未詳/ 軍記
1219年以前『平治物語』未詳/ 軍記
1219年以前『平家物語』未詳/ 軍記
1220年『愚管抄』慈円/ 歴史
1222年『閑居友』慶政/ 説話
1223年 以前『海道記』未詳/ 紀行
1233年 以前『建礼門院右京大夫集』建礼門院右京大夫/ 和歌
1233年 頃『拾遺愚草』藤原定家/ 和歌
1235年『新勅撰和歌集』後堀河天皇勅令/ 藤原定家/ 勅撰和歌集
1237年以前『正法眼蔵随聞記』道元/ 仏教
1242年以後『宇治拾遺物語』未詳/ 説話
1252年『十訓抄』六波羅二﨟左衛門入道/ 説話
1254年『古今著聞集』橘成季/ 説話
1271年『風葉和歌集』藤原為家(?)/ 物語歌集
1278年以前『弁内侍日記』弁内侍/ 日記
1279年以前『うたたね』阿仏尼/ 日記
1279年頃『十六夜日記』阿仏尼/ 日記
1283年『沙石集』無住道暁/ 説話
1292年以後『中務内侍日記』伏見院中務内侍/ 日記
1306年以後『とはずがたり』後深草院二条/ 日記
1312年『玉葉和歌集』伏見院勅令/ 京極為兼/ 勅撰和歌集
1330年頃『徒然草』吉田兼好/ 随筆
1339年『神皇正統記』北畠親房/ 歴史
1348年『風雅和歌集』光厳院勅令/ 勅撰和歌集
1350年以前『太平記』未詳/ 軍記
1356年『菟玖波集』二条良基/ 准勅撰連歌撰集
1361年頃『曾我物語』未詳/ 軍記
1362年『河海抄』四辻善成/ 注釈
1376年以前『増鏡』未詳/ 軍記
1400年『風姿花伝』世阿弥/ 能
1411年頃『義経記』未詳/ 軍記
1430年『申楽談儀』観世元能/ 能
1463年『ささめごと』心敬/ 連歌

1467年 『吾妻問答』宗祇/ 連歌
1472年 『花鳥余情』一条兼良/ 注釈
1476年 『竹林抄』宗祇/ 連歌
1488年 『水無瀬三吟百韻』宗祇・肖柏・宋長/ 連歌
1495年 『新撰菟玖波集』一条冬良・宗祇/ 准勅撰連歌撰集
1518年 『閑吟集』未詳/ 歌謡
1531年 『おもろさうし』/ 歌謡

近世文学

1623年頃 『竹斎』富山道治/ 仮名草子
1623年 『きのふはけふの物語』未詳/ 噺本
1628年 『醒睡笑』安楽庵策伝/ 仮名草子・噺本
1633年 『犬子集』松江重頼/ 俳諧
1639年頃 『仁勢物語』未詳/ 仮名草子
1643年 『新増犬筑波集』松永貞徳/ 俳諧
1649年 『挙白集』木下長嘯子/ 和歌・和文
1662年 『江戸名所記』浅井了意/ 地誌
1682年 『好色一代男』井原西鶴/ 浮世草子
1685年 『出世景清』近松門左衛門/ 浄瑠璃
1686年 『好色五人女』井原西鶴/ 浮世草子
1686年 『好色一代女』井原西鶴/ 浮世草子
1687年 『男色大鑑』井原西鶴 /浮世草子
1687年 『武道伝来記』井原西鶴/ 浮世草子
1688年 『日本永代蔵』井原西鶴 /浮世草子
1690年 『万葉代匠記』契沖/ 注釈
1692年 『世間胸算用』井原西鶴/ 浮世草子
1693年 『西鶴置土産』井原西鶴 /浮世草子
1694年 『すみだはら』野坡・利牛ら/ 俳諧
1701年 『けいせい色三味線』江島其磧/ 浮世草子
1702年 『おくのほそ道』松尾芭蕉 /俳諧紀行
1703年 『曾根崎心中』近松門左衛門/ 浄瑠璃
1704年 『去来抄』向井去来/ 俳諧
1706年 『本朝文選』五老井許六/ 俳諧
1709年 『笈の小文』松尾芭蕉/ 俳諧

1711年『冥土の飛脚』近松門左衛門/ 浄瑠璃
1715年『国性爺合戦』近松門左衛門/ 浄瑠璃
1718年『独ごと』鬼貫/ 俳諧
1720年『心中天の網島』近松門左衛門/ 浄瑠璃
1721年『女殺油地獄』近松門左衛門/ 浄瑠璃
1725年以前『折たく柴の記』新井白石/ 伝記
1770年『遊子方言』田舎老人多田爺 /洒落本
1776年『雨月物語』上田秋成/ 読本
1789年『玉くしげ』本居宣長/ 国学
1790年『古事記伝』本居宣長/ 国学
1795年『玉勝間』本居宣長/ 国学
1797年『新花摘』与謝蕪村/ 俳諧
1801年『父の終焉日記』小林一茶/ 俳諧
1802年『東海道中膝栗毛』十返舎一九/ 滑稽本
1809年『浮世風呂』式亭三馬/ 滑稽本
1813年『浮世床』式亭三馬/ 滑稽本
1814年『南総里見八犬伝』曲亭馬琴/ 読本
1820年『おらが春』小林一茶/ 俳諧
1825年『東海道四谷怪談』鶴屋南北/ 歌舞伎
1829年『修紫田舎源氏』柳亭種彦

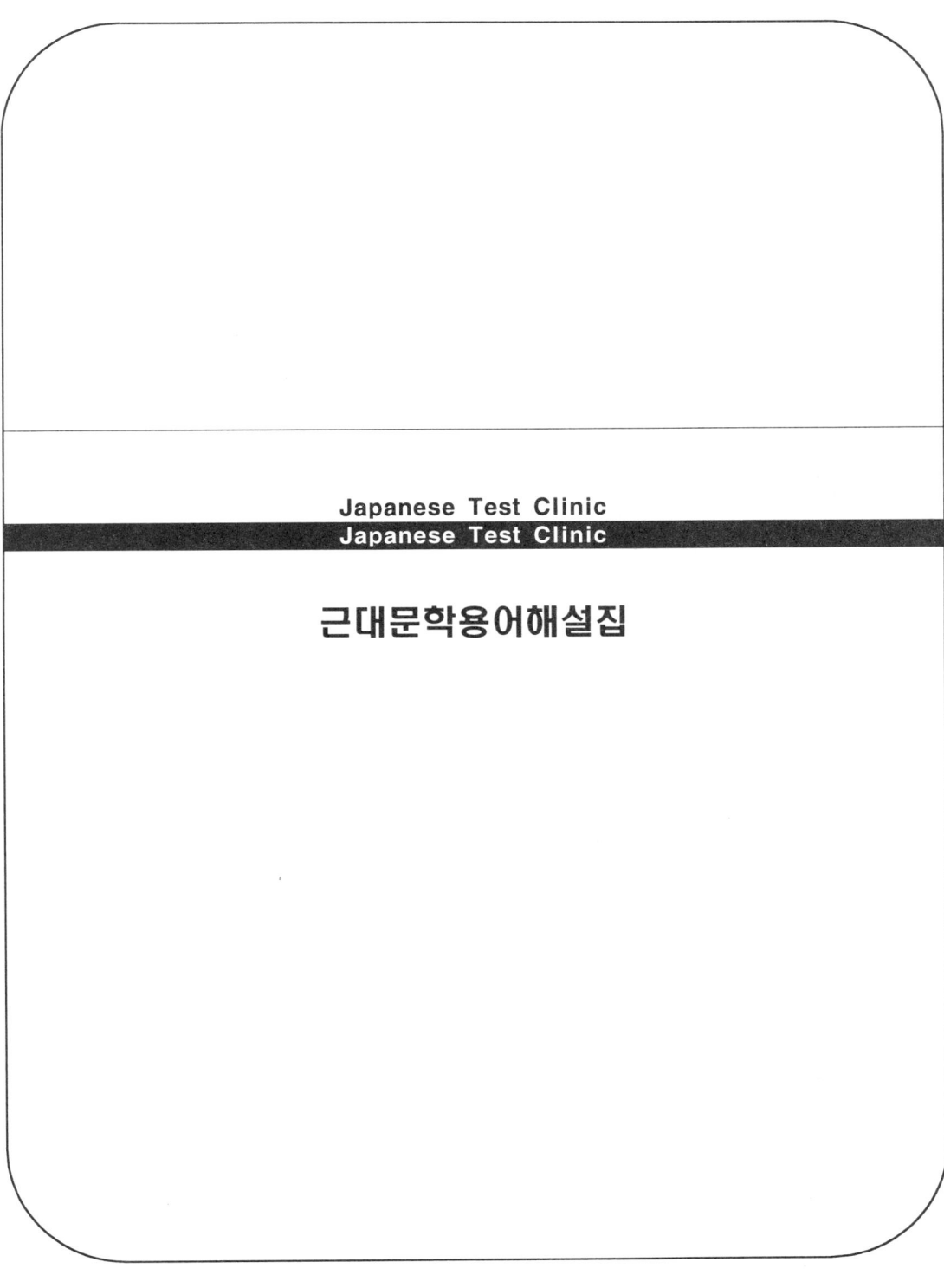

Japanese Test Clinic
Japanese Test Clinic

근대문학용어해설집

근대문학용어해설집

001 아이덴티티(identity 英)
자기동일성, 진정한 자신, 자신의 존재의 증명 등의 의미로 사용된다.

002 아이러니(irony 英)
비꼬는 말 또는 반어(反語). 본래의 의도와는 반대의 표현을 써서 진의(真意)를 넌지시 비추는 표현형식.

003 아웃사이더(outsider 英)
사회 체제·주류(主流)로부터 벗어나 있는 사람. 기성사회로의 순응을 애써 거부하는 사람도 포함됨.

004 芥川賞(あくたがわしょう)
芥川龍之介(あくたがわりゅうのすけ)를 기념하여 昭和10년에 창설된 문학상. 봄·가을에 총 두번 선정되며, 신인작가의 등용문으로 일컬어지고 있다.

005 액추앨리티(actuality 英)
현실의 형태로서 지금 현존하고 있는 사상을 말함. 사실성·현대성·시사성·능동성 등의 의미를 포함한다.

006 悪魔主義(あくましゅぎ)
퇴폐적 탐미주의. 윤리·관습에 대항하고, 괴의한 암흑의 세계·악마적인 것에서 미와 쾌감을 느낀다. 포, 와일드, 보들레르 등. 일본에서도 永井荷風(ながいかふう), 谷崎潤一郎(たにざきじゅんいちろう) 등이 그 영향을 받았다.

007 あさ香社(あさかしゃ)
落合直文(おちあいなおぶみ)주재의 短歌 결사.

008 新しき村(あたらしきむら)
武者小路実篤(むしゃのこうじさねあつ)가 大正7년에 인도주의적 이상의 실현을 위하여 건설한 공동체 마을. 우여곡절 끝에 현재까지 埼玉県(さいたまけん)에 존속하고 있다.

009   아나키즘(anarchism 英)
무정부주의. 개인의 절대적 자유와 평등을 주장, 모든 정치적 권력을 부정한다. 바쿠닌, 크로폿킨, 일본에서는 幸徳秋水(こうとくしゅうすい)・大杉栄(おおすぎさかえ)・荒畑寒村(あらはたかんそん) 등이 대표적이다. 시 잡지「赤と黒」그룹에도 이러한 경향이 있었다.

010   아나크로니즘(anachronism 英)
시대착오・시대에 뒤쳐짐.

011   아방가르드(avant garde 仏)
전위. 기성개념을 파괴하고, 시대를 선구하려는 경향. 큐비즘(입체파)・미래파・표현주의・다다이즘・쉬르레알리슴(초현실주의) 등으로 대변된다. 일본에서는 滝口修造(たきぐちしゅうぞう)・花田清輝(はなだきよてる)등이 추진하였다.

012   아포리즘(aphorism 英)
경구・잠언. 압축된 짧은 단편적 문구에 깊은 진리가 담겨져 있는 것.「侏儒の言葉(しゅじゅのことば)」(芥川龍之介) 등.

013   아프리오리(a priori 仏)
선구적・선천적. 경험에 앞선 선험적 인식・관념.

014   아프레게르(après-guerre 仏)
전후(戦後)적 상황이라는 의미이나, 문예용어로서는 서양에서는 제1차 세계대전 후의 전위운동을 가리키며, 일본에서는 태평양 전쟁 후의 문학세대를 가리킨다. 野間宏(のまひろし), 中村真一郎(なかむらしんいちろう), 椎名麟三(しいなりんぞう), 梅崎春生(うめざきはるお), 武田泰淳(たけだたいじゅん), 三島由紀夫(ゆしまゆきお) 등과「純粋詩(じゅんすいし)」,「荒地(あれち)」그룹의 시인들.

015   아폴로형
독일의 니체가 분류한 것에서 출발하여 청징(清澄)・정밀한 미의 양식을 말한다. ↔디오니소스형(망아(忘我)적・동적인 미의 양식)

016   アララギ派
短歌잡지「アララギ」에 거취한 시가인의 총칭. 藤左千夫(いとうさちお), 長塚節(ながつかたかし), 島木赤彦(しまぎあかひこ), 斎藤茂吉(さいともきち), 中村憲吉(なかむらけんきち), 土屋文明(つちやぶんめい) 등을 배출하였고 가단(歌壇)의 주류를 이루면서 그 흐름은 오늘에까지 이어지고 있다.

017   앙가주망(engagement 仏)
문학자로서의 사회 참가를 의미한다. 프랑스의 사르트르가 주장, 일본에서도 大江健三郎(おおえけんざぶ

ろう) 등에서 그 영향을 엿볼 수 있다.

018 안티테제(antithese 独)
하나의 주장에 대응하는 그것을 부정하는 내용의 주장. 반정립.

019 앙뉘(ennui 仏)
권태・따분함. 문예용어로서는 생활에의 관심을 잃은 정신적 권태로, 거기에서 오는 상식에 대한 반항・사회악 등을 포함한다. 보들레르(仏)의 작품에 전형적으로 나타난다.

020 意識の流れ(いしきのながれ)
계속적으로 흐르고 있는 인물의 심리활동 그 자체를 묘사하려는 기법.『ユリシーズ(J)』에 의해 주목받았다. 일본에서도 川端康成(かわばたやすなり), 伊藤整(いとうせい)를 비롯하여 현대작가 대부분이 그 영향을 받고 있다.

021 一元描写(いちげんびょうしゃ)
작품 속의 한 인물에게 작가의 주관을 이입시켜 그 인물의 눈을 통하여 인생을 묘사하는 형태로, 일원적으로 시점을 통일하는 방법. 田山花袋(たやまかたい), 岩野泡鳴(いわのほうめい)의 주장. 사소설・심경소설 수법의 이론적인 제시가 되기도 하였다.

022 이데올로기(Ideologie 独)
철학・과학・예술・종교 등의 근본적 관념. 또는 계급・당파의 사상체계.

023 이미지(image 英)
심상・형상・영상. 작품이나 묘사를 통하여 독자의 마음 속에 그려지는 직관적인 표현. 시각적 요소가 중심.

024 일루션(illusion 英)
착각・환상. 비현실적인 공상이나 이미지.

025 印象批評(いんしょうひひょう)
과학적 원리나 객관적 기준의 존재를 부정하고, 작품에 대한 순수한 인상과 직감을 비평의 기초로 하는 것. 일본의 小林秀雄(こばやしひでお)의 비평태도에서 보여 진다. (=주관비평, ↔과학적 비평)

026 위트(wit 英)
지혜・재치. 기발한 발상에 의한 지적이고 풍자적이며 우스꽝스러운 행동 또는 그러한 작품. 온화하고 공감적인 웃음을 자아내는 것은 유머라고 한다.

027 이그조티시즘(exoticism 英)
이국정서·이국정취. 먼 외국의 인물·풍물을 제재로 하여 이국에의 동경을 노래함. 초기의 鴎外(おうがい)나 「パンの会」그룹 등에서 보여 지는 경향.

028 에고이즘(egoism 英)
이기주의. 자신에의 이익을 판단·행동의 기준으로 삼는 태도. 에고티즘(행동의 근거로서 자신의 교양을 중시하는 태도)과는 별개의 의미.

029 SF(science fiction 英)
공상과학소설. 베네르와 웰즈가 본격적으로 쓰기 시작하였다. 일본에서는 星新一(ほししんいち), 小松佐京(こまつさきょう), 筒井康隆(つついやすたか)등이 활동하였다. 小松의 『日本沈没(にほんちんぼつ)』(昭和48)이 베스트셀러가 되기도 하였다.

030 에스프리(esprit 仏)
재치·정신. 보통은 프랑스인 특유의 유연한 정신활동을 가리킨다.

031 에스프리 누보(esprit nouveau 仏)
제1차 세계 대전 후 프랑스에서의 전위예술활동. 시·회화를 중심으로 새로운 영역의 개척을 도모한 실험적 정신. 일본에서는 「詩と詩論」그룹의 활동을 가리킨다.

032 에세이(essai 仏)
수필·수상(随想).

033 에피소드(episode 英)
삽화·일화. 긴 이야기 속에 삽입된 짧은 이야기들.

034 에로티시즘(eroticism 英)
성애(性愛)를 관능적으로 묘사한 예술작품에 사용하는 말. 내용·형식·표현이 다양하다. 성적·육체적 자극만을 추구하는 포르노그라피와는 구별된다.

035 연역(演繹)
추론·논증의 형식. (↔귀납)

036 円本(えんぽん)
한권에 1엔짜리의 전집 책. 大正15年 이후 改造社(かいぞうしゃ)의 기획이 대성공을 거두어 타사에서도 이를 따라하여 円本붐을 일으켰다. 문화의 대중화와 문화가 출판자본주의에 좌우되는 위험의 양면을 가져왔다.

037 欧化主義(おうかしゅぎ)
　明治維新(めいじいしん)후의 약 20년간에 걸쳐 나타난 구미문화로의 극단적인 심취, 모방의 풍조. 사상·풍속·문화 등 다방면에서 나타난다. 이러한 풍조가 지나쳐 明治20년대의 국수주의(자국의 고유한 것을 중시하는 사고방식)의 대두를 초래하여 이와 함께 쇠퇴하였다.

038 오노마토페(onomatopée)
음·동작·상태·내용적인 의미를 음성적으로 표현한 것. 의성어·의태어 등.

039 옴니버스(omnibus 英)
본래는 승합자동차의 의미이지만, 여러 단편을 하나로 엮은 영화나, 나아가 소설의 단편집을 말하기도 한다.

040 오리지널리티(originality 英)
독창성·창의성. 타자에서는 찾아 볼 수 없는 독자적인 창조성.

041 외재비평(外在批評)
해석·감상·인상을 근거로 한 비평을 내재비평으로서 부정하며 프롤레타리아 계급의 목적의식에 의해 작품의 사회적 의식을 평가하려고 하는 방법. 青野李吉(あおのすえきち)가 제창, 프롤레타리아 문학의 비평방법에 큰 영향을 끼쳤다.

042 快楽主義(かいらくしゅぎ)
감각적·육체적 쾌락의 추구를 가장 중요한 목적으로 하는 태도.

043 가상(仮像)
임의의 형태·거짓의 모습. 객관적 실재성을 지니지 않는 주관적 형상. 예를 들면, 미는 감성적으로는 의심의 여지없이 현실로서 체험할 수 있으나 실재적 현실이 아닌 허구의 세계에 불과하다. 이와 같은 종류의 것을 말한다.

044 가설(仮説)
자연과학 그 외에 하나의 현상을 통일적으로 설명하기 위해 설정된 가정. 가설이 진리가 되기 위해서는 사실과 실험에 의한 검증이 필요하다.

045 카타스트로프(Katastroph 独)
파국·대단원. 연극에서 최후의 장면. 인물의 성격·사건·상황의 연쇄에 의해 필연적으로 발생하는 결말로 고전극(古典劇)에서는 주인공의 파멸이라는 형태를 취한다.

046 카타르시스(katharsis 그)
정신적 정화작용. 아리스토텔레스가 설파한 비극의 효용.

047 花鳥諷詠(かちょうふうえい)
高浜虚子(たかはまきょし)가 주장한 俳句의 이념. 俳句란 사계절의 변화에 따라 발생하는 자연계・인간계의 현상을 읊는 것이라는 내용.

048 카테고리(category 英)
범주. 같은 것의 분류범위. 가장 일반적・기본적인 근본개념.

049 可能性の文学(かのうせいのぶんがく)
織田作之介(おださくのすけ)가 같은 이름의 평론(昭和21)에서 주장한 소설의 방법. 허구를 꺼려하는 전통적 소설 작법을 부정하고, 소설의 본질「嘘の可能性」, 즉 허구를 통한 인간의 가능성을 표현해야 한다고 했으나 자신으로서는 그 주장을 형상화하는 데에는 미치지 않았다.

050 感覚主義(かんかくしゅぎ)
감성이 모든 표상・인식의 원천이 되며, 감성에 없는 것은 지식 속에도 존재하지 않는다는 인식론. 문학상으로는 감각 중시의 묘사가 되기도 하고, 신감각파 등의 수법이 되기도 한다.

051 勧善懲悪(かんぜんちょうあく)
선을 권장하고 악을 응징한다는 의미. 에도시대의 戯作(げさく)에 많이 등장한 관념. 坪内逍遥(つぼうちしょうよう)는 이와 같은 교훈성을 문학에서 찾는 것은 공리주의(이익성의 여부에 따라 일의 옳고 그름을 판단하는 태도)라며 부정하였다.

052 観潮楼歌会(かんちょうろううたかい)
森鴎外(もりおうがい)의 호소에 의해 그의 집(観潮楼)에서 明治40년부터 43년까지 거의 매월 열린 노래 모임. 明星派(みょうじょうは)와 アララギ派의 주요 시가인(詩歌人)들이 모여 두 파의 교류장이 되었다.

053 観念小説(かんねんしょうせつ)
작가가 품고 있는 하나의 관념을 주제로서 명백하게 드러낸 소설. 특히 明治28년경의 泉鏡花(いずみきょうか)의『夜行巡査(やこうじゅんさ)』,『外科室(げかしつ)』・川上尾山(かわかみびざん)의『書記官(しょきかん)』등을 가리킨다. 또한 그것과는 달리 현대문학에서 사실(写実)소설에 대립하여 난해한 관념적 주제를 전개한 埴谷雄高(はにやゆたか)의『死霊(しれい)』등을 말하기도 한다.

054 궤변(詭弁)
속임수의 변론. 이치에 닿지 않음. 논리적으로 들어맞는 것 같으면서도 논리규칙에 어긋나는 것. 추론절차상으로는 올바르나 전제명제가 애매하므로 진리라고는 말할 수 없는 것 등.

055 객관주의(客観主義)
진리・실재・가치 등은 주관적 인식과 연계되지 않고 그 자체로서 존재한다고 보는 입장. (↔실증주의)

056 교양소설(教養小説)
주인공의 정신이 주위의 인간적·문화적 환경과 맞부딪치면서 한 조화로운 인격을 형성해나가는 과정을 그린 소설. T.만『魔の山(まのやま)』R.로랭『쟝·크리스토프(ジャン·クリストフ)』등이 이 계열이다. 志賀直哉(しがなおや)『暗夜行路(あんやこうろ)』, 宮本百合子(みやもとゆりこ)『伸子(のぶのこ)』, 芹沢光治郎(せりざわこうじろう)『人間の運命』등도 이 성격을 띤다.

057 극한상황(極限狀況)
인간이 궁극적으로 부딪치는 어찌해도 돌파 불가능한 출구 없는 상황. 사(死)·무(無)·딜레마·우연(偶然) 등. 실존철학에서 자주 사용되는 말이다. 한계상황이라고도 한다.

058 기록문학(記錄文学)
일기·전기·현지보고·보도문학 등 실제 인물·사건·상황 등을 기록하는 형태의 문학. 허구를 섞지 않고 사실에 입각한다는 의미로 논픽션이라고도 한다. 다큐멘터리도 이에 속한다.

059 近代主義批評(きんだいしゅぎひひょう)
근대주의의 입장으로부터 행하는 비평. 주로 中村光夫(なかむらみちお)의 비평태도(서양 모더니즘을 정통으로 하는 관점에서 일본근대문학의 편향을 논하였다)를 부정하는 입장에서 사용하는 말.

060 近代的自我(きんだいてきじが)
옛 봉건적 제도 등 전(前)시대적인 것의 속박으로부터 해방되어 개인주의·자유방임주의를 배경으로 각성한 자아. 일본에서는 전제가 되는 근대시민사회의 확립을 거치지 않은 탓에 미성숙한 상태로 끝났다. 鴎外(おうがい)『舞姫(まいひめ)』·四迷(しめい)『浮雲(うきぐも)』의 주인공에게서 그 전형을 볼 수 있다.

061 클라이막스(climax 英)
소설·연극·영화 등에 있어 작품의 최고조. 절정.

062 경향소설(傾向小説)
특정 주의나 주장을 선언하는 태도가 강하게 드러난 소설. 정치소설·사회소설·프롤레타리아 문학 등의 낮은 문학성을 비판하는 의미로 사용되는 말.

063 형이상(形而上)
구체적인 형태로서는 지각할 수 없고 이성적 사고·독자적인 직관에 의해 파악할 수 있는 관념적 세계의 것. ↔형이하(形而下·시간이나 공간 속 구체적인 형태로서 보여 지는 것)

064 芸術院賞(げいじゅついんしょう)
뛰어난 예술작품, 예술진보에 공헌한 사람에게 주어진다. 일본예술원(예술가의 우대와 함께 예술에 관한 중요사항을 문부성 측에 건의하는 것이 주요활동)이 선정한다. 昭和16년에 창설.

065 예술지상주의(芸術至上主義)
예술을 도덕·종교 등으로부터 분리시켜 예술의 자율성을 주장하는 가치관. 문학상으로는 주로 탐미적 경향으로 나타난다.

066 啓蒙文学(けいもうぶんがく)
민중에 넓은 시야와 올바른 지식을 전하기 위한 문학. 주로 프랑스 혁명 직전의 빌텔, 루소 등의 문학을 가리킨다. 일본에서는 유신(維新) 후 약 20년간의 문학경향을 총칭하여 말한다.

067 원죄(原罪)
성서에서 설명하는 아담과 이브가 신을 거역하여 범한 인류 최초의 죄. 그런 만큼 인간은 모두 신이 없는 곳으로 타락하며 그 죄를 짊어지고 태어난다고 말한다.

068 現実暴露(げんじつばくろ)
자연주의문학의 태도를 가리키는 말. 사회나 인간의 실상을 허식 없이 있는 그대로 폭로 한다고 하는 의미. 그것이 자신에게 향하면 사회적 제면을 스스로가 말살하는 것이 되어 田山花袋(たやまかたい)는 그것을 「皮剝(かわはぎ)の苦痛(くつう)」이라고 표현하였다.

069 언문일치(言文一致)
언(言)·문(文)을 일체화하여 근대 구어문체를 형성하려고 한 주장 및 그 문체.

070 硯友社(けんゆうしゃ)
尾崎紅葉(おざきこうよう)·山田美妙(やまだびみょう) 등에 의해 결성된 문학결사.

071 행동주의(行動主義)
1930년대 프랑스에서의 문학운동. 예술창조와 사회현실과의 결합을 도모한 것. 일본에서도 昭和9년 이후 小松清(こまつきよし) 등이 주도하였다.

072 高踏派(こうとうは)
프랑스 근대시의 유파 파르나시안의 번역어. 로망파에 반발해 이지적 태도에 의한 정묘한 조형미·몰개성적 객관성을 주창하였다.

073 紅露時代(こうろじだい)
尾崎紅葉(おざきこうよう)와 幸田露伴(こうだろはん)이 활약한 明治20년대를 말함. (이시기는 坪内逍遥(つぼうちしょうよう)·森鴎外(もりおうがい)가 동시에 활동한 시대이기도 하다.)

074 코스모폴리터니즘(cosmopolitanism 英)
세계주의. 국가·국경의 의식을 가지지 않는 전 세계적인 가치관. 인터내셔널리즘(국제주의. 피억압계급의 국제적 연대를 지향)과는 구별된다.

075 콩트(conte 仏)
풍자나 유머가 풍부한 단편, 또는 분량면에서 단편보다 더 짧은 이야기. 전자의 대표로는 발자크·모파상 등의 작품이 있다. 후자에 관해서 오늘날 일본에서는 川端康成(かわばたやすなり)『掌の小説』로 대표되는 장편(掌篇)소설, 혹은 星新一(ほししんいち) 등의 소단편소설(ショート・ショート)이라는 용어 쪽을 더 많이 사용한다.

076 콤퍼지션(composition 英)
문장구성법·창작방법 및 그 구성.

077 재단비평(裁斷批評)
미학·논리학 등에 의한 기준을 절대시하고 고집하는 비평태도. 낭만주의 이후 세력을 잃었으나, 마르크스주의의 입장에서의 비평 등에는 그것에 가까운 것도 있다. ↔인상비평

078 서스펜스(suspense 英)
소설·영화·연극 등에서 지속적인 불안이나 두려움을 조성함으로써 독자나 관객의 흥미를 끌어내는 기법. 이에 반해 스릴러는 오싹한 기분을 말하며 지속적이지는 않다.

079 사디즘(sadism 英)
상대를 괴롭히고 학대하며 상처 입히는 것으로부터 만족을 얻으려고 하는 태도. ↔마조히즘(고통을 받음으로서 쾌감을 얻는 태도)

080 삼일치(三一致)의 법칙
17세기 프랑스에서 확립된 이론. 극(劇)은 같은 장소에서 1일 이내에 생기(生起)·전개(展開)·종결(終結)하는 규칙으로 단일의 행위를 요구한다. 하지만, 로망파 이후에는 이에 구속받지 않게 된다.

081 삼단논법(三段論法)
논증형식의 하나.

082 산문시(散文詩)
산문의 형식으로 쓰인 시. 이는 형식보다 오히려 표현 내면에로의 리듬을 추구한다고 한다. 萩原朔太郎(はぎわらさくたろう)를 비롯해 일본에서도 많은 시인에 의해 시도되고 있다.

083 자기소외(自己疎外)
인간이 자신이 만들어낸 것에 의해 반대로 지배당하여 비인간화되어 가는 현상. 그러나 오늘날에는 일반적으로 소속해야 하는 집단으로부터 멀어지고 소외당하는 상황을 말한다.

084 自然主義(しぜんしゅぎ)
실사주의가 19세기의 실증주의・자연과학의 선례를 이어받아 생겨난 문예사조.

085 시츄에이션(situation 英)
상황(정황이라고도 한다). 개인을 둘러싸고 그때마다 여러 영향을 주는 조건들. 장면.

086 실학사상(実学思想)
이론・관념보다 실물을 중요시하고 실제 도움이 되는 것을 높이 평가하는 가치관. 일본에서는 福沢諭吉(ふくざわゆきち) 등의 계몽주의 속에서 이를 엿볼 수 있다.

087 実験小説(じっけんしょうせつ)
에밀 졸라가 주창한 자연주의 소설론. 소설을 단지 관찰이나 경험의 기록에 머무르지 않고, 과학적 성과를 근거로 한 주제를 자연의 법칙에 따라 전개해야 한다고 하면서, 인간을 생물학자의 실험 대상처럼 보았다. 루공마카르 총서(ルーゴン・マッカール叢書)는 그 성과의 작품.

088 実証主義(じっしょうしゅぎ)
사물의 현상 배후에 있는 것은 인간정신으로는 알 수 없는 초경험적인 것이며, 실체로서는 인정되지 않는다는 입장. 실증 가능한 사실만을 가지고 모두를 설명해야 한다고 주장.

089 実相観入(じっそうかんにゅう)
사생설(写生設)을 발전시킨 斎藤茂吉(さいとうもきち)에 의한 단가(短歌)이론. 현실적 풍물이나 사상을 작가의 대상으로 하여 거기에 자신을 투입해 자연과 일원화된「생(生)」을 묘사한다고 하는 것.

090 실존주의(実存主義)
본질규정 이전에 인간은 실존한다는 의식 내지는 인간 주체로서의 본연의 자세를 추궁하는 입장. 실존적 상황을 어떻게 받아들일 것인가에 따라 결론도 달라지는데, 오늘날 가장 일반적인 것은 사르트르의 사상이다. 그의『蝿(はえ)』나 카뮈의『異邦人(いほうじん)』, 일본의 椎名麟三(しいなりんぞう)의 작품 등에 반영되었다.

091 児童文学(じどうぶんがく)
유아에서 중학생정도까지의 독자를 대상으로 어른이 제작한 문학. 일본에서는 巌谷小波(いわやさざなみ)의『こがね丸』, 小川未明(おがわみめい)・鈴木三重吉(すずきみえきち)・坪田譲治(つぼたじょうじ) 등이 추진하였다. 이중에서도 三重吉 주재(主宰)의「赤い鳥」가 큰 역할을 하였다.

092 시민문학(市民文学)
시민사회를 배경에 두고 중산계급을 대상으로 하는 문학. 민족의식이나 계급 등에 구애받지 않는 개인주의적인 문학. 시민사회 자체가 서구와는 다른 탓에 일본에서는 그 개념이 명확하지는 않다.

093 저널리즘(journalism 英)
출판・라디오・텔레비전・영화 등을 이용하여 불특정 다수의 대중을 대상으로 정보 등을 전달하는 활동. = 매스컴

094 사회주의문학(社会主義文学)
넓은 의미로는 프롤레타리아 문학이나 전후 민주주의 문학도 포함되나, 좁은 의미로는 明治 후반부터 大正 전기의 사회주의적 경향의 문학을 가리킨다. 木下尚江(きのしたなおえ)『火の柱』,『良人の自白』, 石川啄木(いしかわたくぼく)『呼子と口笛』,『時代閉塞の現状』등.

095 社会小説(しゃかいしょうせつ)
청일전쟁 후의 사회적 동향을 배경으로 사회의 내면이나 빈곤 등을 제재로 다룬 소설. 裏田魯庵(うらだろあん)・小栗風葉(おぐりふうよう) 등이 이러한 경향의 작품을 썼다.

096 写生説(しゃせいせつ)
문예상으로는 正岡子規(まさおしき)가 강조한 현실을 그대로 베껴내는 태도의 주장. 俳句(はいく)・短歌(たんか)・산문 등의 각 분야에서 그 이념이 깊어갔다.

097 장르 (genre 仏)
문예의 종류. 분류의 관점・기준에 의해 여러 종류로 구분된다.

098 自由劇場(じゆうげきじょう)
小山内薫(おさないかおる)・市川左団次(いしかわさだんじ) 2세에 의해 창립된 극단(明治42-大正9). 서구 근대극이나 일본의 신진 극작가의 작품을 상연하면서 반향을 불러 일으켰다. 신극운동의 선구로서의 계몽적 공적은 크다.

099 自由民権運動(じゆうみんけんうんどう)
메이지 전반기 시민적 자유와 평등을 추구하며 국회개설 요구를 과제로 하여 행해진 운동. 전국적 규모로 전개되어 사회적・정신적인 면 그 밖에 여러 면에서 큰 영향을 끼쳤다.

100 宗教文学(しゅうきょうぶんがく)
종교적 내용의 문학. 크리스트교 문학・불교 문학 등. 소재를 성서・경전에서 가져온 것이나, 종교적 정신에 근거하여 쓰여진 것이 있다.

101 쉬르레알리슴(suréalisme 仏)
초현실주의. 제1차 세계대전 후, 브르통을 중심으로 프랑스에서 일어난 전위예술운동.「현실을 보다 높은 예술적 차원으로 전위(転位)」할 것을 주장. 일본에서는 西脇順三郎(にしわきじゅんざぶろう)・北園克衛(きたぞのかつえ) 등이 주도하였다.

102 主知主義(しゅちしゅぎ)
제1차 세계대전 후 서구에서 일어난 움직임. 낭만주의가 주관·정념(情念)을 중시하는 것에 반대하여 지성·이성의 우위를 주장하였다. T.S.앨리엇, 발레리 등이 중심. 일본에서는 阿部知二(あべともじ)가 대표적이다.

103 순수시(純粋詩)
발레리(仏)가 주장한 시의 이념. 철학적·도덕적·산문적 등의 모든 비시적(非詩的) 요소를 배제하고, 순수하게 시적 감동만을 표현하는 시.

104 순수소설(純粋小説)
A.지드의 소설론. 소설이외의 형식으로 표현할 수 있는 모든 요소를 배제한다. 일본의 横光利一(よこみつりいち)가 그 영향을 받아 우연성 중시·제4인칭 설정 등을 설명. 사소설(私小説) 리얼리즘을 부정함.

105 순문학(純文学)
통속·대중문학에 맞서 순수하게 작자의 예술적 감흥에 의하여 쓰인 문학작품. 오늘날에는 대중문학과의 경계가 애매모호해지고 있다.

106 순문학논쟁(純文学論争)
平野謙(ひらのけん)의「순문학변질설(純文学変質説)」을 둘러싸고 전개된 문학 논쟁(昭和36-37). 순문학조차도 상업화된 상황을 비판하고 이러한 쇠퇴(衰退)로부터 문학을 살려내기 위해 액추얼리즘의 회복을 주장한 平野(ひらの)의 소론에 찬부양론이 엇갈리기도 하였다.

107 지양(止揚)
변증법에 있어서의 논리과정.

108 상징시(象徴詩)
시 이념의 하나.

109 상징주의(象徴主義)
사물·감정 등을 직접적으로 표현하지 않고, 예리한 감각을 통하여 신비적 정조와 시적 암시에 의해 표현하려는 태도. 19세기 서구에서는 프랑스를 중심으로 커다란 조류(潮流)를 형성하였다. 일본에서는 上田敏(うえだびん)·蒲原有明(かんばらありあけ) 등을 비롯하여 昭和10년대까지 많은 시인이 시도하였으나, 그 정도로 서구의 운동에 미치지 못하였다.

110 서정시(叙情詩)
작자의 감동·정서를 주관적으로 표현하는 시. 리리크(lyric). 서사시나 극시(劇詩)등에 반대되는 개념.

111　白樺派(しらかばは)
잡지「白樺(しらかば)」를 중심으로 모인 사람들.

112　딜레마(dilemma 영)
궁지. 이율배반(二律背反). 진퇴양난.

113　人格主義(じんかくしゅぎ)
인격에 최고의 가치를 두는 철학 사상. 일본에서는 阿部次郎(あべじろう)가 대표적이며, 白樺派(しらかばは)의 사상적 배경의 하나이자 大正教養主義(たいしょうきょうようしゅぎ)를 나았다.

114　新感覚派(しんかんかくは)
大正시대. 후반의 문학그룹.

115　心境小説(しんきょうしょうせつ)
私小説의 일종. 久米正雄(くめまさお)가 명명함. 사소설에서의「私」의 심경을 깊이 파고 든 작품. 志賀直哉(しがなおや)『城の崎にて(きのさきにて)』, 梶井基次郎(かじいもとじろう)『冬の蠅(ふゆのはえ)』, 島木健作(しまきげんさく)『赤い蛙(あかいかえる)』, 尾崎一雄(おざきかずお)『虫のいろいろ』등이 대표적이다.

116　新傾向小説(しんけいこうしょうせつ)
俳句(はいく)운동의 하나.

117　신극(新劇)
歌舞伎(かぶき)・신파(新派) 등의 옛 기성연극, 구극(旧劇)에 대립하여 서구 근대연극의 영향 하에 생겨난 연극. 문예협회・자유극장・築地(つきじ)소극장 등의 시도로 시작되어 오늘에 이르고 있다. 그러나 오늘날에는 연극 활동이 다양해져서 종래의「신극(新劇)」의 개념으로는 포괄할 수 없게 되었다.

118　新現実主義(しんげんじつしゅぎ)
제1차 세계대전 후의 사회적 변동을 배경으로 大正 중기에 생겨난 문학경향. 제3차・제4차 新思潮派(しんしちょうは)를 가리킨다.「奇蹟(きせき)」그룹・三田派(みたは) 그 외의 사람들도 포함된다는 견해도 있다. 공통된 주장은 없으나, 자연주의・이상주의・耽美派(たんびは)에 대응하여 근대개인주의를 배경으로 현실을 새로운 인식 아래에 파악하려고 하는 자세가 엿보인다.

119　新興芸術派(しんこうげいじゅつは)
昭和 초기의 문학그룹.

120 新興俳句(しんこうはいく)
俳句(はいく) 운동의 하나.

121 深刻小説(しんこくしょうせつ)
硯友社(けんゆうしゃ)계의 작가가 쓴 것으로 특히 사회나 인생의 비참한 측면을 강조한 경향의 소설. 사회소설의 발전 형태 중 하나이나 과장적이고 괴기적이기까지 한 음산함이 두드러지며, 그 문제의 심각함이 보편화되지 않았다. 広津柳郎(ひろつりゅうろう)『変目伝(へめでん)』,『黒蜥蜴(くろうとかげ)』, 小栗風葉(おぐりふうよう)『世話女房(せわにょうぼう)』=悲惨小説(ひさんしょうせつ)

122 新詩社(しんししゃ)
明治 32년, 与謝野鉄幹(よさのてっかん)을 중심으로 결성된 시가결사(詩歌結社). 기관지「明星(みょうじょう)」을 발행, 낭만파의 중심으로서 활발히 활동하였다. 멤버에 변화는 있었으나 与謝野晶子(よさのあきこ)・石川啄木(いしかわたくぼく)・北原白秋(きたはらはくしゅう)・高村光太郎(たかむらこうたろう) 등 다수에 이른다.

123 新思潮派(しんしちょうは)
잡지「新思潮」멤버의 총칭.

124 新心理主義(しんしんりしゅぎ)
明治초기의 모더니즘 문학에서 보이는 경향. 伊藤整(いとうせい)가 주창함. 정신의 내면을 외계와 같은 명확한 세계로 식별함에 따라 양면의 현실을 자아낼 수 있다고 하는 심리적 리얼리즘의 방법.

125 新体詩(しんたいし)
明治 시기의 문장시.

126 인도주의(人道主義)
인류 공통의 인도(자유・평등・평화・우애・인격존중 등)정신을 이상으로 하고 그것을 인류 보편의 목표로서 평화와 질서를 구축하려고 하는 사상. 인도 내용을 구체적으로 어떻게 파악하느냐와 어디에 역점을 두느냐에 따라 차이가 나타난다.

127 新日本文学会(しんにほんぶんがくかい)
昭和20년 말, 中野重治(なかのしげはる) 등의 9인을 발기인(発起人)으로 하고「일본 민주주의문학의 창조와 보급」의 목적 아래 발족된 문학단체. 여러 종류의 문제제기를 포함해서 활발히 활동을 전개하였다. 해산・분열 등의 곡절을 거쳐 오늘에 이르고 있다.

128 신비주의(神秘主義)
신(神)・진리는 논리적 사고에 따르지 않고 지성(知性)을 넘어선 힘에 의해 체득된다고 하는 생각. 문학상으로는 환각이나 황홀감 등 정서·감정·비합리적인 것을 중시하는 경향을 말한다.

129 심리주의(心理主義)
문학상의 관념으로는「의식의 흐름」에 주목하여 심리활동 그 자체를 표현하려고 하는 태도. J.조이스는 외면묘사가 그대로 내면묘사에 이행되는「내적독백(內的独白)」이라고 하는 수법을 만들어 냈다.

130 新理想主義(しんりそうしゅぎ)
자연주의·유물론(唯物論)에 반대하는 동향을 일으킨 사조. 개성을 존중하고, 자기 자신에의 충실과 생명력의 비약을 바라는 향상적인 태도. 톨스토이나 마테를링크의 영향을 받은 白樺派(しらかばは)에서 강하게 드러난다.

131 新浪漫主義(しんろうまんしゅぎ)
문예사조. 탐미주의라고도 한다.

132 퇴고 (推敲)
문장의 표현을 검토하거나 다듬는 일.

133 스토익 (stoic 英)
극기·금욕적인. 어원인 스토아주의는 그리스의 제논이 창시한 철학으로, 인간의 감각·지각·욕정을 부정하고, 이성에 따르려고 하는 극단적인 금욕주의.

134 スバル派
잡지「スバル(昴)」(明治42-大正2)를 중심으로 한 문예그룹. 반자연주의·탐미주의의 입장에서 明星派(みょうじょうは)의 발전이라고도 할 수 있다. 北原白秋(きたはらはくしゅう)·石川啄木(いしかわたくぼく)·木下杢太郎(きのしたもうたろう)·吉井勇(よしいいさむ) 등을 중심으로, 森鴎外(もりおうがい)·永井荷風(ながいかふう)·谷崎潤一郎(たにざきじゅんいちろう)·佐藤春夫(さとうはるお) 등도 기고(寄稿·신문이나 잡지 등에 원고를 보냄)하여 문학사에서 중요한 작품이 많이 나왔다.

135 生活派(せいかつは)
근대 短歌의 한 파. 현실적 생활감정을 구어적 발상에 의해 읊음. 石川啄木(いしかわたくぼく)·土岐哀果(ときあいか)가 중심. 이 파의 사람들은 대체로 삼행짓기(三行書き)를 하였다. 나중에는 昭和 초기의 프롤레타리아 短歌로 전개해 간다.

136 세기말(世紀末)
19세기말 프랑스의 정신적 풍조에서 나온 말로, 퇴폐적·회의적·탐미적·유물적·비관적인 경향을 가리킨다. 문학상으로는 O.와일드(英)가 대표적이다.

137 政治小説(せいじしょうせつ)
특정한 정치적 사상을 선언·보급할 의도로 쓰인 소설. 특히, 明治10년대 자유민권운동과 함께 발생한 소설군을 가리킨다. 竜渓(りゅうけい)의 『経国美談(けいこくびだん)』·散士(さんし) 『佳人之奇遇(かじんのきぐう)』·鉄腸(てんちょう) 『雪中梅(せっちゅうばい)』 등이 유명하다.

138 政治と文学
문학과 정치적인 요소와의 관련에 대하여 말함. 昭和21년, 平野謙(ひらのけん)이 프롤레타리아 문학에서의 정치 우위성을 비판하고 인간성의 회복을 주장하며, 그것을 둘러싸고 근대문학파와 신일본문학회계 사이에 「정치와 문학」논쟁이 전개되었다.

139 정신분석(精神分析)
프로이트가 창시한 심리연구 방법. 자아구조, 심층심리, 콤플렉스 추구 등에 많은 가설과 방법을 제시하고 문학에도 영향을 끼쳤다.

140 찰나주의(刹那主義)
과거·미래를 생각하지 않고 단지 순간에 전력을 다하며 살아가려는 태도. 일본에서는 岩野泡鳴(いわのほうめい)가 「문학과 예술은 가장 개인적이고 순간적인 것으로, 시시각각 맹전(盲転)하는 표상(表象)적 신비세계」를 담지 않으면 안 된다고 주장하였다.

141 絶筆(ぜっぴつ)
죽기 전에 쓴 최후의 작품이나 문장 또는 그 필적. 붓을 놓고 글쓰기를 그만둔다는 의미로도 쓰인다.

142 前期自然主義(ぜんきしぜんしゅぎ)
본격적 자연주의와 구별하여 明治30년대의 小杉天外(こすぎてんがい)·永井荷風(ながいかふう)에 의한 졸라주의 작품들에 사용하는 말. 天外는 순 객관묘사를 荷風는 인간의 동물성·유전(遺伝)과의 경우를 중시했으나, 양쪽 모두가 천박한 모방에 그쳤다.

143 센세이션(sensation 英)
흥분·감동. 폭발적인 인기.

144 戦争責任(せんそうせきにん)
태평양전쟁이나 중일전쟁에 대하여 문학자로서 어떻게 대처하였나를 문제로 삼는 말. 전후 신일본문학회가 최초로 시작하여 문학논쟁의 하나가 되었다.

145 全体小説(ぜんたいしょうせつ)
사회 및 다른 사람과 연관을 갖고 살아가고 있는 개인의 총체적인 현실을 통째로 담아내려고 하는 시도. 사르트르가 주창, 『自由への道(じゆうへのみち)』로 구체화 함. 野間宏(のまひろし)의 『青年の環(せいね

んのわ)』도 같은 시도에 속함.

146 測天去私(そくてんきょし)
夏目漱石(なつめそうせき)가 만년이상(晩年理想)으로서 주창한 경지. 「하늘을 본떠 나를 벗어남(天をのっとり、私を去る)」, 즉 자아를 버리고 조화로운 세계에 몸을 맡긴다고 하는 것. 미완성으로 끝난 그의 최후의 작품인 『明暗(めいあん)』은 그 심경을 표현하려 했다고 함.

147 措定(そてい)
어떠한 물건을 다른 물건과 구별하여 규정하는 것.

148 소네트(sonnet 英)
서구의 오래된 시 형식으로 14행으로 되어 있다. 일본에서도 마티네 포에티크(マチネーポエティク) 시인 등에 의하여 시도되기도 하였다.

149 대하소설(大河小説)
인생・사회・인간・자연 등을 대하(大河)의 흐름과 같이 표현한 장편소설. 몇 세대에 걸친 일가족들・시대 그 자체・주인공의 극명(克明)한 발자취 등을 그린다. R.롤랑의 『장 크리스토프(Jean Christophe)』, M.뒤가르의 『티보가의 사람들(チボー家の人々)』 등이 유명.

150 제3의 신인(第3の新人)
제1차・제2차 전후파(野間宏(のまひろし)・椎名麟三(しいなりんぞう)・梅崎春生(うめざきはるお)・安部公房(あべこうぼう)・堀田善衛(ほったよしえ) 등)의 활동이 昭和27・28년에 등장한 작가를 가리킨다. 사상・정치적인 것에 상관없이 하찮고 보잘 것 없는 현실이나 인간을 독자적인 개성으로 묘사하였다. 安岡章太郎(やすおかしょうたろう)・吉行潤之助(よしゆきじゅんのすけ)・小島信夫(こじまのぶお)・庄野潤三(しょうのじゅんぞう)・遠藤周作(えんどうしゅうさく) 등이 있다.

151 대중문학(大衆文学)
순수문학에 반해 통속적・오락적인 문학. 다시 말하면, 다수 독자의 관심을 주안으로 하여 그 요구에 부응하기 위한 읽을거리로 매스미디어와 함께 발달하였다. 오늘날에는 순수문학과의 경계를 구분 짓기가 어렵다.

152 제2예술론(第2芸術論)
桑原武夫(くわばらたけお)가 昭和21년에 주장한 俳句부정론. 俳句의 전근대성・유희성・비문학성을 논하며 반향을 불러 일으켰다. 短歌의 부정도 포함된다고 한다.

153 다다이즘(dadaisme 仏)
제1차 세계대전 동안, 그리고 그 이후의 혼란과 무질서의 사회상황에서 생겨난 예술혁명운동. 철저한 부정과 반역으로 일절의 권위・전통을 파괴하려고 한다. 일본에서도 高橋新吉(たかししんきち)・辻潤(つ

じじゅん) 등의 활동이 문단에 충격을 주었다.

154 탈고(脱稿)
원고의 집필을 마치는 것.

155 耽美主義(たんびしゅぎ)
미(美)를 최고의 가치로 여기고, 미의 창조에 모든 것을 쏟으려고 하는 태도. 일본에서는 永井荷風(ながいかふう)・谷崎潤一郎(たにざきじゅんいちろう)가 대표적.

156 단편소설(短篇小説)
약 100장미만 분량의 작품. 내용적으로는 긴박한 구성・전개・기교 등이 요구된다. 이것에 반해 장편은 보통 300장 이상의 작품을 가리키며 내용・구성・주제 등도 방대하다.

157 竹柏会(ちくはくかい)
佐佐木信綱(ささきのぶつな)가 주재한 短歌결사. 기관지 는「心の花」, 川田潤(かわたじゅん)・木下利玄(きのしたりげん)・前川左美雄(まえかわさみお) 등이 주요 가인. 청신(清新)하고 온건한 가풍으로 오늘에 이르고 있다.

158 중간소설(中間小説)
순수문학과 대중문학과의 중간적인 소설.

159 추상(抽象)
개개의 사실이나 관념에 공통되는 성질을 추려내어 새로운 일반적인 개념을 만들어내는 과정. 또는 그렇게 만들어진 것.

160 低徊趣味(ていかいしゅみ)
夏目漱石(なつめいそうせき)의 조어. 세속적인 고통을 피하고 여유를 가지고 인생을 조망하려는 자세. 자연주의의 即物性・無思想性에 대한 반발이자, 俳諧(はいかい)취미나 동양적 선(禅)의 경지로 이어진다. 漱石의 『草枕(くさまくら)』에 나타난 「非人情(ひにんじょう)」의 경지이기도 하다.

161 정형시
한시(漢詩・絶句 또는 律詩)・短歌(たんか)・俳句(はいく)・소네트 등 기본적인 형식이 정해져 있는 시. ↔자유시・산문시.

162 딜레당트(dilettante 英)
호사가(好事家)・취미인(趣味人)・예술애호가. 매우 절대적인 내부 요구에 의해 좌우되는 것이 아니라, 재미나 취미로 즐기는 태도로 예술 활동에 임하는 자.

163 테마(Thema 独)
주제. 작품에서 다루어지고 있는 근본문제. 작자의 내부에서 생긴 문제의식이 테마의 원천이 되며, 작품전체를 통일하고 있는 사상.

164 테마소설
줄거리의 서정·정경 묘사보다도 주제를 단적으로 내세우는 것에 중점을 둔 소설. 芥川竜之介(あくたがわりゅうのすけ)의『鼻(はな)』·『芋粥(いもがゆ)』·菊池宏(きくちひろし)의『忠直卿行状記(ただなおきょうぎょうじょうき)』·『恩讐の彼方に(おんしゅうのかなたに)』등이 전형적 작품.

165 데카당스(décadence 仏)
퇴폐·타락. 문예상으로는 한 문화의 말기적 현상으로서 허무적·방탕 무뢰(無頼)적인 경향을 말함. 반 과학적·신비적·반속(反俗)적·자기중심적·권위무시·악(悪)에 편중 등의 특징을 가진다. 탐미파나 無頼派(ぶらいは)에 두드러지는 경향.

166 데포르마시옹(déformation 仏)
대상이나 소재를 의도적으로 변형·왜곡함으로서 선열(鮮烈)한 인상을 주려는 방법.

167 転向(てんこう)
보통 마르크스주의의 포기를 지적하며 그 문제를 다룬 작품을 전향문학이라 한다.

168 동시묘사(同時描写)
사르트르가 영화의 수법 (cutback)을 응용하여『自由への道』에서 사용한 수법. 수개의 장면을 상호 관련도 없이 동시에 묘사하여 긴박감을 더했다.

169 동인잡지(同人雑誌)
주의·경향이 서로 통하는 사람이 자금을 내어 편집 발행하는 잡지. 硯友社(けんゆうしゃ)의「我楽多文庫(がらくたぶんこ)」를 비롯한 문학사상 중요한 잡지도 많다.

170 도그마(dogma 英)
뒤집을 수 없는 정설·학설. 신앙상의 교의. 독단(独断). 다시 말하면, 비판·검토를 거치지 않거나 권위를 바탕으로 일방적으로 주장된 설.

180 톨스토이 주의
인간은 모두 평등한 인격이자 상호간의 애정으로 협력해야 한다고 한 톨스토이의 사상을 말한다. 헌신·희생에 의한 박애주의. 武者小路(むしゃのこじろ)·有島(ありしま) 등의 白樺派(しらかばは)의 사상적 배경이 되기도 하였다.

181 돈키호테 형
트루게네프(Turgenev ; 1818-1883)의 분류에 의한 인간유형의 하나. 경정직행(径情直行・내키는 대로, 곧 이곤대로 행동함)・과대 망상적이고, 정열적・이상주의적이기도 함. ↔햄릿형(사색적・회의적・우유부단함)

182 내재율(内在律)
작자의 내부로부터 생겨난 리듬. 근대시에 있어 주로 나타난다. 시 형식・음수율・각운(脚韻) 등의 겉으로 드러나는 리듬이 아니라, 사상・감정의 억양이나 호흡의 장단(長短) 등 시적발상이나 표현을 통해 나타나는 것.

183 直木賞(なおきしょう)
대중문학에 대한 신인 문학상.

184 내셔널리즘(nationalism 英)
민족주의・국가주의. 민족・국가의 자립이나 그에 대한 애착이 강함. 근대 일본의 경우 국수주의・일본주의의 형태로 전개되었다.

185 나프(NAPF)
「전일본무산자예술연맹 (全日本無産者芸術連盟)」의 약칭. 이전에 있던 두개의 조직이 합쳐 결성됨(昭和3). 기관지「戦旗」・「ナップ」를 발행하고 프롤레타리아 예술운동의 주류가 되었지만, 코프(KOPF・일본프롤레타리아문학연맹)에 계승되었다.

186 肉体派文学(にくたいはぶんがく)
전후문학의 하나. 田村泰次郎(たむらたいじろう)『肉体の門(にくたいのもん)』 등이 대표작. 인간의 어떤 사상도 육체를 기반으로 하지 않으면 안 된다는 사고를 가진 문학인데, 전후의 성의 풍속 안에서 형해(形骸)화 되어갔다.

187 니힐리즘(nihilism 英)
허무주의. 진리, 질서, 가치 등을 부정하며 인생의 무목적・무가치를 확신하는 입장. 서구에서는 신에 대한 반항으로 여겨지기도 함. 일본에서는 전후파 작가에게서 많이 나타나는 경향.

188 일본근대문학관(日本近代文学館)
일본근대문학에 관한 자료나 문헌의 수집・보존・공개를 위해 설립된 재단법인. 昭和47년에 동경의 目黒区(めぐろく)에 준공하여 여러 가지 다양한 활동을 펼치고 있다.

189 日本浪漫派(にほんろうまんは)
保田与重郎(やすだよじゅうろう)・亀井勝一郎(かめいかついちろう)・神保光太郎(しんぼうこうたろう) 등을 중심으로 발행된 동인잡지(昭和10.3-13.8) 또는 그와 함께 일어난 문학운동. 일본의 고전・고미술 등 전통적인 것에 대한 관심에서 비롯되어 내셔널리즘과 결탁해 가기도 하였다.

190 뉘앙스(nuance 仏)
색조・음색・의미・감정 등에 대한 표현상의 서로 다른 미세한 특색, 차이, 음영.

191 人間探求派(にんげんたんきゅうは)
加藤楸邨(かとうしゅうそん)・石田波郷(いしだはきょう)・中村草田男(なかむらくさたお)・篠原梵(しのばらぼん) 4인의 俳句(はいく) 경향을 말함. 인간 및 생활에 대한 주시를 토대로 작품을 만듦.

192 누보 로망(nouveau-roman 仏)
사르트르, R.그리예, N.사로트 등 제2차 세계 대전 후 프랑스에서 등장한 신경향 소설. 전통적인 소설기법・시점과는 대조적. =안티 로망

193 根岸短歌会(ねぎしたんかかい)
正岡子規(まさおかしき) 등에 의한 短歌결사.

194 노스텔지(nostalgie 仏)
향수・망향(望郷). 잃어버린 것에 대한 그리움의 감정.

195 恥の文化(はじのぶんか)
R.베네딕트가 말한 문화유형. 집단이 개인보다 우선시 되는 사회에서는 수치(羞恥)의 개념이 강한 규제력을 가지며 그 전형적인 예가 일본이라 하며, 서구의 죄의 문화(罪の文化・개인내면의 죄의식이 기본사상이 됨)와의 대조적 위치에 두었다.

196 파토스(pathos 그)
정열・격정. 강열하며 엄숙하기까지 한 감정적 흥분의 상태. ↔에토스(지속적인 마음상태・사회적 습관)

197 하드보일드 hard-boiled 英)
불필요한 수식요소를 가능한 생략하고, 신속하고 거친 묘사로 사실만을 포개어 가는 비정한 리얼리즘 문체. 헤밍웨이가 대표적.

198 패러독스(paradox 英)
역설. 표현 구조상으로나 상식적으로는 모순되는 말이지만 실은 진리를 포함하고 있는 것 같은 표현.

199 패러디(parody 英)
한 음률에 다른 가사를 붙이거나, 비꼬는 문장. 잘 알려진 문학작품을 모방하여 전혀 다른 내용을 포함시킨 표현・작품. 골계미・풍자의 효과를 노린 것.

200 反近代主義(はんきんだいしゅぎ)
근대사회의 모순・정체 및 그 배경이 된 근대사상을 부정하는 입장. 전통사상・토착사상의 부활 등의 형태로 나타남. 모더니즘에 반대하는 입장을 가리키는 경우도 있다.

201 反自然主義(はんしぜんしゅぎ)
자연주의에 대립하는 입장의 총칭. 일본에서는 「明星(みょうじょう)」・「帝国文学(ていこくぶんがく)」・「スバル」・「新思潮(しんしちょう)」・「三田文学(みたぶんがく)」・「白樺(しらかば)」 등의 잡지인의 주장.

202 범신론(汎神論)
모든 만물에 신이 머물며, 신과 세계는 하나라고 보는 철학・종교사상.

203 パンの会
문학자와 미술가의 담화 모임.

204 미학(美学)
자연・예술에 있어서는 미의 본질・원리를 해명하는 학문.

205 비교문학(比較文学)
두 나라 이상의 문학적 관계의 역사를 조사・비교하는 학문. 상호의 영향 관계를 실증적으로 연구한다.

206 表現主義(ひょうげんしゅぎ)
제1차 세계대전 후 독일을 중심으로 일어난 예술운동. 현실・자연의 재현이 아닌 작자의 정열・자아에 의해 느낀 그대로를 표현하려는 것. 이 때문에 사물의 객관적 형태가 변형된다. 예술・문학・연극・영화 등 각 분야에서 확대되었다.

207 파시즘(fascism 英)
폭력적 수단에 의한 독재정치. 노동계급 탄압・시민적 자유 말살・의회정치 부정・일당독재. 대외적으로는 침략정책을 취함. 무솔리니, 히틀러 등.

208 不安の文学(ふあんのぶんがく)
昭和8년경부터 확대된 사상. 당시의 사회정세와 사상혼미(시대불안)를 배경으로 존재의 불확실・불안마저도 진리로 여김. 셰스토프・三木清(みききよし)・河上徹太郎(かわかみてつたろう) 등이 이론화하였다. 阿部知二(あべともじ)『冬の宿』・北条民雄(ほうじょうたみお)『いのちの初夜(いのちのしょや)』 등.

209 픽션(fiction 英)
허구・꾸며낸 이야기・소설. 사실 그대로가 아닌 창조력으로 구상된 것을 말함. 작자의 현실의식이 뒷받침

됨으로서 사실 이상의 진리성을 표현하는 현실성을 가질 수 있다.

210 풍자(諷刺)
재치가 넘치고, 조소(嘲笑)·공격·비난이 담긴 작품. 특히 아이러니나 패러디 형식으로 시대나 사회의 결함·불합리를 꼬집어 내려는 의도를 가진 것. 온화하고 공감적인 것과 신랄하며 인간·사회에 대한 모멸감이 깔린 것도 있다. 캐리커처도 문예용어로서는 거의 같은 의미지만 과장된 표현이 특징이다.

211 풍속소설(風俗小説)
사회풍속·세속 등의 묘사를 주안으로 한 소설. 발자크의 『人間喜劇(にげんひげき)』이 대표적. 일본에서는 그 묘사가 외면적인 것에 그치면서 사상성·비판정신이 결여된 것을 가리키기도 함. 橫光利一(よこみちりいち)·武田麟太郎(たけだりんたろう)·丹羽文雄(にわふみお)·船橋聖一(ふなばしせいいち) 등의 계열.

212 부연(敷衍)
앞서 말한 것을 한층 더 확대시켜 설명하는 것 즉, 의의를 넓히는 것.

213 복선(伏線)
후에 일어나는 사건의 효과를 위해 넌지시 깔아두는 에피소드나 암시적 설정. 특히 추리소설에서 많이 사용된다.

214 부조리(不条理)
본래는 도리에 맞지 않고 조리가 서지 않는다는 의미. A.카뮈(仏)는 이에 특별한 의미를 더했는데, 인생의 무의식·무목적·충동성이자 인간존재에 놓여진 상황 그 자체라 하였다. 인간존재의 근원적 부조리성을 자각함으로써 진정한 실존적인 삶을 영위할 수 있다고 설명.

215 無頼派(ぶらいは)
新戯作派(しんげさくは)라고도 부르는 전후 한 유파.

216 프로세스(process 英)
순서·방법. 과정·경과·절차.

217 플롯(plot 英)
소설·극 등의 줄거리 전개·구상. 사건의 골격. 인과관계에 의해 배열된 것. 스토리와 혼용되는 경우도 있으나, 플롯은 시간의 순서대로 나열되는 줄거리.

218 프롤레타리아 문학
프롤레타리아 계급의 해방을 과제로 하는 문학.

219 프롤로그(prologue 英)
서두(序頭)・서사(序詞)・서곡(序曲)・서장(序章). 도입의 역할을 함.

220 문학계(文学界)
明治 시기의 잡지.

221 문예학(文芸学)
예술로서의 문예를 과학적으로 연구하는 학문. 일본에서는 石山徹朗(いしやまてつろう)・岡崎義恵(おかざきよしえ) 등이 도입하여 이를 체계화함.

222 분석비평(分析批評)
작품에서 얻는 감동의 근원을 작품 속에서 찾는 객관적이고 냉정한 비평태도. 작품 그 자체 뿐 만이 아니라 역사적 사회적 조건・심리학・인류학 등의 다양한 관점이 도입된다. ↔인상(印象批評)

223 문체(文体)
문장 양식. 작가의 개성이나 사상이 나타나는 문장의 특징.

224 평면묘사(平面描写)
콩쿠르(仏)의 수법과 함께 田山花袋(たやかたい)가 주창한 묘사론. 자신의 주관을 섞지 않고, 객관적 사상을 보고 들은 그대로 묘사하는 방법. 자연주의의 수법에 큰 영향을 끼쳤다. ↔일원묘사(一元描写)

225 페시미스틱(pessimistic 英)
비관적・염세(厭世)적. 페시미즘이라는 것은 생존 자체가 비참한 것이며, 세계는 악으로 가득 차 있으며 현세에서 진정한 행복은 기대할 수도 없다고 하는 사상.

226 파토스(pathos 英)
애수・비애. 예술에 있어서 향수자(享受者)에 애환・애정・슬픔 등의 감정을 일으키는 것.

227 페댄틱(pedantic 英)
현학(衒学・학식 있음을 자랑하며 뽐냄)적인・학자티를 내는. 무턱대고 난해한 용어를 사용한다거나, 어설픈 지식들을 뽐내지만 오류투성이인 경우나 태도 또는 그러한 사람.

228 펜클럽(P・E・N)
문학을 통한 국제간 상호이해의 증진과 함께 표현의 자유를 지키는 것을 목적으로 하는 국제적 단체. 일본 펜클럽은 昭和10년에 창립되었으며 초대 회장은 島崎藤村(しまざきとうそん)임.

229 변증법(辨証法)
인식・사고의 방법 중 하나.

230 포에지(poésie 仏)
시 또는 시의 정신. 시로서의 형태를 갖추게 되는 정신 활동・상태, 그것에 의해 제작된 시를 말함.

231 没理想論争(ぼつりそうろんそう)
森鴎外(もりおうがい)와 坪内逍遥(つぼうちしょうよう)의 사이에 오고 간 문학논쟁.

232 ホトトギス派
잡지「ホトトギス」에 속한 俳句작가(俳人)의 모임. 正岡子規(まさおかしき)・高浜虚子(たかはまきょし)의 지도하에 근대 俳句문단의 주류를 차지했다. 후에 이 파를 떠난 사람도 포함해 수많은 俳句작가를 거느리며 오늘에 이르고 있다.

233 번안소설(翻案小説)
본래의 외국 소설의 인명・지명과 그 외의 것을 일본풍으로 옮겨 쓴 소설. 대중소설에 많다. 黒岩涙香(くろいわるいこ)의 『岩窟王(がんくつおう)』은 A.뒤마의 『몬테크리스토 백작(モンテ-クリスト伯)』, 『噫無情(ああむじょう)』은 V.위고 『레미제라블(レ-ミゼラブル)』의 번안으로 유명하다.

234 본격소설(本格小説)
中村武羅夫(なかむらむらお)의 용어(大正13). 작자가 작품 뒤에 숨어 인간・사회를 묘사하는 3인칭 소설이야말로 진정한 소설이라 주장하며, 사소설(私小説)・심경소설(心境小説)을 비판.

235 마티네 포에티크(matinée poétique 仏)
昭和17년에 결성된 시인그룹. 中村真一郎(なかむらしんいちろう)・福永武彦(ふくながたけひこ)・加藤周一(かとうしゅういち) 등 10인이 참가. 서구의 전통적인 압운정형시(押韻定型詩)를 시도하며, 전후의 『마티네포에티크 시집(マチネーポエティク詩集)』(昭和23)을 간행하여 주목받았다.

236 마르크스주의
마르크스와 엥겔스가 확립한 학설 체계 및 실천 활동. 변증법적 유물론의 입장에서 자본주의사회를 전면적으로 비판・부정하고, 무계급사회의 실현을 위한 혁명적 이론을 설명.

237 매너리즘(mannerism 英)
예술가가 개성적인 창조력을 잃고 일정한 표현법을 습관적으로 되풀이하며, 예술의 창조성과 신선미를 점점 잃어가는 악순환을 말함.

238 三田派(みたは)
잡지「三田文学(みたぶんがく)」에 속한 사람들. 보통 제1차(明治43-大正14) 시기를 가리킴. 탐미적 경향이 짙으며 佐藤春夫(さとうはるお)・久保田万太郎(くぼたまんたろう)・水上滝太郎(みなかみたきたろう) 등을 배출하였다. 넓게는 石坂洋次郎(いしざかようじろう)・安岡章太郎(やすおかしょうたろう)・遠藤周作(えんどうしゅうさく)・山川方夫(やまかわまさお)・江藤淳(えとうじゅん) 등도 포함된다.

239 明星派(みょうじょうは)
잡지「明星」에 모인 시가인 그룹의 총칭.

240 未来派(みらいは)
20세기 초 마리네티가 이끈 예술혁명운동. 기성 예술의 방법・규범 전체를 부정하고, 자유롭게 동적으로 표현하고자 하였다. 기계문명에 대한 찬미는 모험이나 전쟁의 찬미로 이어지기도 하였다. 일본에서도 高橋新吉(たかはししんきち)・萩原恭次郎(はぎわらきょうじろう) 등의 전위시인(前衛詩人)들이 영향을 끼쳤다.

241 民衆芸術論争(みんしゅうげいじゅつろんそう)
大正時代에 전개된 논쟁. 민중을 위한 예술에 있어서 사회적 이슈를 둘러싸고 데모크라시・휴머니즘・사회주의의 각각의 입장에서 서로 대립을 보였다.

242 민속학(民俗学)
유무형의 민간전승을 통해 생활・문화의 변천과정을 연구하는 학문. 일본에서는 柳田国男(やなぎだくにお)・折口信夫(おりくちしのぶ)에 의해 확립되었다. 사상・문화 이외에 다른 영역의 학문에도 영향을 끼쳤다.

243 民友社派(みんゆうしゃは)
잡지「国民之友(こくみんのとも)」의 출판사인 民友社(徳富蘇峰(とくとみそほう)가 초대 사주(社主) 모인 사람들의 총칭. 徳富蘆花(とくとみろか)・国木田独歩(くにきだどっぽ)・内田魯庵(うちだろあん)・山路愛山(やまじあいざん) 등.

244 무이상무해결(無理想無解決)
자연주의의 기본적 이념. 현실에 대하여 이성적 판단도 해결도 하지 않고 단지 있는 그대로를 바라보려는 방관적・객관적 태도를 말함.

245 명제(命題)
어떠한 판단을 언어로 나타낸 것. 정언명제(定言命題・명확한 판단)・가언명제(仮言命題・조건적 명제)・선언명제(選言命題・이것 아니면 저것) 등.

246 明六社(めいろくしゃ)
明治 초기의 계몽주의에 의한 단체. 森有礼(もりありのり)・福沢諭吉(ふくざわゆきち)・西周(にしあまね) 등이 결집하여 기관지 「明六雑誌(めいろくざっし)」를 중심으로 폭넓게 활동하였다.

247 메르헨(Märchen 独)
동화・옛날이야기.

248 멜로드라마(melodrama 英)
본래는 음악극. 오늘날에는 통속적・감상(感傷)적인 줄거리로 오락성이 짙은 극을 가리킨다.

249 모더니즘(modernism 英)
현대풍, 또는 근대주의. 문학사에서는 특히 신감각파나 신흥예술파 등, 서구의 전위예술운동의 영향 하에 새로운 문학양식을 추구하던 집단을 말함.

250 모티브(motif 仏)
작품 창조 의욕의 원동력이 되는 사상, 동기. 혹은 이러한 사상의 깃든 소재. 작품에 일관되게 나타나며, 반복・강조되고 있는 기본사상을 라이트 모티브라고 함.

251 모놀로그(monologue 仏)
독백. 극에서 상대배역이 없이 자신의 심경을 말하거나 자문자답(自問自答)하는 대사. 등장인물이 한명뿐인 독연극(独演劇)을 가리키기도 함. ↔다이얼로그(対話)

252 유물론(唯物論)
세계(자연・사회)의 본원(本源)은 물질이라는 사상. 이성・의지・감정 등도 고도로 발달한 물질(頭脳)의 기능으로 봄. ↔유심론(唯心論・세계의 본원은 정신적인 것으로 물질도 정신의 산물로 보며, 인간의 정신과 동떨어져 존재하는 물질의 존재를 부정함.)

253 유토피아(utopia 英)
이상향. 공상(空想)적 이상사회.

254 余裕派(よゆうは)
夏目漱石(なつめそうせき)를 중심으로 한 문학자들의 호칭. 인생이나 문학에 대하여 여유 있는 태도를 취함. 低徊趣味(ていかいしゅみ)와도 관련된다.

255 리얼리즘(realism 英)
사실주의. 대상・현실을 있는 그대로 묘사하며, 주관적 개혁을 가하지 않는 태도・방법. 이상주의나 탐미주의의 대립개념. 일본에서는 坪内逍遥(つぼうちしょうよう)가 최초로 설파하여 후에 자연주의와 결탁하였다.

256 이성(理性)
인식이나 이해의 능력(↔감성). 합리적 판단에 따른 행동능력(↔본성).

257 이상주의(理想主義)
이상(특히, 도덕적·사회적인)의 실현을 위한 노력에 인생의 의의를 두려는 입장. 문학사에서는 白樺派(しらかばは)가 대표적.

258 리리시즘(lyricism 英)
서정정신(叙情精神). 주관적 감정을 넘치는 그대로 직접적으로 표현하는 서정적 경향. 대부분의 경우 영탄(詠嘆)적 표현을 취하며, 형식이나 객관적 대상보다도 감정의 표출에 주안을 둔다.

259 윤회(輪廻)
차바퀴가 멈추지 않고 돌아가는 것처럼 생명이 있는 것은 전세(前世)·현세(現世)·내세(来世)에 걸쳐 생(生)과 사(死)를 끊임없이 반복한다고 하는 고대 인도에서 생겨난 관념.

260 유형(類型)
비슷한 것들의 사이에 공통되는 성질이나 모양. 유형적이라는 말의 의미는 흔히 있는 혹은 특색 없는 양상을 말함.

261 역사소설(歴史小説)
역사상의 인물·사건을 소재로 한 소설. 소설이기 때문에 허구를 통하여 문학적 진실을 추구해야 하며, 森鴎外(もりおうがい)『歴史其侭と歴史離れ』의 관계가 늘 문제시 된다. 전자는 사실(史実)을 왜곡하지 않는 태도이며, 후자는 크게 속박당하지 않고 주관적·공간적 픽션을 구사하는 창작방법.

262 레터릭(rhetoric 영)
수사학(修辞学)·수사법(修辞法). 설득력이나 표현효과를 높이는 기법 및 그것을 연구하는 학문. 겉만 다듬어져 있고 내용이 없는 문장을 비난하는 경우에 이 말을 쓰기도 함.

263 낭만주의(浪漫主義)
고전주의·합리주의에 반발하며 생겨난 사조(思潮). 주정(主情)·개성·신비·공상 등을 중요시 한다. 일본에서는 「文学界(ぶんがくさい)」·「明星(みょうじょう)」·「スバル」에 모인 작가들의 경향.

264 로고스(logos 그)
정신이나 존재의 합리적인 측면. 말·개념·이론·이성·법칙·사물의 논리적 규정 등의 의미를 포함한다.

265 로스트 제너레이션(lost generation 英)
잃어버린 세대. 제1차 세계대전 이후의 미국의 작가들 및 예술파 청년들. 헤밍웨이, 포크너 등의 작가군을 가리킴.

266 로맨스(romance 英)
중세풍의 영웅·기사도 이야기·연애이야기 등 공상적이고 신비로운 것을 말함. 이것과 구별되는 노벨(novel)은 현실적·사실적 요소가 강한 것을 말함. 일본어로는 둘 다 소설로 번역된다.

267 早稲田派(わせだは)
「早稲田文学(わせだぶんがく)」잡지의 작가군. 특히, 제1차(明治24-31)·제2차(明治39-昭和2)를 가리킴. 坪内逍遥(つぼうちしょうよう)·島村抱月(しまむらほうげつ)를 중심으로 자연주의 문학·私小説(ししょうせつ)의 주류를 이루게 된 작가군도 포함된다.

268 私小説(ししょうせつ)
작자 자신의 일상생활의 체험을 문학적으로 추구하는 1인칭 형식의 소설. 서구의 1인칭 소설과는 다른 일본 특유의 독자적 형태. 무이상무해결(無理想無解決)·현실폭로의 자연주의 등, 자아확충을 찾아 대담한 자기표현을 한 白樺派(しらかばは)의 접점으로부터 생겨났다고 할 수 있다. 양적으로도 질적으로도 일본 근대문학의 상당량을 차지한다.

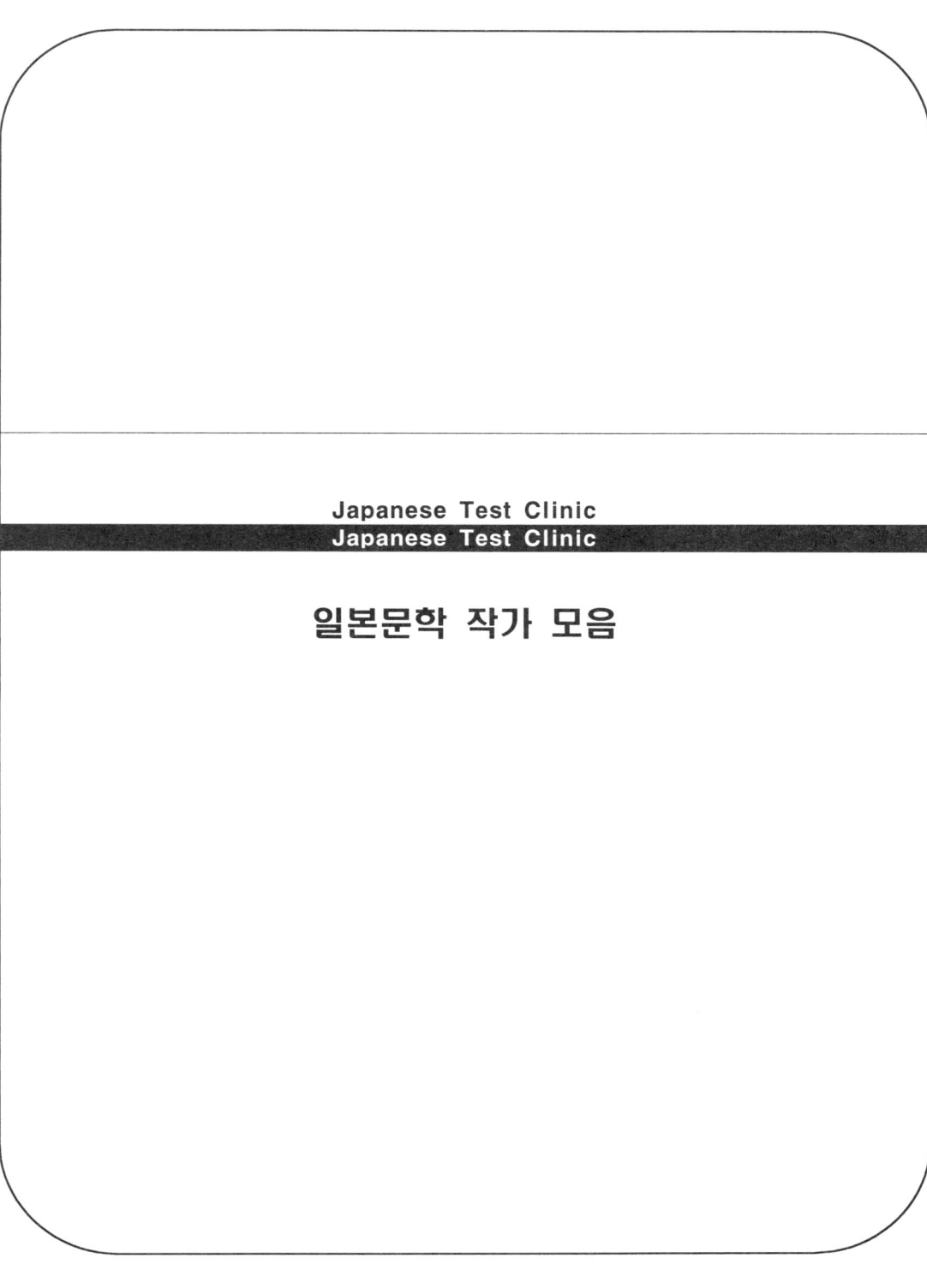

일본문학 작가 모음

あ行

秋庭俊(あきばしゅん)
青木玉(あおきたま)
赤川次郎(あかがわじろう)
阿川弘之(あがわひろゆき)
秋元康(あきもとやすし)
秋山瑞人(あきやまみずひと)
芥川竜之介(あくたがわりゅうのすけ)
浅暮三文(あさぐれみつふみ)
浅田次郎(あさだじろう)
色川武大(いろかわたけひろ)
芦辺拓(あしべたく)
阿刀田高(あとうだたかし)
我孫子武丸(あびこたけまる)
安部公房(あべこうぼう)
阿部和重(あべかずしげ)
阿部夏丸(あべなつまる)
綾辻行人(あやつじゆきと)
鮎川哲也(あゆかわてつや)
新井満(あらいまん)
新井素子(あらいもとこ)
荒俣宏(あらまたひろし)
有島武郎(ありしまたけお)
有栖川有栖(ありすがわありす)
有吉佐和子(ありよしさわこ)
在原業平(ありわらのなりひら)
泡坂妻夫(あわさかつまお)

池沢夏樹(いけざわなつき)
池波正太郎(いけなみしょうたろう)
伊坂幸太郎(いさかこうたろう)
石川淳(いしかわじゅん)
石川達三(いしかわたつぞう)
石坂洋次郎(いしざかようじろう)
石原慎太郎(いしはらしんたろう)
伊集院静(いじゅういんしずか)
泉麻人(いずみあさと)
泉鏡花(いずみきょうか)
和泉式部(いずみしきぶ)
礒田光一(いそだこういち)
五木寛之(いつき・ひろゆき)
伊藤左千夫(いとうさちお)
糸井重里(いといしげさと)
伊藤仁斎(いとうじんさい)
伊藤正幸(いとうせいこう)
伊藤整(いとうせい)
伊藤野枝(いとうのえ)
稲垣足穂(いながきたるほ)
井上ひさし(いのうえひさし)
井上靖(いのうえやすし)
井上祐美子(いのうえゆみこ)
井原西鶴(いはらさいかく)
井伏鱒二(いぶせますじ)
今江祥智(いまえよしとも)

色川武大(いろかわたけひろ)
岩野泡鳴(いわのほうめい)
岩隆雄(いわもとたかお)
上野哲也(うえのてつや)
宇江佐真理(うえざまり)
内田春菊(うちだしゅんぎく)
内田百閒(うちだひゃっけん)
内館牧子(うちだてまきこ)
宇能鴻一郎(うのこういちろう)
海野十三(うんのじゅうざ 또는 うんのじゅうぞう)
江国香織(えくにかおり)
江島其磧(えじまきせき)
江藤淳(えとうじゅん)
江戸川乱歩(えどがわらんぽ)
遠藤周作(えんどうしゅうさく)
逢坂剛(おうさかごう)
大江健三郎(おおえけんざぶろう)
大岡昇平(おおおかしょうへい)
大杉栄(おおすぎさかえ)
大塚英志(おおつかえいじ)
大伴家持(おおとものやかもち)
大原富枝(おおはらとみえ)
大原まり子(おおはらまりこ)
太安万侶(おおのやすまろ)
大薮春彦(おおやぶはるひこ)
岡嶋二人(おかじまふたり)
岡本綺堂(おかもときどう)
小川未明(おがわみめい)
荻野アンナ(おぎのあんな)
奥泉光(おくいずみひかる)
奥野健男(おくのたけお)
小熊秀雄(おぐまひでお)
小栗虫太郎(おぐりむしたろう)
尾崎紅葉(おざきこうよう)
大仏次郎(おさらぎじろう)
押川春浪(おしかわしゅんろう)
織田作之助(おださくのすけ)

乙一(おついち)
小野不由美(おのふゆみ)
恩田陸(おんだりく)

か行

海音寺潮五郎(かいおんじちょうごろう)
開高健(かいこうたけし)
柿本人麻呂(かきのもとのひとまろ) : 장가(長歌)의 완성자
景山民夫(かげやまたみお)
笠井潔(かさいきよし)
梶井基次郎(かじいもとじろう)
片山恭一(かたやまきょういち)
加藤周一(かとうしゅういち)
上遠野浩平(かどのこうへい)
金原ひとみ(かねはらひとみ)
鴨長明(かものちょうめい)
加門七海(かもんななみ)
川上宗薫(かわかみそうくん)
川上徹太郎(かわかみてつたろう)
川上弘美(かわかみひろみ)
河竹黙阿弥(かわたけもくあみ)
川端康成(かわばたやすなり)
かんべむさし
木々高太郎(きぎたかたろう)
菊池寛(きくちかん)
北方謙三(きたかたけんぞう)
北上次郎(きたがみじろう)
北野武(きたのたけし)
北野勇作(きたのゆうさく)
北畠親房(きたばたけちかふさ)
北原亜以子(きたはらあいこ)
北村薫(きたむらかおる)
北杜夫(きたもりお)
紀貫之(きのつらゆき)

紀友則(きのとものり)
京極夏彦(きょうごくなつひこ)
桐野夏生(きりのなつお)
倉橋由実子(くらはしゆみこ)
栗本薫(くりもとかおる)
車谷長吉(くるまたにちょうきつ)
胡桃沢耕史(くるみざわこうし)
黒岩重吾(くろいわじゅうご)
黒川創(くろかわそう)
黒沼健(くろぬまけん、たけしとも)
源氏鶏太(げんじけいた)
恋川春町(こいかわはるまち)
甲賀三郎(こうがさぶろう)
幸田文(こうだあや)
幸田露伴(こうだろはん)
小林多喜二(こばやしたきじ)
小林信彦(こばやしのぶひこ)
小林光恵(こばやしみつえ)
小林泰三(こばやしやすみ)
小松左京(こまつさきょう)
今野敏(こんのびん)

さ行

桜井亜美(さくらいあみ)
坂口安吾(さかぐちあんご)
佐川光晴(さがわみつはる)
鷺沢萠(さぎさわめぐむ)
笹本祐一(ささもとゆういち)
佐多稲子(さたいねこ)
佐藤大輔(さとうだいすけ)
佐藤雅美(さとうまさよし)
沢田ふじ子(さわだふじこ)
沢野ひとし(さわのひとし)
山東京伝(さんとうきょうでん)
椎名誠(しいなまこと)

慈円(じえん)
塩野七生(しおのななみ)
志賀直哉(しがなおや)
志賀貢(しがみつぐ)
式貴士(しきたかし)
時雨沢恵一(しぐさわけいいち)
司馬遼太郎(しばりょうたろう)
渋沢竜彦(しぶさわたつひこ)
島崎藤村(しまざきとうそん)
島田荘司(しまだそうじ)
島田雅彦(しまだまさひこ)
清水アリカ(しみずアリカ)
清水義範(しみずよしのり)
篠田節子(しのだせつこ)
島尾敏雄(しまおとしお)
志茂田景樹(しもだかげき)
笙野頼子(しょうのよりこ)
白石一郎(しらいしいちろう)
素木しづ(しらきしづ)
城山三郎(しろやまさぶろう)
菅浩江(すがひろえ)
鈴木光司(すずきこうじ)
清少納言(せいしょうなごん)
瀬名秀明(せなひであき)
芹沢光治良(せりざわこうじろう)
曾根好忠(そねのよしただ)

た行

高木彬光(たかぎあきみつ)
高杉良(たかすぎりょう)
高野和(たかのわたる)
高橋和巳(たかはしかずみ)
高橋源一郎(たかはしげんいちろう)
高畑京一郎(たかはたきょういちろう)
嵩峰竜二(たかみねりゅうじ)

高村薫(たかむらかおる)
竹内てるよ(たけうちてるよ)
竹田出雲(たけだいずも)
高市黒人(たけちのくろひと)
太宰治(だざいおさむ)
田中光二(たなかこうじ)
田中哲弥(たなかてつや)
田中芳樹(たなかよしき)
田中康夫(たなかやすお)
谷崎潤一郎(たにざきじゅんいちろう)
谷山浩子(たにやまひろこ)
近松門左衛門(ちかまつもんざえもん)
陳舜臣(ちんしゅんしん)
辻仁成(つじひとなり)
津島佑子(つしまゆうこ)
筒井康隆(つついやすたか)
鶴屋南北(つるやなんぼく)
東郷隆(とうごうりゅう)
徳富蘆花(とくとみろか)
舎人親王(とねりのしんのう)
富島健夫(とみしまたけお)
伴野朗(とものろう)
豊田有恒(とよだありつね)

な行

直木三十五(なおきさんじゅうご)
中井英夫(なかいひでお)
永井荷風(ながいかふう)
中里介山(なかざとかいざん)
中島敦(なかじまあつし)
中島らも(なかじまらも)
なかにし礼(なかにしれい)
長野まゆみ(ながのまゆみ)
夏目漱石(なつめそうせき)
梨木香歩(なしきかほ)

並木正三(なみきしょうぞう)
南部修太郎(なんぶしゅうたろう)
新美南吉(にいみなんきち)
二階堂黎人(にかいどうれいと)
西沢保彦(にしざわやすひこ)
西村京太郎(にしむらきょうたろう)
西村寿行(にしむらとしゆき)
野坂昭如(のさかあきゆき)
野尻抱介(のじりほうすけ)
乃南アサ(のなみあさ)

は行

橋川文三(はしかわぶんぞう)
橋本治(はしもとおさむ)
馳星周(はせせいしゅう)
秦恒平(はたこうへい)
畑正憲(はたまさのり)
服部達(はっとりたつ)
花村万月(はなむらまんげつ)
埴谷雄高(はにやゆたか)
浜尾四郎(はまおしろう)
林真理子(はやしまりこ)
林羅山(はやしらざん)
半村良(はんむらりょう)
稗田阿礼(ひえだのあれ)
東野圭吾(ひがしのけいご)
ひかわ玲子(ひかわれい)
樋口一葉(ひぐちいちよう)
樋口有介(ひぐちゆうすけ)
久生十蘭(ひさおじゅうらん)
桧山良昭(ひやまよしあき)
平井和正(ひらいかずまさ)
平岩弓枝(ひらいわゆみえ)
平野啓一郎(ひらのけいいちろう)
平林初之輔(ひらばやしはつのすけ)

深沢七郎(ふかざわしちろう)
福井晴敏(ふくいはるとし)
福田恒存(ふくたつねあり)
福永武彦(ふくながたけひこ)
藤枝静男(ふじえだしずお)
藤沢周平(ふじさわしゅうへい)
藤田宜永(ふじたよしなが)
藤原公任(ふじわらのきんとう)
藤原道長(ふじわらみちなが)
藤原好経(ふじわらよしつね)
二葉亭四迷(ふたばていしめい)
古橋秀之(ふるはしひでゆき)
保坂和志(ほさかかずし)
保阪正康(ほさかやまさす)
星新一(ほししんいち)
穂積以貫(ほずみいかん)
堀辰雄(ほりたつお)

ま行

舞城王太郎(まいじょうおうたろう)
町田康(まちだこう)
松本恵子(まつもとけいこ)
松本清張(まつもとせいちょう)
松本泰(まつもとたい)
丸山健二(まるやまけんじ)
三島由紀夫(みしまゆきお)
三島霜川(みしまそうせん)
水野仙子(みずのせんこ)
水野良(みずのりょう)
光瀬竜(みつせりゅう)
宮城谷昌光(みやぎたにまさみつ)
宮沢賢治(みやざわけんじ)
宮部みゆき(みやべみゆき)
宮本輝(みやもとてる)
向田邦子(むこうだくにこ)

武者小路実篤(むしゃのこうじさねあつ)
村上春樹(むらかみはるき)
村上竜(むらかみりゅう)
紫式部(むらさきしきぶ)
村山由佳(むらやまゆか)
群ようこ(むれようこ)
森青花(もりせいか)
森鴎外(もりおうがい)
森博嗣(もりひろし)
森村誠一(もりむらせいいち)

や行

八木啓代(やぎのぶよ)
八切止夫(やぎりとめお)
八切止夫(やぎりとめお)
やなせたかし
矢作俊彦(やはぎとしひこ)
山岡荘八(やまおかそうはち)
山口瞳(やまぐち・ひとみ)
山崎豊子(やまさき・とよこ)
山田詠美(やまだえいみ)
山田風太郎(やまだふうたろう)
山本周五郎(やまもとしゅうごろう)
山本弘(やまもとひろし)
山本文緒(やまもとふみお)
山本昌代(やまもとまさよ)
夢野久作(ゆめのきゅうさく)
夢枕獏(ゆめまくらばく)
横溝正史(よこみぞせいし)
与謝野晶子(よさのあきこ)
吉川英治(よしかわえいじ)
吉田満(よしだみつる)
吉本隆明(よしもとたかあし)
よしもとばなな
吉行淳之介(よしゆきじゅんのすけ)

ら行

隆慶一郎(りゅうけいいちろう)
柳亭種彦(りゅうていたねひこ)
連城三紀彦(れんじょうみきひこ)

わ行

渡瀬草一郎(わたせそういちろう)
渡辺淳一(わたなべじゅんいち)
綿矢りさ(わたやりさ)

저자 — 김수성

부산외국어대학교 일본어과 졸업
동경외국어대학 대학원 지역문화연구과 연구생 과정 수료(일본전공)
동경외국어대학 대학원 지역문화연구과 석사 과정 수료
전, 동경 구미아시아어학센터 한국어 강사
현, 부산외국어대학교 일본어과 강사
    경남정보대학 일본어과 강사
    부산 공무원 연수원 비상근무강사
    부산 공무원 연수원 일본어 출제위원

[논문]
戦後日本における食生活の変容-地域外食産業の消費者要因を中心に-
http://www.jtcplus.com

JTC시리즈 제1권 일본문학사 편
(임용고시대비를 위한 주·객관식 공략 문제집)

초판인쇄 2005년 1월 10일 | 초판발행 2005년 1월 17일

저자·김 수 성

발행처·(주) 제이앤씨   등록번호·제7-220호
전화·02)992-3253
팩스·02)991-1285
주소·서울 도봉구 쌍문1동 358-4
jnc@jncbook.co.kr | http://www.jncbook.co.kr | 한글 인터넷주소://제이앤씨북

ⓒ 제이앤씨 2005 Printed in Seoul Korea
ISBN 89-5668-149-X 03730 값 12,000원

· 저자 및 출판사의 허락없이 이 책의 일부 또는 전부를 무단복제·전재·발췌할 수 없습니다.
· 잘못된 책은 구입하신 서점이나 본사에서 바꿔드립니다.